教育的社会文化土壤

基于美国费城安卓学校的教育人类学观察

The Cultural Characters of Education
a Field Work in Agela School in The City Center of Philadelphia

刘　谦◎著

光明日报出版社

图书在版编目（CIP）数据

教育的社会文化土壤：基于美国费城安卓学校的教
育人类学观察 / 刘谦著 . -- 北京：光明日报出版社，
2016. 5

ISBN 978 - 7 - 5194 - 0722 - 3

Ⅰ.①教… Ⅱ.①刘… Ⅲ.①教育研究—美国
Ⅳ.①G571.2

中国版本图书馆 CIP 数据核字（2016）第 097509 号

教育的社会文化土壤：基于美国费城安卓学校的教育人类学观察

著　　者：刘　谦

责任编辑：曹美娜　朱　然　　　　　　责任校对：赵鸣鸣

封面设计：中联学林　　　　　　　　　责任印制：曹　净

出版发行：光明日报出版社

地　　址：北京市东城区珠市口东大街 5 号，100062

电　　话：010 - 67078251（咨询），67078870（发行），67019571（邮购）

传　　真：010 - 67078227，67078255

网　　址：http：//book. gmw. cn

E - mail：gmcbs@ gmw. cn　caomeina@ gmw. cn

法律顾问：北京德恒律师事务所龚柳方律师

印　　刷：北京天正元印务有限公司

装　　订：北京天正元印务有限公司

本书如有破损、缺页、装订错误，请与本社联系调换

开　　本：710 × 1000　1/16

字　　数：220 千字　　　　　　　　　印　张：14

版　　次：2016 年 5 月第 1 版　　　　印　次：2016 年 5 月第 1 次印刷

书　　号：ISBN 978 - 7 - 5194 - 0722 - 3

定　　价：45.00 元

序

很多家长送自己的孩子到欧美上学，已经对那里的课堂教学与文化差异有所了解。然而如果从一个特定学科——人类学的视角观察问题，就会得到更具深度的理解。刘谦教授很早就致力于教育人类学的研究，起初是伴随着她的儿子的成长过程做中国学校的观察，而这次她在美国做访问学者期间，再次聚焦于美国公立学校。她的调研费时良多，却很快完成了这部美国学校的田野民族志撰写，成为近年来中国人类学聚焦海外学校教育的一份重要的前驱作品，可喜可贺。

到目前为止，海外学校教育的深度研究并不多见，原因之一可能是需要花费较长的时间做驻在研究，而只有人类学总是要求作者仔细而长时段参与观察，例如那里的学校环境与组织、教学过程，以及心性如何塑造，等等，以便中肯地解读那里的教育特征，从而尝试为驻在国的教育的意义和人的发展意义加以评说。

笔者有兴趣的是，作者如何深入到安卓公立学校内部，以及挑选其日常教育实践的一些重要事项加以描述和解读。在安卓的课堂上，知识传递中伴随着幽默和活跃的气氛，归纳与引申也自在其中；礼貌与公共素养之养成，属于重要的社会性学习；不仅如此，在中国学校不多见的游戏教学活动，在西方社会颇为流行，除了寓教于乐的轻松汲取式效果以外，作者还注意到那里的游戏是如何培养契约精神，以及操演遵守特定的社会运行的规则的。

刘谦对安卓课堂教学过程的跨文化观察，个人主义是焦点之一。她发现，那里认同为个体增进知识而提供时间资源，表现在课堂上可以为回应个人需求让路，所以教师能够在相当程度上对教学时间、进度做个性化的把控。因此，在安卓学校可以明显看到教师与学生中间存在着个体化的自由行动空间。

作者还讨论了教师和学生之间的角色特征，认为教师只是作为促进抽象知识与学生生活经验相连接的桥梁，在追求实用主义哲学导向的真理面前，并没有特权；而教师在课堂秩序维护与活动规则之制定上，却有着相当的权威性和自主性。如是，学生们懂得及时提出自己的需求，而同时也对公共礼仪相互认同。作者有一项和中国中学、教师、班级、学生一统的纵向组织特征的清晰的对比性观察。她认为，美国学生将教师制定的具有相当自由空间的活动规则视为权威，而学生内部却没有延伸这一纵向权力结构。

至于学校研究中的考试活动，作者一方面体验了安卓考试机制展现的 21 世纪美国科技水平、物质基础和科学理性；而另一方面，即使是庄严的考试制度也为承认个人、族群层面，在认知水平、语言能力、社会态度的多元存在提供对话渠道和机制保障。

刘谦对安卓教育的不安之处在于，在意识形态指导下的教材选择，实际上已经被先前固有的价值观过滤了，大体上各国均如此。然而他们的社会学习和写作课选材，过于偏重美国历史、社会体制及其价值观，而对世界上多国别、多文化知识不足的情况下（例如多元食品的文化缘由就缺少中肯解释的机会），人类学推崇的"文化相对主义"的积极方面也难于呈现。当作者体验了学校与社会生活中的所谓"不评判"与承认差异的现象之余，似乎发现人们骨子里对深入理解他文化的愿望并不明显。从某种意义上说，对美国主流价值观的归顺才是安卓要努力达成的。然而当今的世界教育之道与交往之道，诚挚地尊重、理解和交流无疑是最具意义的，各国的教育与教材改革都需要汲取世界上国别与地区文化的智慧，因为人性、态度与社会禀赋恰恰是从学校开始模塑的。

庄孔韶

2016 年 4 月 23 日

前　言

　　2015 年 8 月，本书正在写作孕育之中，微信圈里盛传着英国 BBC 电视台录制的纪录片"Are our kids tough enough?"。纪录片讲的是五名中国教师在英国博航中学复制中国教育模式的事情。网络、媒体顿时一片热议：中国教育强调纪律、机械记忆、知识灌输，在英国学校里根本行不通。在第一集节目的最后章节中，我们已经看到失控的课堂、流泪的教师、委屈的学生。事情的结果是显然的：具有中国文化预设、传统的中式教育，怎能在几乎完全不同的文化传统的土壤中生长？只是，那具体的局面是怎样的，正在引逗着人们好奇的关注。纪录片的魅力，其实和优秀的实证研究有着异曲同工的妙处：既合情合理，又经典极致。

　　教育，牵扯着千家万户的心跳，特别是在中国这样一个有着悠久的重教兴文传统的国度。近年来，国人对我国教育中的不公、形式主义、僵化教条、人性缺失等诟病不断，大有恨铁不成钢的愤懑。而同时，一部分公众呼声对以美国为代表的西方教育的人性化、公民化、公平化赞赏有加。我，作为一个在中国接受了从基础教育到博士教育的知识分子，带着对教育话题的热爱与思索，来到美国访学，并趁此机会在坐落在费城的安卓学校开展了田野工作。这项工作，在宾夕法尼亚大学社会学系著名教育社会学研究者安妮特·拉鲁（Annette Lareau）教授的鼎立支持，以及宾大其他同仁的热情相助下，通过宾夕法尼亚大学以及费城学区的层层伦理审批，得以在 2013－2014 学年期间展开。

　　说到田野，与之相连的是所谓"文化震撼"。而在全球化的今天，作为称雄世界的发达资本主义国家，美国社会的所言所行，即使没有身在其中，也以各种方式渗入人们的视野和脑海，并形成印记。那种由于差异所形成的强烈震撼，在研究美国社会时反而并不直接。当作为"他者"的差异早已呈现在你面前时，那份"差异"已然不出人意料；况且，在作为"他者"的美国，在当今世界，在相当程度和相当领域里成为领跑者，人们甚至或多或少对这个"他者"甚至趋同的态度。在这样的情况下，作为人类学学者，有机会亲临现场，恐怕最重要的任务有两个：一是忠实地记录，通过更细致地描摹，将人们对美国社会宽泛而大致的印象转换为精细地雕刻，展现在读者面前；二是对那里的场景进行社会文化视角的分析，去思考它的逻辑与机理，去挖掘这些现场之所以展现的历史传统、现实土壤和意识形态。

可以说，这是一次满载收获的文化旅程，而田野中所经历的"文化震撼"却是以迟缓的节奏，渐渐展开。2013 年 8 月 21 日，第一次入境美国。耳边滑过还算听得懂的英语，对于曾经在英国生活过一年的我，再次进入一个充斥着英文、到处是各种肤色的"老外"的世界，对那里的城市，管横着的叫作第 N 街，竖着街道叫 Arch 街或者 Jackson 街，并以第 N 街与 Arch 街道进行地理定位的逻辑并不陌生。我只是知道，这是再一次离开自己的家乡和祖国，但这些，并没有构成更大的文化震撼。渐渐地，在田野里总有那些在中国人看来不可思议的事件或者说法跳出来：家长可以拒绝让孩子参加州里的统考，而那统考成绩可是将来申请高中重要的参考依据；小学 5 年级的州立统考，可以使用计算器，并且没有时间限制；所有参与州立考试监考的人，监考之前必须通过考试，获得"监考证书"，即使你已经是个小学教师或者拥有博士学位；全城的公立小学教师在工会的发动下，统一在 2015 年 4 月 3 日 8 点至 8 点半的时间，举着标语，呼喊口号，在各校门口向公众抗议政府对公立教育预算的减少，引来家长和小到幼儿园，大到高中生的学生们的围观。那时的教师和中国人理解的师道尊严相去甚远，如果换上牛仔服，他们更像想象中的工人阶级……这一切对于教育、对于人性的塑造，意味着什么？怎样将其置于美国社会与文化的格局下给以解读？在这样的分析与透视中，又如何实现作为中国学者的反省与观照？

在美国的一年，和在英国生活的一年，最大不同有两个：一是，这一次租住的公寓在费城郊区，我几乎相当于要在那里安置半个家，从和房东打交道，到买辆二手汽车、买保险、考驾照、缴水电费、美国境内旅行等等，让我必须和这里的种种规则、条款打交道。它让我更深入地卷入美国社会的生活层面，而不像曾经在英国那样，作为一个有着简单校园生活的学生，和当地社会只是浅表地接触；另外一个不同是，我有意识地用人类学的视角，来解读这一切。在英国留学时，自己是一个人类学的初学者，知道一些人类学理论，却更多专注用这一年的时间攻读国际健康促进专业（International Health Promotion）的硕士学位。克服语言障碍，完成课程学分，写作业，写毕业论文，抽出时间去欧洲旅行，几乎成为我作为海外留学生的素描。而这次来到美国时，自己又经过了几年的人类学学科训练，获得人类学博士学位，而且后来的教学科研工作中，持续的文献阅读与田野工作，让自己在对人类学更深的痴迷中，对身边的世界有了更多文化意义上的敏感与关注。记得2012年参加北大高丙中教授等学术前辈主办的"第一届海外民族志工作坊"，更从中国学术自觉性的角度，点明了在海外进行人类学研究的学术价值。于是，在宾大一边参加有关课程学习、学术研讨会、与有代表性的学者面对面交流，阅读最新研究成果，观摩美国学术对话；一边以志愿者的身份，深入费城一所公立小学，每周投入两天半的时间，操着别人的语言，实践着在异国他乡的田野工作。慢慢地，我开始更多地卷入美国公众的教育对话中，参与到我所在小学华裔家长反对学区取消学校中文翻译的抗议等活动中。我将这些对话、行动与在美国小学里的观察、文献阅读、学者交流、社会活动家的交往进行勾联。渐渐地，一幅具有美国文化气息的教育图示，不断展现在眼前。它让我领略到美国是一个怎样独特的国家，与我所生长、生活的那片土地，是多么不同。作为人类学学者，我当然不可以简单地用"更好"或者"更坏"来比较两种文化。首先的任务，是去理解。

教育，不仅是知识的传承，更是社会规范的传递。然而，"教育"一词又是那样闪烁迷离：从实践领域上讲，人们往往将教育锁定在校园里，可是谁也不否认家庭、社会无声的影响对于人的塑造有着不可忽视的力量；从实践形态上讲，传道授业显然是教育的基本形式，可谁都理解"言传不如身教"的道理，那些默默的行动、无声的规则，无疑深刻地约束着特定社会成员中的人格走向与价值形态。

面对浩瀚的文献和广博的实践，笔者将教育理解为：对青少年人性发展及其社会属性获得产生直接或间接影响的有意识的干预实践。在理解教育实践时，至少有两个核心的维度：时间和标准。它们形塑着镶嵌在特定文化土壤中教育形态的具体模样，也对人性的塑造轨迹产生着实质的影响。在时间维度上讲，一方面从纵向的角度看，如今的教育形态必须依循着时间的纵深回溯，方可以理解它进入当下的角度；另一方面，从横向教育实践片段的角度看，在具体教育实践中，人们怎样规划教育活动的时间安排，实质上反映出人们认为什么样的事项、方式值得花费心思着重传承的价值观念。在标准维度上讲，任何教育均涉及到林林总总的标准。无论是中国传统教育中流利地咏诵经典文章，还是现代教育中常常应用的考试手段，它们有时以显性规范的形式显现，有时又体现为心照不宣的潜规则；既可以被理解为具有强制性的律令，比如学校规章制度，也可以被理解为教育所欲追求的一番境界，比如人才培养的标准。时间和标准之间同时又有着深刻的互动。历史的时间轴上，往往承载了不同教育实践中的标准；在教育实践横断面上，特定的教育标准，暗含着特定的价值观，从而指引着人们对具体教育时间的分配。

作为初步探索，本研究首先对教育人类学主要理论流派进行回顾，并提出时间、模仿、个人主义、实用主义几个核心概念，为接下来的理论分析做准备。此外，还对美国公立教育简史进行回顾和梳理，作为第一章引言为后面的描述与研究进行铺垫；第二章主要介绍了田野工作展开的安卓学校及其所在学区、城市、州的简况和背景信息；从第三章开始至第六章则是深入到安卓学校内部，对其日常教育实践中的几个核心领域进行描摹：包括日常教学、考试场景、特殊教育、心性塑造，并贯穿以文化的分析；第七章是总结性章节，再次以引言部分提出的几个核心概念为抓手，对安卓学校田野观察与美国社会文化土壤之间的关联进行反思，并指向一些教育理念的思考。

一年的田野经历，跟随着安卓学校琐碎的日常教学活动，让我有机会将对美国教育的想象放置在美国当下社会生活真实场景下进行观察和理解。诚然，这只在安卓一所小学开展了田野工作。定性研究不讲求部分对整体的代表性，但是追求对个案所呈现的机理进行分析的透彻与恳切。这也是我和我所在的班级班主任凯文先生经常谈到的问题。他很同意我的理解：我可以声明这项研究是在美国进行的，却不可以说它反映了美国教育的全貌。但是，这并不妨碍我从这个班的教育实践活动出发，去理解美国教育所携带的美国社会格局与文化烙印，努力理解它的历史由来、现实困境以及暗含其中的对人的理解与塑造。

目　录
CONTENTS

第一章

引言与回顾：教育—— 一个民族的精神喂养

教育，是一个民族的精神喂养。如果一个国家和民族认为自己的教育一无是处，就像一个人认为自己是在服毒中长大。那么，他很可能怨天尤人而缺乏精神上的自信。其实，正如每一种文明都有其璀璨隽永之处，才孕育着生生不息、生动鲜活的生命；也正如每一种文明必然包涵着种种压迫与张力，才使得世界总在斗争中无法掩盖人类的苦难。附着在具体文明形态之中的每一番教育实践，也一定有其促进人类福祉的意义，同时，又都不可能尽善尽美。于是，带着文化的视角，去分析那些具体的教育实践，将其复原到它所依存生长的社会文化土壤中，显得十分重要。这样的努力，至少可以起到两个作用：一是提醒人们去关注种种教育现象所蕴含的社会条件和具体场景，避免出于美好的愿望，将看似炫目的教育实践形式移花接木般植入完全迥异的文化系统，还天真地期待它开出同样的花，结出同样的果。二是，不断反思教育的终极目的。尽管教育通常以知识传递的形象示人，但是，何为"知识"？教育的终极目的是什么？如果是促进人类的福祉，那么，如何理解个体层面的幸福与教育之间的关联？总之，从文化的视角解读林林总总的教育实践，有助于我们拨开那异彩纷呈的教育形态，去理解它之所以展开的逻辑与机理，从而追问教育的内涵及其终极指向。

一、"教育"的模糊与多义

纵观人类历史，人类恐怕从结绳记事起，便不断摸索着更为稳定的人与人沟通与传达方式。教育更是代际之间传递信息、信仰、信念、行为方式、文化模式的重要手段。其中"社会知识的传递对于个人的生活是极其重要的，因为人不能个别地向自然去争取生存，而得在人群里谋生活。一个没有学得这一套行为方式的人，和生理上欠缺一样，不能得到健全的生活；他也就没有能为人类种族绵续尽力的机会。"① 此时，教育被视为形塑新一代社会成员的重要手段。而教育实践本身，也可以作为重要的文化现象给以观察，教育即文化。与此同时，文化也是教育，即若想理解特定地区、民族、国家的文化模式，那里的教育活动便是一个个很好的观测点。就像斯宾德勒对印第安部落的研究那样，社区的文化传承无疑携带着其自身的文化基模。

教育人类学是教育学与人类学交叉而生成的一门学问。无论是教育学还是人类学，在学科历史与形成脉络上与哲学、史学、逻辑学、天文学、物理学等相比，都属晚近和新兴的学科。教育学，是从希腊语 pedagogue 派生出来的，意为"教仆"，是一门照管儿童的学问；英语为 pedagogy；日语中"教育学"是三音节词，"学"为后缀，意译自英语 pedagogy。根据马西尼等人的考证，汉语的"教育"是来自日语的"原语汉字借词"②。19 世纪末 20 世纪初，对中国人来说，作为课程和科目的"教育"，无疑是"教育"一词最新鲜的面孔。③ 这门看似风靡的学问，却面临着深层的疑问。这个疑问不仅作为根本性的前提，涌动在教育研究的争论中，更是使教育人类学呈现出弥散状态的重要理由。这一根本性问题便是：何为教育？

德国教育学家布列钦卡④在其颇具影响力的专著《教育科学的基本概念：分析、批判和建议》中，开宗明义地指出："与大多数其他专业相比，教育学中充满着不确定的概念，充满着不准确和信息贫乏的定义。"历数思想家们对于教育的理解和定义，可以看到在他们的论述中，他们对于教育的理解各自包含着不同的侧重点。

卢梭（1712－1718）作为 18 世纪伟大的启蒙思想家，上承欧洲教育传统中

---

① 费孝通：《生育制度》，商务印书馆 2009 年版，第 50－51 页
② ［意］马西尼著、黄河清译：《现代汉语词汇的形成》，汉语大辞典出版社 1997 年版，第 220 页
③ 侯怀银：《论"教育学"概念在中国的早期形成》，《教育研究》，2013 年第 11 期，第 10－21 页
④ ［德］沃尔夫刚·布列钦卡著、胡劲松译：《教育科学的基本概念：分析、批判和建议》，华东师范大学出版社 2001 年版，译者序

关于教育对于塑造人性的哲学思考，下启法国大革命所呼唤的自由与民主的思潮，将启蒙思想贯穿于他的教育思想建构中。他在《爱弥儿》中写道："人的智慧是有限的；一个人不仅不能知道所有一切的事物，甚至连别人已知的那一点点事物他也不可能完全知道。既然每个错误的命题的反面都是一个真理，所以真理的数目也同谬误的书目是一样，是没有穷尽的……真正有益于我们幸福的知识，为数是很少的，但是只有这样的知识才值得一个聪明的人去寻求，从而也值得一个孩子去寻求"① 因此，他说教育"不是教给他各种知识，而是教他怎样在需要的时候取得知识，准确地估计知识的价值，是教他爱真理胜于爱一切。"② 在卢梭那里，知识本身及其传递并不具有至高无上的权威，教育的终极意义在于摆脱具体知识的困扰和社会阶层的限制，获得所需知识的能力，更重要的是面向真理的觉醒和勇气。这一观点既包涵欧洲教育传统中对于通过教育塑造至深至隐人性的追求，又从教育的角度凸显了19世纪法国大革命前后人们追求民主的政治主张与精神觉醒。

涂尔干（1858－1917）则通过对欧洲、法国教育思想与设置的历时性追溯，强调教育为特定社会培养和塑造它所追求的人性的意义。这也正是他在《教育思想的演进》中所贯穿的核心观点。他看到每一个时代的教育均反映出这个时代对人及人性的理解，并且通过具体的教育形式和制度，来践行这种理解。比如文艺复兴时期，在欧洲产生以拉伯雷为代表的博学派和以伊拉斯谟为代表的教育理论：强调普通人更需要通过选择核心经典进行研修，提高自我表达技能和品味。两种教育理论似乎大相径庭，但都有共同指向，并反映出那个时代对人性的理解，即在知识与人的关系中，知识是为个人服务的，而不像中世纪时期，个人须得臣服于宗教的知识与逻辑面前。为此，那个时期的教育内容中，拉丁文和文法成为教育的核心内容，即使"研究自然界中的事物及其属性，那也不是为了理解它们，而是为了理解从它们那里得出的某种比喻、比较和文体辞格"③。从教学形式上，那个时期为了应对新教的挑战，出现了耶稣会，在那

① ［法］卢梭著、李平沤译：《爱弥儿》，商务印书馆1978年版，第214页
② 同上，第283页
③ ［法］爱弥尔·涂尔干著、李康译：《教育思想的演进》，上海人民出版社2006年版，第211页

里产生了明确的竞争形式，比如两个组竞争，获胜等以及个体化的管理策略①。这一时期的教育内容及形式，都适应了个体化发展的需要。因此，布列钦卡将涂尔干对教育的理解总结为"成人一代对那些还不能成熟地应付社会生活的年轻一代所施加的影响。其目的，是在孩童时期为青年一代的身体、智力和道德发展创造条件，并使之在上述方面达到政治社会的统一性和以特殊方式而产生的特殊环境所提出的要求。"② 涂尔干特别强调有意施加的影响是教育的核心，同时这套影响基于那个时代人们对人性的理解和追求。然而，这样的理解有其模糊性和流变性。涂尔干并不将一个人，而是将一个抽象的集合体称为教育的载体，而这个抽象的集合体就是"成人一代"或"社会"③。于是，不以个人意志为转移的实践，更多指向表现为包括权力在内的社会和文化的作用，并不能更好地表达其最初理解教育现象时所在意的实践的目的性与计划性。

在杜威（1859－1952）的版本里，除了强调教育的社会功能是引导未成熟者参与其社会所属团体的生活之外，最为突出的特点便是将实用主义哲学的世界观应用于教育实践。它体现在强调教育与经验的关系："教育应该被认为是经验的继续改造；教育的过程和目的是完全相同的东西。表象是教学的重要工具。儿童从他所见的东西中所得到的不过是他依照这个东西在自己心中形成的表象而已。假如将现在用以使儿童学习某些事物的十分之九的精力用来注意儿童是否在形成适当的表象，那么教学工作将会容易得多……兴趣是生长中的能力的信号和象征"④。

荷兰教育家马丁努斯·朗格威尔德（Langeveld）将教育归纳为以下三方面：一是，一项有意识地达到教育目的的工作；二是，成人与儿童之间的交往；三是，一种实实在在的客观环境，包括自然环境、气候、家庭经济状况、居住条件、饮食、穿着、家庭。因此，教育既有名词的属性，指向促成一个精神健全

---

① ［法］爱弥尔·涂尔干著、李康译：《教育思想的演进》，上海人民出版社 2006 年版，第 275－277 页
② ［德］沃尔夫刚·布列钦卡著、胡劲松译：《教育科学的基本概念：分析、批判和建议》，华东师范大学出版社 2001 年版，第 25 页
③ 同上，第 26 页
④ ［美］杜威著、王承绪、赵祥麟编译：《我的教育信条》，转自《西方现代教育论著选》，人民教育出版社 2001 年版，第 5－15 页

之人所经历的所有因素，又有动词属性的一面，指向为实现教育目标所展开的行动。①

在众多有关教育的定义中，布列钦卡提出自己的理解："教育是由成人所实施的，它是针对他人尤其是针对儿童、青少年或未成年人的行动或工作。其目标是只要使其对象的人格状态在任何一个方面得以改善。"② 尽管布列钦卡从描述人们对教育的多意理解出发，指出人们对"教育"并没有一个统一、凝固的定义，但是他后来对教育的定义，也存在诸多局限：比如将教育主体定位在成人与儿童或未成年人之间，将教育活动限定为有针对性的行动，而教育目标中的所谓"人格改善"又缺乏具体评价标准。

再面对诸多关于何为教育的讨论中，暗藏着几个根本性的命题无法得到明晰的确认，于是导致人们对于教育的理解各执一词，很难统一。这些根本性的命题包括至少以下三方面：第一：如何厘清"教育"的边界？正如布列钦卡在其序言中指出："生长"的过程不能等同于"使其生长"的过程。如果教育要研究的是后者，研究者始终会遭遇到一系列困境，即如何厘清"使其生长"的因素③。作为生活在具体场景中的人，卷裹在弥散式的实践中，怎样理清是某一个或某几个具有针对性的干预因素引起的生长或变化？"从科学研究的立场出发，从来没有一件'事物'自始至终都是另一事物的原因。"④ 第二，教育的使命何在？当我们将对教育进行狭义上的理解——将其理解为有意识的干预行为时，人们会发现，有很多技能行为，并不需要通过教育完成，比如乡间的狗刨式游泳；同样，有很多事项，通过教育也未必获得成功。这一点和医疗有些相似：医疗行为是针对疾病进行有效的干预，尽管有着诸多规律和流程可以遵循，但是谁也不能保证所有的医疗干预都是成功有效的。正如，尽管人们进行有意识的教育干预，但并不能确保教育取得预期效果。⑤ 教育的使命既需要兼顾社

---

① ［德］沃尔夫刚·布列钦卡著、胡劲松译：《教育科学的基本概念：分析、批判和建议》，华东师范大学出版社 2001 年版，第 36 页
② 同上，第 39 页
③ 同上，序言
④ 同上，第 190 页
⑤ 同上，第 54－58 页

会对其社会成员的培养，又需要对每个受教育者的人性发展负责。但是，它恐怕很难肩负实现整体社会理想的使命，通常是通过对个体人格培养的渗透，试图超越于个体之外对社会产生影响。第三，学校教育是否是教育使命的承担者？学校，作为实施教育使命的专业组织，能否承担起教育的全部使命？答案是否定的。学校是有计划、有组织进行系统教育的机构。它具备了一切组织共有的特征：有组织目标、组织成员有物质和精神需要、有不同组织成员之间形成特定的角色与关系结构、呈现着不断调整完善自身结构的动态过程。学校既有一套自成体系的文化系统，又着实受到外部环境的影响。列宁说："资产阶级的虚伪表现之一就是相信学校可以脱离政治。……提出这个原理的资产阶级自己就把资产阶级政治放在学校事业的第一位……"[1] 在讨论学校与社会的关系中，范伯格和索尔蒂斯（2006）在《学校与社会》中，精辟地总结出理解学校与社会关系的三重视角：功能主义、冲突论和阐释主义。功能主义者认为，学校教育作为社会实践之一种样式，正是通过培养满足社会生存需要的未来社会成员，实现其功能。比如，少年儿童在学校学习了四种主要规范：自立、成绩、共性和特性。比如学习和家庭以外的人相处，了解取得成绩对于个人的意义，感受作为社会人多元存在的状态，如何处理人们之间的共性与差异等。学校教育成为人们谋求更平等、公平的权力与机遇的重要通道。[2] 冲突论者则认为，学校教育并没有为人们提供更平等、公平的机遇。相反，它成为粉饰阶级矛盾冲突的工具。由于强制性的国家机器不足以维护统治阶级的利益，包括媒体、学校、宗教在内被阿尔都塞（Louis Althusser）称为意识形态的另一种国家机器，默默地承担着再生产等级森严的、专断的劳动制度，同时又以平等竞争、言论自由等面目迷惑人们相信他们获得了平等的成功机会。[3] 而阐释主义视角则更聚焦在微观层面，在阐释主义者眼里，学校是一个充满了符号与互动的场域。课堂是人们共同活动的地方。对学校教育的研究，应当注重个体在具体的社会环境中的理解及其对于参与者的意义，而不是发现普遍的规律或给出放之四海而皆

---

① 范国睿：《多元与融合：多维视野中的学校发展》，教育科学出版社 2002 年版，第 77 页

② ［美］沃尔特·范伯格、［美］乔纳斯 F. 索尔蒂斯著、李奇等译：《学校与社会》（第 4 版），教育科学出版社 2006 年版，第 8－21 页

③ 同上，第 57 页

准的解释。①

以上三个问题：何为教育？教育的使命何在？学校教育是否可以承担教育的使命？都很难有明确的边界和统一的认识，特别是以研究文化规则为己任的人类学，在切入教育领域时，与其说有其明确的学科问题，不如说有其特定的理论取向和研究方法。本研究中，将教育理解为对青少年人性发展及其社会属性获得产生直接或间接影响的有意识的干预实践。在这一定义中，教育被理解为动态的社会实践过程。与其它社会实践相比，教育作为一种特定社会实践的特点在于：第一，具有相对明确的实施方与接收方，即教育者和教育对象，尽管在不同场景下，教育者具有不同的内涵，比如教师、家长、博物馆讲解员、图书管理员等，但教育对象是相对明确的，即青少年。第二，在有意而为的干预实践中，产生的效果可以是直接的和间接的。比如，一项教学改革措施最直接的影响是提高了教学效果，同时，这项措施又通过对教学效果的强调，增强了学生之间的竞争意识。而后者既非设计者有意为之的计划，又不是与该改革措施直接关联的影响。第三，在评估教育效果时，人性发展和社会属性获得是重要的衡量标准。前者，从反向折射出对人之为人的人性追求。它的参照系是人类作为物种之一在宇宙之中的格位与尊严。后者是作为具体社会中的成员，所为未来能够承担社会成员角色所需要具备的技能、规则意识等。它的参照系是特定社会对其社会成员的要求。当然，人性发展与社会属性的获得也是不能决然分开的。人们只有在实现社会属性中，才能实现人性的具体存在；也只有具备完善的人性，才可能获得全面的社会属性。

二、教育人类学研究的意趣

面对并没有形成统一认识的教育研究，教育人类学的兴起既有其学科基础与理论需要，又体现了时代的声音。当前世界范围内的教育人类学研究有着不同的区域特色，比如美国、加拿大教育人类学界擅长多元文化教育研究。由于存在长期的奴役黑人的历史，种族问题，在美国教育中成为常见主题，并不奇

---

① ［美］沃尔特·范伯格、［美］乔纳斯·F·索尔蒂斯著、李奇等译：《学校与社会》（第4版），教育科学出版社2006年版，第100页

怪。而且由于大量移民的涌入，美国和加拿大学者对于学校文化和家庭文化的差异也投入极大兴趣。而在以良好社会福利为特征的丹麦和其他一些斯堪的纳维亚国家里，"儿童生活"成为一个显性的主题。英国则更接近教育学倾向研究；荷兰、斯堪的纳维亚半岛的教育研究中"儿童生活"而非"学校生活"。因为，那里90%以上2–15岁的孩童都参加政府补贴的课后俱乐部。这导致了很多学校之外的民族志研究。在美国，学校有时被比作监狱、工厂这类具有压迫性的场所，而在墨西哥，学校和围墙之外强烈的性别、种族划分相比，更多被视为一种解放的力量。墨西哥学者通常将学校作为自由象征的隐喻给以研究；日本的教育人类学研究则细致描摹了教育领域中的文化间性主题；① 中国的教育人类学研究则与少数民族教育研究密切连通。这林林总总的教育人类学成果一方面反射出不同区域的研究传统及其社会风貌，另一方面也呈现出人们对"教育""文化"等原本多义、弥散的概念的不同理解。

哲学教育人类学派和多元文化教育人类学派，是教育人类学并不久远的学科历史上，呈现出的两大流派。前者以欧陆学者的研究为主，后者以英美，特别是美国的教育人类学研究为代表。二者在研究取向与范式上虽各有特点，但是都共同指向文化对于人类教育行为的意义。由此标定出人类学介入教育研究的意义与独特之处。

哲学教育人类学派起源于德奥思想家对教育问题的哲学思考，在教育人类学的学科史上可以追溯到1775年，康德在寇尼斯堡大学开设人类学和教育学课程。哲学教育人类学的特点是将人的问题作为生命哲学的根本问题，进而寻求教育对这一根本性问题的回应。这使哲学教育人类学研究披上一层形而上学的超然色彩，而对教育所依附的具体文化形态缺乏更细致的关照与描述。到头来，正如涂尔干提出了中肯而关键的问题：人性是否是同一而普遍适用于整个人类的。在本质上来说，人性是否不会随着所处时代和环境的变化而变化？② 如果是同一的，如何理解本尼迪克特笔下，在各不相同的文化模式下行事的人们，

① Edited by Bradley A. U. Levinson and Mica Pollock, *A Companion to the Anthropology of Education*, West Sussex：Wiley – Blackwell, 2011, p. 18

② ［法］爱弥尔·涂尔干著、李康译：《教育思想的演进》，上海人民出版社2006年版，第340页

依然可以被统称为"人"？新墨西哥的普韦布洛人具有阿波罗的文化模式。他们愉悦、平和，婚姻稳定，不习惯极端的情绪。人们不理解自我折磨和痛苦，即使是青春期礼仪上的鞭笞礼，也不会为了自我折磨而留下鞭痕。而生活在新几内亚岛南岸的当特尔斯托群岛上的多布人却因其危险性著称。在那里，竞争是秘密而奸诈的。"好人"、"有作为"的人是那些哄骗邻里的人。竞争和敌意在这个社会里被推到极致，善良者反而成为可供发泄恶意的受害者。① 本尼迪克特引用印第安人箴言："开始，上帝就给了每个民族一只陶杯，从这杯中，人们饮入了他们的生活。"② 普韦布洛人和多布人饮入人性的"陶杯"如此不同，如果人们宣称人性具有同一性，那么，如何解释这完全不同的基模？

那么，人们怎样解释异彩纷呈的文化形态，对于教育终极意义的影响呢？这便是文化教育人类学派更擅长的研究范式了。在文化教育人类学派的范式下，又有两种不同的倾向：一个是多元文化教育人类学派；一个是文化教育人类学研究。这一范式更多起源和发展于美国。多元文化教育学派更像是一场精心设计的社会改革运动，其目的是改变教育的环境，以帮助所有人获得平等受教育的权利。比如在考察课程设计问题时，多元文化教育学派学者们逐渐发现少数族裔的多样性。随后，便在整套课程体系的设计中，寻求容纳多元文化要素的方案。而文化教育人类学派，则更强调特定文化形态对教育活动的塑造，换句话讲，更注重寻找具体社区的实践模式与教育模式之间的文化关联。美国教育人类学家斯宾德勒是这一学派的开山之人。他和夫人长期在印第安部落开展田野工作。他发现那里的社会结构与人格结构有着相当的一致性。晚近一些，在20世纪九十年代鼎盛的美国教育人类学奥格布，则以探究非裔美国人族群历史传统、社区文化对学业影响著称。尽管以班克斯为代表的多元文化教育人类学派和以奥格布为代表的文化教育人类学派在文献引用上的关联性并不明显，但他们共同关注多元文化背景下的教育公平、学业成就等问题。

乍一看起来，文化教育人类学派和哲学教育人类学派在研究范式、理论领

---

① ［美］本尼迪克特著、王炜等译：《文化模式》，社会科学文献出版社 2009 年版，第 89 － 95 页

② ［美］本尼迪克特：《文化模式》，王炜等译，社会科学文献出版社 2009 年版，第 1 页

域上似乎大相径庭。正如李政涛总结的：哲学教育人类学讨论人的属性作为理论起点，其终点落在人性实现与教育之间的关系，文化只是中介，不是归宿；而文化教育人类学则将对文化的讨论既设为起点，又设为终点，从文化的角度讨论人与教育的关系。① 这里的关键是如何处理文化在教育研究中的策略问题。应当说，两个流派各有侧重，却也各有缺失。在哲学教育人类学那里，如果离开对具体文化形态对人性渗透过程的解释，那么所谓人性的养成恐怕会陷入玄妙的空谈；而在文化教育人类学派那里，如果对人性指向的终极讨论没有交代，只停留在特定多元文化形态与教育实践的互动层面，很可能会迷失在各异的教育场景下，放弃从宇宙观和人观层面对隽永人性的追问。因此，对教育人类学两大流派走向的回溯，特别提示教育人类学研究需要关注教育活动所依存的具体文化生态模式及其双向互动，同时，对被纷繁的教育实践所掩埋的特定社会对人性的理解保持警醒并进行阐释。

三、美国教育研究视域

美国是一个神奇的国家。短短二百多年的历史，创造了巨大财富和全球影响力。艺术方面，有格莱美奖、奥斯卡奖独领风骚；科技方面坐拥爱因斯坦等诸多诺贝尔奖得主以及各类杰出科学家和天才；教育方面，目前它的高等教育机构已成为国际留学生的重要基地。人们似乎总在赞叹美国教育包含的创造性与个性。然而，当任何一个国家，特别是中国这样一个与美国有着完全不同的历史文化传统的国家，试图模仿美国的教育样式时，总会陷入尴尬。这不得不使我们认真审视美国这套教育模式所依存的社会文化土壤与历史根基。为了在宽广的教育话题下进行更集中的讨论，下面首先从历史中检索出美国公立教育的雏形如何走到今天，在这一进程中所携带的国家、民族文化特质，然后对当下人们对美国公立学校教育研究的热点与进展进行描述和整理。以形成本书的理论背景和对话空间。

（一）美国公立教育的历史传统

公立教育体系从来不是人们寻求知识与价值观念代际传递的最初手段。相

---

① 李政涛：《教育人人类学引论》，上海教育出版社2009年版，第101页

反，它的逐渐形成和演变往往和其所依附的国家的建立、阶级关系传统、意识形态特征等有着密切的关联。谈到美国公立教育系统的建立，同样离不开美国国家的建立与形成。回溯历史，阶层和种族分化与交错的关系，始终掩映在美国资本主义精神之中。和很多欧洲国家一样，美国公立教育在自由主义与保守主义的对垒中，不断寻求平衡，并从历史中走来。

种族分化在美国公立教育中总是一道明显的印记。比如 1860 年，奴隶的人数占各蓄奴州人口的一半，约上百万人口，那时奴隶接受教育被认为是不合法的①。各蓄奴州制定法律禁止教奴隶识字。在北方，尽管人们不否认黑人接受教育的权利，但是教育中的种族区隔十分明显。例如 1841 年波士顿的初等学校委员会指出"黑人儿童的体质、智力和道德特性使得他们所接受的教育必须区别于白人儿童。"② 对于印第安人来说，美国采取的方式更是杀戮和驱逐，根本谈不上教育。③ 随着移民潮的不断涌入，试图通过教育同化少数民族文化成为改革者们追求教育标准化的最强动力。"对于文化差异的焦虑推动了公立教育制度的建立。从一开始公立教育就成为文化统一的代理机构。"④ 这样的印记既是美国贩奴历史、西进运动、多元移民在教育领域的反映，在当今美国社会也经常成为具有高度敏感性的"政治正确"话题。对于教育人类学研究而言，无怪乎美国形成多元文化教育人类学派的天然土壤和学术重镇。

和种族分化相比，阶层分化似乎没有那样直截了当，但是却是一直真切储存在美国公立教育系统的一组旋律。尽管美国公立校的前身和诞生与慈善、公平与促进社会流动有关，但是阶层的影响也在不同历史阶段以各种形式体现出来。在共和国早期，为推进共和政府的价值观念，努力建立与众不同的美国民族文化，美国的政治领袖认为只有建立本土的教育，才能使美国从欧洲文化中独立出来。虽然政治家们政治热情很高，但宪法本身并没有提到教育，只在宪法第 10 个修正案中规定教育由各州负责。在美国东北部农村地区和中西部地

---

① ［英］安迪·格林著、王春华等译：《教育与国家形成：英、法、美教育体系起源之比较》，教育科学出版社 2004 年版，第 215 页
② 同上，第 216 页
③ 同上，第 216 页
④ 同上，第 217 页

区，典型的社区学校接受来自当地管理机构的征税，后来逐渐接受州立政府资助。而城市地区的学校有着更明显的阶层分化。在 19 世纪初的几十年中，富有的家庭聘请私人教师或把孩子送到高级寄宿学校。4/5 的人口，可以负担学费的父母，倾向于让其子女上付费的学校或学院。此外由一些老妇人开办的家庭小学，价格更低廉。如果连这样的学校也承受不起，只有让孩子当学徒或上教会学校和慈善学校①。到该世纪中期，城市的普通学校很多由早期的慈善学校转化合并到公立教育系统中。比如纽约免费学校协会（New York Free School Society），最初成立于 1805 年，服务于无教派儿童和贫困父母，1808 年也开始服务于有宗教信仰的穷人。此后，它逐步合并了其他慈善学校，并要求获得更多公立资助并改名为"公立学校协会"。1832 年向所有学生免费开放。这一组织化过程中不仅涉及到机构合并，而且也不断努力使教育过程和内容标准化，并引入督导、培训等机制。1837 年，密歇根学校的主管约翰·皮尔斯在《普通学校报告》中写道"今天的穷孩子在没有父母的保护下，通过公立学校教育，可能成为明天有学识、有影响力的人物"。② 再后来到 19 世纪中后期，公立学校首先在北部各州巩固下来，并夺取阵地。学校教育变得更加标准化，在接下来的改革时代，政治家们再次诉诸于教育促进共和价值观念并整合各种社会力量。加上平等观念的深入人心，人们普遍认为公立学校是个更民主的机构。

　　这一切似乎都在说明公立校正在为美国谱写民主与平等的篇章，但是阶层的分化始终伴随公立校体系的建立与发展。莫要说 19 世纪中期以前公立校的前身是专门为贫苦孩子提供教育的机构，许多政治家在提到教育体系时，都带有阶层分化色彩。比如当时分为劳工阶层和领导者阶层。前者只要接受 3 年的基本教育即可，后者则需要更高水平的教育。1833 年最富有的 14% 人口拥有 86%的财富，到 1848 年，这一比例提高到 96%③。即使 1863 年《田产法》颁布后，

---

① ［英］安迪·格林著、王春华等译：《教育与国家形成：英、法、美教育体系起源之比较》，教育科学出版社 2004 年版，第 196 – 197 页
② 同上，第 208 页
③ Edward Pessen, "the Egalitarian Myth and the American Social Reality. Wealth, Mobility and Equality in the Era of the Common Man", *American History Review*, Vol. 76, No. 4, 1971, pp. 989 – 1034

几乎所有移向西部并从中获利的家庭都是中产阶级，而不是贫困家庭。19 世纪波士顿居民职业流动很少发生。19 世纪 30－40 年代只有约 10% 的体力劳动者获得中产阶级的工作①。如今的美国公立教育体系中，依然存在好学区、差学区之分。拉鲁对三个地理位置紧邻而状况各异的社区：凯士利（Kingsley），吉本（Gibben），沃伦（Warren）进行研究。其中凯士利社区最富庶、吉本社区则属于中产阶级人士聚居区。而沃伦社区则人员构成复杂，离城区也更近。研究发现，家庭收入、房产价值、小学生人均教育投入、SAT 考试成绩、小学三年级数学统考精熟学生比例等指标呈现出凯士利最高，吉本社区次之，沃伦社区最低的面貌。② 目前美国教育研究领域实际有两大阵营，一派认为种族问题依然是美国教育的痼疾，另一派认为社会阶层才是影响教育分层最核心的变量。比如安妮特·拉鲁（Annette Laraeu）的《不平等的童年》展示了 12 个不同种族、不同社会阶层的美国家庭教育活动③。通过民族志研究发现，社会阶层才是形成不同家庭教养模式的关键，而种族并没有扮演关键角色。中产阶级家庭，包括黑人的中产阶级家庭，推崇协作培养模式。孩子从小就是协作、分工中的一员。他们拥有优越的物质资源，理所应当地认为自己应得到重视，并表现出色。他们还被有意训练通过语言，积极地声张自己的权利与要求，包括在和老师打交道的过程中。而在低收入家庭里，为生活而挣扎的父母，无暇顾及对孩子的个性培养。在宽松的时间表里，孩子也获得了一种自由和生存技能的培养。卡洛克（Jessica Calarco）的研究发现即使是坐在同一班级中学习，中产阶级家庭出身的孩子也从小被有意训练出向别人请求帮助和学校规则进行协商的能力，而劳工家庭的学生则更多是对学校规则的习惯性遵从和对老师的尊敬。④

---

① ［英］安迪·格林著、王春华等译：《教育与国家形成：英、法、美教育体系起源之比较》，教育科学出版社 2004 年版，第 210 页

② Annett Lareau, Schools, Housing and the Reproduction of Inequality, in Annett Lareau, Kimberly Goeyette edited Choosing Homes, Choosing school, New York：Russell Sage Foundation, 2013, pp. 175－183

③ ［美］安妮特·拉鲁著、张旭译：《不平等的童年》，北京大学出版社 2010 年版，第 8 页

④ Jessica Calarco, "'I Need Help!' Social Class and Children's Help－Seeking in Elementary School", American Sociological Review, Vol. 76, No. 6, 2011, pp. 862－882

然而这种无论在历史脉络上还是现实生活中都暗流涌动的阶层分化，并没有摧毁美国人心中对成功的渴望。资本主义意识形态在那里仍然得到普遍的信任。这依然需要追溯到美国国家建立的历史背景。和英国、法国等老牌资本主义国家不同，美国建立在一片新的辽阔土地上。从自然条件上讲，丰富的资源、便宜的土地、18 世纪时那里相对短缺的劳动力，给人们提供了流动的可能。同时那里没有已经建立起来的前资本主义阶级关系。大量的土地和自然资源不是作为封建阶层的私有财产。这就给小资产阶级政治所推崇的私有财产的崇高性和资本积累的合理性提供了社会阶级基础。相对平等的文化氛围使人们之间的关系显得更亲密。在这样的条件下还没有成功的人，也相信他们将来会成功。即使在后来在工业、港口的带动下出现了传统意义上工人阶级的地方，却没有形成欧洲大陆那样的组织。因为这些工人的前身不是强烈反对工业化的手工匠人，加上美国工人流动性更高，以及白人劳工与黑人之间的隔阂等，都削弱了工人阶级的组织性。① 在这样的背景下，政府参与教育在美国具备了良好的政治基础和历史条件。不像在英国，雄厚的经济基础和参差不齐的教育状况形成鲜明反差。

英国公立教育体系建立迟缓的案例，倒是可以从另外一方面帮助我们理解美国公立教育建立的历史背景。作为工业革命的发祥地，1860 年英国制造业占全世界 1/2，棉花、钢铁和煤炭生产占据世界 1/3，然而，直到 1899 年，英国才建立起单一的教育管理机构，比法国和普鲁士晚了整整一百年。格林认为，这需要从英国资产阶级革命及阶级形成的历史过程中进行探讨。首先，从工业化进程特点来看，英国作为工业革命的发源地，和较晚进入工业化进程的其他欧洲大陆国家相比，它最突出的特点是自下而上的发生，国家力量的干预甚少。早期工业革命的成功几乎不需要更大规模、更正规的教育和更先进的科学技术。这构成了那个时期经济生活的特点。第二，从意识形态和阶级状况上讲，格林认为英国虽然第一个进行了资产阶级革命，但是它的革命也是最不彻底的。17世纪的革命改变了英国的社会结构，却没有改变英国的上层建筑，也并没有剥

---

① ［英］安迪·格林著、王春华等译：《教育与国家形成：英、法、美教育体系起源之比较》，教育科学出版社 2004 年版，第 210、211 页

夺贵族的政治权力。革命的继承者不是资产阶级，而是勉强算作资本家的地主阶级和贵族。在随后的几个世纪中，贵族和新生的工业资产阶级之间也没有根本的对立。在整个维多利亚时期，资产阶级始终向往地主阶级的生活方式和社会地位，这令英国传统的绅士文化和贵族气质得到保留。① 第三，从官僚机构建设上讲，英国的国家机器不仅人丁不足，而且功能也远不如欧洲大陆国家广泛。19 世纪英国社会构成最独特的特征之一是最小规模的官僚机构。1830 - 1850 年间公共支出的总额为零增长。在接下来的 40 年里，人均公共支出增加仅为 20%，而同期的法国增长了 1 倍多，美国和德国则增长了 2 倍多。1881 年，英国的公共服务机构人数增长到约 8 万人，而此时的德国已达到 45 万人左右。② 基于以上所述，英国的工业化是自下而上进行的，几乎不需要国家的指导。这样的历史传统，没有产生通过教育取得经济成功和国民凝聚力的迫切动力。同时，有产阶级保守力量对贫困阶层教育意义进行抵制，他们认为无知是那些生于贫穷与困苦的人是必需的。它能够使人们忍受一个又一个的不幸和苦役。加之相对薄弱的英国政府不但在交通等基础设施建设方面滞后，而且在公共教育体系方面，也很难起到积极引领作用。③ 这一系列造成英国很晚才形成国家层面的公共教育体系背后的历史根源，和美国积极依靠教育手段塑造公民意识形成新的国家凝聚力的历史形成鲜明对比。

（二）关于美国教育的人类学研究

在中知网上，以"美国""教育""人类学"为"篇名"进行限定搜索，可以看到从 1996 年 - 2015 年的 9 篇文章。这些文章侧重对美国教育人类学发展和

---

① P. Anderson，"the Origins of the Present Crisis"，*New Left Review*，No. 23，Jan/Feb 1964：26 – 53

② ［英］安迪·格林著、王春华等译：《教育与国家形成：英、法、美教育体系起源之比较》，教育科学出版社 2004 年版，第 241 页

③ 同上，第 260，241 页

学科建制的梳理，比如滕星①、樊秀丽②、涂元玲③、陈学金④等学者等的文章最为突出的贡献是在梳理美国教育人类学学科兴起与确立过程中，认真讨论了人类学对教育研究的意趣和理论指向。这也为本研究提供了不可或缺的理论滋养。比如早期的人类学学者博厄斯反对从单纯生物学意义上理解人的存在，通过讨论人与环境的关系，突出教育之于个人发展、文化传递的意义⑤。随后，以本尼迪克特和米德为代表的博厄斯的弟子们，则以第一手的田野资料和文化与人格学派的理论著述，阐释社区整体文化基模对其成员的个性养成与行为模式的深刻影响。比如米德在《萨摩亚的成年》中，结合萨摩人平和的人际关系、平稳的生命节奏，指出那里青春期青少年之所以不像美国青少年这样躁动不安，并非荷尔蒙水平的缘故，更多是那里平静的文化规制为青少年提供了一份安宁的心态。⑥ 在《三个原始部落的性别与气质》中，米德指出两性气质的不同并不在生理结构的差异，而是从小被规制在不同性别规范中的结果。⑦ 而本尼迪克特发展出的国民性研究，以《菊与刀》为经典，详细探讨最为细节的生活方式与人们思维方式、价值观之间的关系。比如不连续的儿童教养方式形成日本人的双面性格："生性好斗又非常温和；黩武而又爱美；倨傲自尊而又彬彬有礼；顽梗不化而又柔弱善变……"⑧ 这些从人类学视角对教育、人性养成的探讨，成为日后形成教育人类学的重要理论资源。上世纪 50 年代以来，以 1954 斯

---

① 彭亚华、滕星：《美国教育人类学研究主题的重心变化与发展》，《民族教育研究》，2014 年第 4 期，第 15－20 页

② 樊秀丽：《美国人类学与教育学的相遇——教育人类学制度化与专业化发展轨迹》，《民族教育研究》，2015 年第 6 期，第 24－30 页

③ 涂元玲：《试析美国人类学领域中的教育研究》，《教育学报》，2005 年第 5 期，第 52－58 页

④ 陈学金：《美国文化人类学与教育的融合及其发展》，《贵州民族研究》，2014 年第 2 期，第 161－166 页

⑤ ［美］弗朗兹·博厄斯：《人类学与现代生活》，华夏出版社 1999 年版，第 118－119 页

⑥ ［美］玛格丽特·米德著、周晓虹、李姚军、刘婧译：《萨摩亚人的成年：为西方所作的原始人类的青年心理研究》，商务印书馆 2008 年版

⑦ ［美］米德、宋践等译：《三个原始部落的性别与气质》，浙江人民出版社 1988 年版，第 266 页

⑧ ［美］鲁思·本尼迪克特著、吕万和、熊达云、王智新译：《菊与刀——日本文化的类型》，商务印书馆 1996 年版，第 1 页

坦福大学人类学系斯宾德勒召开首届"教育与人类学大会"为标志，教育人类学制度化进入快速发展时期。斯宾德勒从 1950 年到 1978 年退休前，一直担任斯坦福大学人类学和教育学的课程教授一职。哥伦比亚大学教育学院也于 1967 年开设了"人类学与教育"的专门课程，并任命金博尔（Solon T. Kimball）为文化人类学的专职教授。哈佛大学、波士顿大学等著名学府也相继开设"人类学与教育""教育人类学"等课程，并开始授予教育人类学博士学位。① 接着，按照彭亚华、滕星对 1970 年至 2012 年美国《人类学与教育季刊》的文本分析，发现美国教育人类学研究主题的两大重心变化：从"学科本位"到"问题本位"，从"人类学与教育"到"教育人类学"。② 这些转变无不与美国宏大历史背景，比如民权运动、肯定性计划等有着千丝万缕的联系。这也提示学者在运用理论模型解读社会现象时，需要考虑理论生成的社会背景和理论渊源。

若扩大搜索范围，以"美国""教育""人类学"为三个"主题"关键词进行近十年的文献检索，可以看到论文 72 篇。这 72 篇文献对教育人类学理论，特别是美国教育人类学理论的梳理、阐释仍然占相当比重，如《奥格布（Ogbu）对教育人类学的贡献及影响——教育人类学学者访谈录》③、《斯平德勒教育人类学 50 年对我国的启示》④、《跨文化比较在教育人类学研究中的应用——读〈萨摩亚人的成年〉》⑤ 等。在这 72 篇文献中，仍然没有在美国本土开展田野的实证研究。以上两个路径的文献检索共同说明，我国经历了将教育人类学理论引入本土的阶段，也有根据美国教育人类学理论在中国开展研究的经验，但是从教育人类学视角对美国教育进行实地研究的尚属罕见。

继续扩大搜索范围，寻找与本研究相关的针对美国教育实践的实证研究，

---

① 樊秀丽：《美国人类学与教育学的相遇——教育人类学制度化与专业化发展轨迹》，《民族教育研究》，2015 年第 6 期，第 24－30 页

② 彭亚华、滕星：《美国教育人类学研究主题的重心变化与发展》，《民族教育研究》，2014 年第 4 期，第 15－20 页

③ 滕星、王婧：《奥格布（Ogbu）对教育人类学的贡献及影响——教育人类学学者访谈录》，《湖南师范大学教育科学学报》，2008 年第 3 期，第 5－9 页

④ 鹿晓莹：《斯平德勒教育人类学 50 年对我国的启示》，《教育教学论坛》，2011 年第 21 期，第 226－227 页

⑤ 叶田：《跨文化比较在教育人类学研究中的应用——读〈萨摩亚人的成年〉》，《亚太教育》，2015 年第 32 期，第 270 页

可以看到张爱玲记录了马里兰一所贫困社区的公立小学，在获得政府额外支持下，校长通过加深和家长的互动、鼓舞员工士气等措施，取得了明显成效。[①]廖夏梦记述了美国麦克阿瑟基金会在 2006 年以 5 千万美元资助的"数字化青春"项目，研究发现，让年轻人充当网络技术专家可以促进和长辈的互动，一定程度上消解代际间技术隔膜。[②] 王伟宜对美国教育统计中心公布的《教育统计文摘》数据进行分析，发现 1996 – 2004 年入学的大学生中，除个别年份外，白人学生无论是四年内、五年内或六年内获得学士学位的比例均在逐步上升，2004 年达到 41.1%，而黑人学生对这一比例甚低。另外，学生进入大学录取时的选择性越高，四至六年内完成本科学习的比例越高。此外，由于美国各州差异较大，而且有独立自主处理本州事务的传统，历史上形成了各具风格的教育体系和标准，人们越来越发现有必要形成相对统一的跨州的教育标准，于是 2010 年在州长协会的推动下，出台了《州共同核心标准》，以达成 k – 12 的教育目标。[③] 王丽则对《州共同核心标准》的文本分析表明，它所倡导的 College and Career Readiness" 并非是"为升学和就业做准备"，而是"为大学学习和职业生涯做准备"，这里暗含了工具理性和对学生的统一期望。[④] 以上列举反映了我国学者对美国教育实证研究目前的状况：议题较为分散，但是涉及到美国教育的很多热门话题，比如学业成绩中的族裔区分、家长参与学校教育、各州统一教学标准的设立等；这些研究有的进行了很好的政策、文本梳理，但是研究者与当地社区中的互动与参与很少在论文中得到体现，而且从文化的角度对这些现象的阐释也显然不足。

---

① 张爱玲：《美国马里兰州"家庭与社区参与政策"解读——以巴尔的摩市约翰·罗杰斯中小学为例》，《天津市教科院学报》，2015 年第 6 期，第 9 – 12 页
② 廖梦夏：《数字素养路径下青少年数字素养与赋权——基于美国"数字化青春"项目的发现与反思》，《科技与创新》，2015 年第 1 期，第 4、5 页
③ 王伟宜：《美国不同族裔学生高等教育机会获得的实证分析（1970 – 2010 年）》，《教育与考试》，2014 年第 4 期，第 51 – 57 页
④ 王丽华：《为升学和就业做准备？——美国《州共同核心标准》高中教育目标的澄清与反思》，《全球教育展望》，2014 年第 1 期，第 78 – 86 页

四、本研究的几个核心概念

教育人类学发端以来，已经产生了不少理论模型，比如文化生态理论①、政治权利理论②研究框架等。但基于本研究所产生的田野素材，很难被某一理论框架所囊括。研究的意义也不在于将生动的社会生活经验填充在特定理论框架中。结合本研究实际，现提出一些关键概念贯穿课堂教学、家长参与、特殊教育、心性塑造等各个版块，而最后的分析与呈现，也将从这几个关键概念出发，进一步解读本研究所经历的教育实践形态与美国社会文化土壤之间的互构机理。以下对几个核心概念进行回顾、梳理，它们是时间、模仿、个人主义和实用主义。

（一）时间

无疑，社会实践总是在时间脉络中展开。时间之于任何社会实践都是先决条件。然而，人们似乎又很难对时间进行定义。很多时候，时间成为延绵、次序、变化的代名词。这样的理解偏重客观时间观的解释。"现代客观时间观坚持者喜欢用一大堆科学现象和热力学定律来描述时间，把时间描绘成一支有方向性的'飞矢'，'飞矢'可以快慢，甚至有的可以改变方向"③。主观时间观则认为时间是不存在的，它不过是意识的派生物。如果到客观世界去寻找时间的本质，那是本末倒置的路径。

时间看似是同质、公平的，但时间意识却因时代不同而变迁：在初民社会，人们的时间概念是模糊不清的。农事按照自然的韵律进行，时间也无须刻意争取；资本主义经济逐步形成以来，分工合作成为连接个人和现实社会的重要纽带。"每个群体的个人都要设置好自己的时间来适应更大群体的活动，换句话说，时间具有整体的功能，它能够把社会各种私人活动汇聚在一起并使得大家

---

① Ogbu, John U. and Herbert D. Simons, "voluntary and involuntary minorities: a cultural – ecological Theory of School performance with some implications for education", *Anthropology &Education Quarterly*, Vol. 29, No. 2, 1998, pp. 155 –188

② Lukes Steven, "a counter – hegemonic Orientation to Literacy in Australia", *Journal of Education*, Vol. 171, No. 2, 1989, p. 35

③ 汪天文：《时间理解论》，人民出版社 2008 年版，第 47 页

从中受益"① 其实，在任何社会，时间观念都既是社会交互作用的基础产物，也是其产生的前提条件。但是，不同社会需要有各自特色的时间观念，而各不相同的时间观念和社会群体的规模及其复杂性有关。索罗金和默顿在1937年发表的《社会时间：方法论和功能的分析》中指出可以从各异的社会需求来理解社会时间在历史追述与现存形态中的多样性。同时，时间自身具有不确定性，这为它能够承载诸多含义和表现形式提供了必须的基础。比如在时间范畴下，存在着"过去"、"现在"和"未来"。现在是连接过去和未来的必经节点，但是"现在"本身却携带着非常强烈的私人属性，即每个人都有属于自己的"现在"，这是"每一个清醒的人对生存状态的综合感觉，但感觉是延绵的、模糊的、不易描述的"；过去，则是清醒状态下得以参考的已发生事件的总和；未来是同一个人预期未发生事件的总和。严格地说，过去、现在、未来对同一感知主体才有意义。② 人们也常常以对自己而言具有特殊意义的人生事件来追溯具有个人意义的人生节奏、社会事件。比如"在我有大儿子那年，森林遭火灾了"。于是，时间可以被理解为"文化事实的一种刻度"。（罗红光，2014）③ 当私人的"现在"与社会生活他人的"现在"融合在一起，并保持相对一致的节奏时，便形成了社会群体的"现在"，即每个社会当下的历史。于是，人们以怎样的方式共存于"现在"的状态，便构成了不同社会及其生存模式下的时间节奏，从这样的时间节奏中，可以窥探到那个社会人们的交往模式以及共识。最明显的是面对同样公历刻度下的日期，不同习俗的人们以不同的时间节点释放"现在"状态中的休憩或狂欢——不同文化中的节日，不仅以其多彩的风俗显示着文化特质，人们所共享的时间节奏，也体现了不同的社会汇集方式。落实在人们的日常生活中，谈及人与人的和谐相处，很重要的条件是，人们对各自"现在"所进行的活动及其内置于的时间、空间的组合有着相当的共识，这样，人们方可以接受对方"现在"的状态，从而产生更大规模、稳定的社会层面的当下运行状态：即人们相互接纳其他人正在恰当的时间，做恰当的事情。正如

---

① 汪天文：《时间理解论》，人民出版社2008年版，第189页
② 汪天文：《时间理解论》，人民出版社2008年，第328－329页
③ 罗红光：《人类学》，中国社会科学出版社2014年版，第173页

马林诺夫斯基所示举例，人不只是依赖于饥饿和饱足这种生理的节奏。他的消化的过程是由他所属的部族、民族或阶级来赋予时间和训练的。① 换句话讲，具有私人属性的时间感受，通过经济和社会合作过程，转化为特定社会的节奏，即社会时间。同时，社会时间也必然反应出特定社会中人与人的互动方式以及推动这一丛丛互动的意识与观念。因此，"地方性的时间体系是质性的，表达着独特的地方化的意义。"② 这为人们通过历数当地的时间体系，去理解那里文化持有者的世界提供了依据。

同时，当人类生活进入现代社会以来，人们更加明显地感受到被捆绑在时间机器中不得喘息，时间日益被视为资源；随着科技的发展，特别是互联网的渗透，人们生活在"同时性假象"之中，人们似乎生活在同样的时间框架下，但是这并不能抹掉不同社会阶层的隔膜与不解③。可以说，进入现代社会，时间在技术和特定社会结构的嫁接下，与资源产生更密切的关联，从而在新的层面上显示了它的社会属性。时间曾经是自人类从大自然的韵律中抽绎出来的节奏，是从对上帝的敬仰中抽离出的表述，而随着工业化精密时间体系的强化，和地质考古学的断代技术，敦促人们更多以线性的方式理解世界与生活。在单向度的时间轴里，"时间稀缺性似乎使事件变得更加集中和彼此隔离……。时间不仅被作为一种次序来经验，而且被看作是一种限制性的条件。"④ 时间的稀缺性，使它就被看作商品，可以与金钱交换，比如可以花钱购买高效的专业服务，甚至陪伴。当人们为节省时间、克服时空分离时，科技手段被越来越倚重。这也给人们带来同时性假象，人们对科技手段的掌握程度，对时间资源的操控力度，在相当程度上和人们的社会阶层属性形成互构，从而形成阶层之间的隔膜。

对于教育研究而言，观察人们教育实践中的时间分布，可以看到人们认为

---

① [奥地利] 赫尔嘉·诺沃特尼著、金梦兰、张网成译：《时间：现代与后现代经验》，北京师范大学出版社 2011 年版，第 52 页

② [英] 约翰·哈萨德编、朱红文、李捷译：《时间社会学》，北京师范大学出版社 2009 年版，第 52 页

③ [奥地利] 赫尔嘉·诺沃特尼著、金梦兰、张网成译：《时间：现代与后现代经验》，北京师范大学出版社 2011 年版，第 36 页

④ [英] 约翰·哈萨德编、朱红文、李捷译：《时间社会学》，北京师范大学出版社 2009 年版，第 7 页

在规训未来社会成员时，哪些是值得花费时间资源去践行的，由此反映出人们对教育意义的认识。同时，鉴于现代社会特色鲜明的线性时间观与同时性假象，还需要观察教育活动中，时间分配之于不同社会阶层在获得教育资源的意义，及其对于维系或摆脱现有社会阶层状况的隐含意义。目前我国教育研究中关于时间的讨论更多地体现在课堂时间管理问题上，最明显的主题是如何合理设计课堂时间结构取得更大效益①。董云川等学者并未仅仅直接从教学效果问题出发，而是探讨了教师传授的知识本身所具有的共时性时间以及传授知识过程中师生互动所经历的历时性时间，并提出教师应当处理好两种性质的时间属性，使得知识传授能够融入学生的历时性经历。② 这一探讨对于理解时间在课堂实践中的意义很有帮助。

（二）模仿

"模仿"，在心理学、行为学等领域有着广泛的研究，对于教育人类学而言，当代德国教育人类学家克斯托夫·武尔夫对这一概念给予了明确强调。这一概念之所以重要，是因为它既能从哲学层面，又能从实践层面为反思教育问题提供有益的策略。赫尔维特尤斯曾指出："人就其自然而言（如经验已经证明的那样）是一个仿效者和模仿者。"③ 正是因为人的模仿能力，才使得教育成为可能。然而，模仿并不是简单的复制。它是勾连趋同与超越、顺从与暴力、现在与未来的实践过程。而这也正是暗含在诸多教育活动中的一组组韵律与节奏。

首先，模仿是人的本能。亚里士多德说："从孩提时候起人就有模仿的本能。人和动物的一个区别就在于人最善模仿"④，需要指出，人的模仿范围具有跨越种群、族群、事物分类的特性。比如人类可以用仿生学方法模拟自然界中的动物、植物，可以通过学习语言、表演、共同生活等实现对跨文化族群的模仿；可以模仿研究自然界的方法，来研究人类社会。可以说，模仿是成为人的

---

① 陈列、靳玉乐：《初中课堂时间管理的问题与改进》，《中国教育学刊》，2008 年第 4 期，第 45－48 页

② 董云川、沈云都，《两种课堂时间：教育行为与知识发生的时间性反思》，《高等教育研究》，2013 年第 6 期，第 17－22 页

③ ［德］沃尔夫刚·布列钦卡著、胡劲松译：《教育科学的基本概念：分析、批判和建议》，华东师范大学出版社 2001 年版，第 172 页

④ 亚里士多德著、陈中梅译：《诗学》，商务印书馆 1996 年版，第 47 页

条件。需要强调，人类的模仿不是简单的效仿，虽然在色诺芬和柏拉图时代，模仿深深濡染在美学意境和戏剧里，但是，越到后期，人们对模仿的探寻越来越不受艺术、美学的限制。而是在人类社会生活、思维、语言等领域都有所体现①，比如社会学早期模仿研究自然现象的方法形成对人类社会进行研究的方法②。目前的教育研究领域，在一些情况下学者会将模仿视为效仿，与之对应的概念则是建构、创新、本土化等概念。比如《模仿与创新：中国学位与研究生教育百年回顾》③、《在模仿与建构矛盾中的道德教育》④。在武尔夫及本研究中对模仿的理解中，模仿本身天然包涵实践主体能动性的建构过程。按照亚里士多德的说法模仿只不过是事物本身摹本而已。⑤ 人类模仿鸟儿获得飞行的效果。鸟儿是这一模仿的摹本，但是人毕竟不能做和鸟儿完全相同的飞行动作。因此，它不是简单地复制，而是充满模仿者对模仿对象及其行为的建构、理解和选择。"模仿不是对现实的一种复制，因为如果是的话，复制和原型之间的区别将会消失。模仿是再创造和变形的统一，其目的在于一种润色和'发展'，是一个'建构化的模仿'"。⑥

　　第二，基于以上对模仿的定义，看到至少可以从三个维度上对其进行理解：求同与求异、内驱与外驱、个人与社会。⑦ 在求同与求异维度上，求同往往是模仿的出发点和形式，而最终思考自我与模仿对象之间的不同，从而实现自我反思和定位，却作为求异取向，成为模仿的落脚点。比如孩子模仿性与父母发生关联，但同时，父母和孩子都不愿意变成完全一模一样，而要保持各自的独

---

① ［德］克里斯托夫·武尔夫著、张志坤译：《教育人类学》，教育科学出版社 2009 年版，第 67 – 68 页

② ［德］F. A. 冯·哈耶克著、邓正来译：《个人主义与经济秩序》，三联书店 2003 年版，第 104 页

③ 吴文刚、周光礼：《模仿与创新：中国学位与研究生教育百年回顾》，《高等教育研究》，2014 年第 10 期，第 46 – 51 页

④ D. 本纳、李其龙：《在模仿与建构矛盾中的道德教育》，《全球教育展望》，2011 年第 11 期，第 3 – 9 页

⑤ 柏拉图著、郭斌和，张竹明译：《理想国》，商务印书馆 1986 年版，第 98 页

⑥ ［德］克里斯托夫·武尔夫、张志坤译：《教育人类学》，教育科学出版社 2009 年版，第 69 页

⑦ 邱关军：《模仿的人学内涵以及教育意蕴》，《教育导刊》，2013 年第 6 期，第 8 – 10 页

特性①，于是这种既想变得相似又想变得不同之中的求同与求异，催生出孩子的成长，有时需要借助一个能够连接父母与自身未来的第三方，比如家庭之外的示范角色、理想职业等来解决年轻一代在求同与求异并存的模仿中的压力。在内驱与外驱维度上，主要探讨模仿的驱动力问题，即是否明显存在着外部规范、约束强制要求模仿行为的发生。很明显，需要外部强制约束力的模仿行为，是外驱性的。比如，《虎妈战歌》中，妈妈强制要求女儿每天必须练琴。大女儿练钢琴，即使一家人出国休假，也必须在当地找到琴房练琴；二女儿练习小提琴，原本想逃避那首较难的练习曲，妈妈陪着她练习到深夜，一定要完成。②在这个案例中，"虎妈"不顾孩子们的反对，以家庭纪律强制要求女儿模仿妈妈心中每日勤奋练琴的图像。这里，有明确的约束和强制，妈妈希望女儿每日练习的心中图景和女儿想偷懒、玩耍的内心愿望，并不重叠，在这个阶段具有明显的外驱性。需要指出，外驱性和内驱性并非僵化存在的方式，在一定场景下，二者可以相互转换。比较常见的情况是，当外驱性模仿行为重复足够多时，渐渐成为行为者的习惯，于是，同样的行为，便从外驱性转为内驱性。就像虎妈故事中的二女儿，日后在学习网球活动中，将每日练习的图像复制到网球活动中，获得了高效进展之后，她更加将这一模式引申为内驱性模仿。在个人和社会的维度上，模仿既出于个体行动，又必将体现出社会效应。在个体层面，"个体的模仿是个体通过与外界自身的接触从而获得关于自身以及世界的映像的过程"③。这里特别要强调模仿是嫁接个体与外部世界的桥梁，以及模仿过程中身心的参与。④ 也恰恰因为每一个个体的身心条件以及对模仿图景的理解不同，使得即使是面对同一场景，人们的模仿行为、状态都表现出个体差异。而这样的个体模仿行为与社会风尚、习俗、大众应激反应的反馈，实现又嫁接了个体与社会的关系。在通常情况下"模仿中，群体负载着个体。群体简单把自己的

---

① ［德］克里斯托夫·武尔夫著、张志坤译：《教育人类学》，教育科学出版社 2009 年版，第 102 页
② ［美］蔡美儿：《虎妈战歌》，中国盲文出版社 2014 年版
③ 邱关军：《模仿的人学内涵以及教育意蕴》，《教育导刊》，2013 年第 6 期，第 8－10 页
④ 张志坤：《由身体回归引发的教育反思》，《湖南师范大学教育科学学报》，2011 年第 3 期，第 27－31 页

行为方式交付给个体，使他免于选择的折磨"①。然而，当这样的情形发展到极致时，便出现了庞勒所描述的"乌合之众"②，从而出现暴力的挟持与混乱以及个体创造性和主动性的丧失。人类学之所关注模仿，正是因为它能够掘出人们在外驱性或内驱性的模仿中，处理求同与求异的建构过程，由此影射出实践主体对自身的认知以及暗含的社会风尚、规则与个体能动性之间的关联。

第三，在一定意义上讲，教育即模仿。教育需要解决的问题是，如何设定模版，模仿何以进行，以何评价模仿的效果等问题。首先，模仿成为人的条件，它使学习者走出自身的世界，在模仿与比照中，实现对自我和他者的反观。正如美国著名思想家芒福德指出：人类之所以最终成为人类，并不在于工具和技术的不断进步，那些不过是人类自己的自我演变能力（self - transformation）的外化。③ 而人的自我演变能力，离不开模仿。芒福德援引荷兰游戏人类学赫伊津哈（J. Huizin - ga）的观点，认为远在人类还没有能力去改造自然环境的时候，却已经能够创造出一种微型小环境。人类在游戏、礼俗、仪式中所进行的模仿，让人类暂且脱掉自己身上那些挥之不去的动物性特点。"④ 应当说人类模仿的能力为教育提供了最基本的可能性。否则，人永远是限制于本能重复中的动物，人之为人在于在自我意识的推动下有能力进行跨越族群、种群、世界分类体系的模仿。人之可教在于人具备模仿的能力。在这一前提下，在如何设定模仿的模板问题上，由于模仿总是在逼近相似性中实现着自我表达与建构，即求同与求异并存，那么，无论从个体层面上，还是教育设置层面上，都需要关注教育实践与其所处社会文化系统、乃至自然条件之间的一致性或趋同性。而闪烁在其间的求异特征，则恰恰表明了实践主体的个性与选择；在模仿何以进行问题上，由于模仿具有外驱性和内驱性的分别，在教育活动中则特别需要关注的强制性模仿要求与教育对象自由尺度之间的关系及其含义。因为教育恐怕

---

① ［德］齐美尔著、刘小枫选编、顾仁明译：《金钱、性别、现代风格》，华东师范大学出版社 2010 年版，第 95 页

② （法）古斯塔夫·勒庞著、冯克利译：《乌合之众》，中央编译局 2005 年版

③ ［美］唐纳德·L - 米勒编、宋俊岭、宋一然译：《刘易斯·芒福德著作精萃》，中国建筑工业出版社 2010 年版，第 405 - 406 页

④ 同上，第 459 页

更多是思想的传达，"思想的传达并不是物质的传达，并不是实在的传达——撞击、震动我的耳朵的声音、光线是一种实在的传达。物质性的东西，我是被动地接受：我是在承受；精神性的东西，则只是通过我，自我活动而接受的。"①因此，如何把握和理解模仿实践在外驱与内驱之间的分寸，在相当程度上涉及到如何理解学习者个体层面上的能动性价值与激发手段问题。正如一味地强调模仿，那不啻为一种缺乏思考的从众状态。正如庞勒所描述的"学习课程，把一种语法或一篇纲要牢记在心，重复得好，模仿也出色——这实在是一种十分可笑的教育方式，它的每项工作都是一种信仰行为，即默认教师不可能犯错误。这种教育的唯一结果，就是贬低自我，让我们变得无能。"在以何评价模仿的效果时，因为模仿始终贯穿在个体与社会的两个层面中，能否促进个体和社会的福祉，恐怕涉及到模仿及一切教育活动的终极目标。然而，何为幸福却没有统一的答案。美国教育哲学协会前任会长，约翰·杜威研究协会前任主席内尔·诺丁斯教授，在其颇具影响力的《幸福与教育》中，开宗明义："我呼吁复兴对教育目的的讨论，并试图为将幸福作为教育目的进行正当性辩护。"②。她认为，今日的学校教育犯了一个错误，即将教育沦为获得高薪工作的工具。教育的终极目标也不是快乐，因为把幸福理解为快乐必定是插曲式的，没有永恒的高潮。任何人的存在都在需要的缺憾中前行。既然没有完美，那么这更引领人们在个体层面和社会层面去进一步探究幸福的本质，以及人们通过模仿、教育所应追求的境界。

（三）个人主义

谈到理解美国的社会生活，个人主义成为绕不开的话题。"在西方，个人主义早已成为基本价值观并深入人心。但唯有在美国，构成文化精髓的个人主义才发展到登峰造极的地步，并作为一种核心价值观得到极度的宣扬和推崇。"③与道德判断下的自私自利不同，个人主义的概念属于哲学范畴和意识形态。从

---

① ［德］路德维希·费尔巴哈著、荣震华、李金山译：《费尔巴哈哲学著作选集》，商务印书馆 1984 年版，第 56 页
② ［美］内尔·诺丁斯著、龙宝新译：《幸福与教育》，教育科学出版社 2009 年版，第 7 页
③ 陈奔：《美国个人主义的历史变迁》，厦门大学出版社 2012 年版，题记

阿莱维对个人主义的论述看，它涉及个人自主、平等、自觉，并与罗马法、基督教伦理有着历史的渊源："事实上，在整个现代欧洲，个人早已表现出他们的自主意识。每个人都要去得到所有其他人的尊重，认为其他人都是自己的同伴；社会好像是——大概越来越像是——产生于构成社会的个人的自觉意志。……个人主义是罗马法和基督教伦理的共同特征。"① 这蕴含丰富的定义，为不同时代、不同文化背景下的人们从各自角度理解个人主义打开了空间。实际上，美国个人主义思潮也有着其历史演变。西方的个人主义可以追溯到古希腊时期，但是最直接的来源还是文艺复兴时期人权对神权的挑战。但是它在美国找到了发扬光大的土壤。在革命时期的美国，个人意识更多的是家庭和群体的利益。这个时期尚未具备现代意义上的个人主义色彩。在建国之初的很长时间里，美国人以地方自治主义自居，依袭了清教主义思想传统，认为地方的家族、社会、宗教和政府机构对于限制个人权利、道德规范有着重要意义。18 世纪末美国人的个人独立意识中已经包含了一些"个人"、"自我"等个人主义成分，但自我仍被视为人类罪孽之源的代名词。随后托克维尔旅美后写作的《论美国民主》成为理解美国民主与个人主义的经典之作。但是 Shain 批评他"显然将美国的地方主义与个人主义相提并论的同时，他还有意无意地为个人主义这个命题添加了语义混乱的成分"。②③ 19 世纪中后期，至 20 世纪初，社会达尔文主义在美国风靡一时。反映在个人主义观念上，表现为将传统个人主义中，与自由竞争资本主义经济相适应的"物竞天择，适者生存"的成分推到极致。当这种极致的个人主义带来的贫富分化、社会公平问题已经威胁到社会秩序时，进步主义思想家克罗利等提出个人与社会关系的重要问题，以形成新个人主义的典范，并具有"民主集体主义"的倾向。直到杜威，更是提出了从"拓荒者的个人主义"发展到"合作占统治地位"的转变④。因此，在个人主义概念发展的历史

① ［英］史蒂文·卢克斯著、阎克文译：《个人主义》，江苏人民出版社 2001 年版，前言
② Barry Alan Shai, *Myth of American Individualism*. Princeton：Princeton University Press，1994，p. 91
③ 陈奔：《美国个人主义的历史变迁》，厦门大学出版社 2012 年版，第 36－41 页
④ 佟德新：《新旧个人主义：美国时代的民主主体论》，《苏州科技学院学报（社会科学版）》，2004 年第 4 期，第 31－34 页

长河中，可以看到它在每一段历史中有着不同侧重的表述，同时个人的尊严、价值总被放置于突出的位置，但是它始终离不开对和地方自治、社会、他人、合作等关系的理解。因此，对个人主义的理解需要放置在具体社会生活中给以认识。① 在教育研究中，关注个人主义的实质也是叩问教育终极问题的一个重要途径：教育是否需要标准化？如果需要，如何处置每一个个体的个性？如果不需要标准化，又怎能确保教育对象能够达到特定标准以履行未来社会成员的职责？

（四）实用主义

实用主义和个人主义在面向认识论主体、实践主体的根基性意义上，有着异曲同工的暗合。遥想19世纪以前及早期的美国人，曾经认真地努力模仿欧洲的文化。富豪巨头们以竞相购买、收藏18世纪前欧洲大画家的作品为荣，有些人甚至将欧洲的城堡一块块拆卸下来，运到美国重新搭建。恩格斯1888年出版的《马克思、恩格斯给美国人的信》中，这样描述着作为欧洲人踏上美国的感受："我对美国人的第一个印象决不足以证明他们对欧洲人的民族优越感，也不能说我所遇见的是一个新的、年轻的民族类型。相反地，我得到这样的结论：他们是顽固地坚持着自己所继承的小资产阶级习惯的民族，这些习惯在欧洲人看来是旧式的，而且在这方面，欧洲人同美国人比起来，就跟巴黎人同外省人相比一样"。② 实际上，到了19世纪中期，美国文化界和思想界开始经历一番本土化的呼唤。从身份认同上，人们从曾经英王陛下的"弗吉尼亚人"和"宾夕法尼亚人"改为"美利坚人"；在文学领域，出现了像惠特曼和马克·吐温那样具有北美大陆风范的作家；与之相应，19世纪后期在哲学领域渐兴的实用主义思潮，作为美国的"国家哲学"摆脱了欧洲思想文化一统美国的局面，是"头一个在美国土地上土生土长地形成的思潮……最充分地体现了所谓'美国精神'……实用主义形成之后，美国哲学在世界舞台上开始具有自己的独立地位"③。嫁接在实用主义哲学基础上，结合宗教理想主义等情结，催生了美国人

---

① 李荣荣：《美国的社会与个人：加州悠然社会生活的民族志》，北京大学出版社2012年版，第17页

② 马克思、恩格斯著、冀如译：《给美国人的信》，人民出版社1958年版，第329页

③ 王彦力：《走向"对话"：杜威与中国教育》，教育科学出版社2008年版，第24页

讲求注重经验、讲求实效的行为风范甚至一系列国家行动。而以杜威为代表的哲学家、教育家，对于讲实用主义应用到教育领域的努力无疑对塑造美国教育发展轨迹起到不可估量的影响。

实用主义哲学最突出的特点，是将人放在理解世界，形成真理的核心位置，特别强调人们追求真理不是为了真理本身，而是出于自身的需要。实用主义哲学家流派的重要创始人威廉·詹姆斯（1842－1910）举了一个生动的例子：我们之所相信墙上挂着的时钟确实是时钟，而不是什么别的东西，是因为它能够很好地履行时间提示功能，而不是因为我们像钟表匠一样了解它的运行和内部机理。因此，他说：真理……它意味着协调一致，意味着"符合"，正如虚假意味着与真实事实的不协调、争执、争论、不和等等……但是什么是"符合"呢？什么又是"真实事实"呢？实用主义者不去争论，他们的回答是具体分析和埋头苦干。与此同时，理智主义者却是在沉思中去寻找，或者唐突发言。关于什么是真理，普遍观点是：真理就是现实真实世界的抄本，是对现实世界的临摹。这是经验主义的结论……不，因为对于我们实际生活来说，我们凭借的绝大多数真理，是无需要直接证实的。间接证实和直接证实是同样地有效。间接证据足够时，就不需要眼见为实。我从来没去过日本，如果我在这里假定日本根本就不存在，你们肯定要把我当成疯子而不是哲学家，把我赶出这个讲堂……假定日本是存在的，这是有效的假定。因为我们所获得的一切事物表明、合乎这一概念，没有冲突……事实上，真理是依靠一种信用制度而存在下来的。"①。"真的思想，就意味着拥有行动的无价之宝，拥有一个行动的工具。我们追求真理，不是上天给我们的命令，也不是我们理智所喜欢的一门纯粹"技艺"，它根植于实际，根植于它的指导作用，这便是理由。"②

当实用主义运用到教育领域时，从杜威的作品及其实验学校的尝试性实践可以看到，它至少有三方面的表现：第一，注重个人经验在获取知识中的首要作用；第二，传递的知识本身应当具有明显的实用性；第三，明确赋予学校和教育机构培养公民民主意识与行动力的功能。杜威最为人知的表述之一是"学

① ［美］威廉·詹姆斯著、燕晓冬编译：《实用主义》，重庆出版社 2006 年版，第 141 页
② 同上，第 145 页

校即社会"。这个简洁的概括同样蕴含着丰富的内容。回应以上所提实用主义对教育的理解，可以从知识获取过程、对知识价值与特性的理解以及对教育价值与使命的理解给以总结。在知识获取过程问题上，杜威强调不能让儿童向知识笔直地进军。这将脱离儿童的需要，削弱学习动力，教师应当以糖衣炮弹的方式，诱使学生就范。① 在教育与民主的关系问题上，杜威呼吁民主的教育，借以实现民有、民享、民治的资产阶级民主社会。正如杜威在中国的代言人胡适所言："民主本是一些信仰，本是对生活的一种看法，本是一些思想的习惯，民主并不只是政府的形式，所以实行民主需要有'普遍的教育'② 随着进步主义教育改革的不断发展，实用主义教育观已经成为美国教育实践中重要的指导原则。

以上部分，首先对教育概念的模糊性进行了讨论，在相当程度上，它成为人们争论的前提；接下来对德奥、英美教育人类学理论流派的梳理，为本研究提供了重要的理论范式；美国公立教育历史及其研究现状回顾，一方面显示了美国公立教育是基于独特的国家认同塑造、资产阶级意识形态、联邦制政治体系的历史传统之上形成的，而当下从文化角度对美国公立教育进行剖析的实证研究尚不多见；最后，根据美国独特的文化传统以及贯穿在更普遍意义上的教育实践问题，对时间、模仿、个人主义、实用主义四个概念进行回溯与讨论，为接下来的分析提供思考框架。

五、研究问题与田野工作

结合现实条件和以上关于教育研究、教育人类学范式的讨论，及美国公立教育研究现状，本作品作为一个探索性研究，将尝试回答以下问题：美国典型的公立校日常教育活动场景是怎样的？那里的教育活动最终指向的目标是什么？是一幅怎样的人性图像？人们以怎样的方式来模仿这幅人性图像的？在实施过程中，呈现了怎样的时间节奏？这样的时间节奏意味着什么？它与个人主义、

---

① ［美］约翰·杜威著、王承绪译：《民主主义与教育》，人民教育出版社2001年版，序言第20页

② 王彦力：《走向"对话"：杜威与中国教育》，教育科学出版社2010年版，第47页

实用主义之间是否存在着模式的一致性？是否可以从以上几组关系中，实现对这所学校所植根的社会文化土壤的标定与描述？

以上问题更多在于挖掘人们对于教育参与各方对于教育意义及其教育实践细节的阐释。因此，需要通过在场的参与观察，把握教育活动发生的具体场景，从互动视角、情境视角、表述视角、纵向视角进行全方位关照。① 本研究选择费城一所公立学校，开展田野工作和访谈法。之所以选择公立校，是因为对于绝大多数中国人而言，人们具备就读中国公立学校的经历。嫁接在读者已有体验基础上的跨文化研究，更容易形成自我与他者的比较框架。人类学研究通常讲究田野点的选择。选择一词本身，暗含着选择者的主动态势——至少有几种可能性供挑选。但实际上人类学者在选择田野点时受到诸多局限。比如资源、研究者性别、宗教信仰、族别、乃至生理上的极限等等。正像《校长办公室里的那个人》的作者沃尔科特所描述的那样，他之所以选择那所学校开展田野，在考虑到代表性的同时，这个学校的校长也是唯一接纳他开展研究的校长。② 本研究的田野工作在费城安卓学校展开，除了考虑到它自身作为城市贫困学区公立学校的个案典型性外，作为一个外国人，能够引荐我进入这个场域的关键人物和关键事件是必须的桥梁。同时，它也几乎是当时唯一能够通过学区和我所在学术单位伦理审查委员会审批的单位。种种条件与机缘的作用，把我引向了费城城中心的安卓学校。

我首先是以志愿者身份进入安卓学校的。安卓学校有不少华裔学生，希望学校可以举办中文俱乐部。学校在经费紧张的情况，非常希望有志愿者来承担这份工作。宾大的同事玛丽莎教授的孩子就读于安卓学校，拉鲁教授热情而高效地让我们相互认识。不久，便迎来了安卓学校的开放日活动。校长很高兴得知笔者可以参加，并为家长提供翻译，更高兴笔者承诺和另外两位宾大的来自中国的志愿者一起，把这个学年的中文俱乐部做下来。于是，笔者便以志愿者身份进入安卓学校。这一定位意味着明确的职责，也意味着在这一场域下的明

---

① 庄孔韶、冯跃：《〈我妻我女〉：一个教育和影视人类学研究的展示》，《社会科学》，2006 年第 1 期，第 106－118 页
② ［美］哈里·F·沃尔科特著、杨海燕译：《校长办公室的那个人》，重庆大学出版社2008 年版

确价值。事实上，每当有客人来学校参观时，校长总是略带骄傲地向人介绍："这位是宾大的志愿者，支持我们的中文俱乐部活动。她是从北京来的。"可能就像如果交英文的外教，来自纽约一样，有着天然的合法性吧。在美国这样多元的社会，越是有着自己的特点，越容易被接纳。尽管如此，笔者还必须按照学区规定，通过美国邮局体系，录入指纹信息，由其提交相关政府部门审核提供本人无犯罪记录后，方可成为那里的志愿者。笔者以这样的方式，体验了美国现代社会管理手段对个人的监控。

过了一段时间，几经周折，又亲身体验了美国学术伦理审批的官僚程序，研究伦理审批书终于得到正式批准。我进一步得到进入班级的机会和许可。选择三年级凯文老师班，有两个主要考虑：从学生方面考虑，高年级学生的日常用语中有着更多俚语，可能会成为交流障碍，而且青春期的孩子，恐怕需要更多时间得到他们的信任；更低年级的学生，语言和思维相对简单，估计很难挖掘他们对事件的理解；三年级的学生从语言能力、心智发展程度上，能够更好地展现自己的想法，又相对比较容易地建立起信任；从教师角度考虑，凯文老师和宾大拉鲁教授的博士研究生蔡德比较熟悉，蔡德的引荐能够有助于我们之间较快地建立起信任。同时，听说凯文老师的妻子从日本来的，凯文老师也在日本生活过八年，想来他对我这个外国人的处境可以有一些更多理解甚至体会吧。凯文老师果然接纳了我。每周两次出现在班里，以志愿者身份参与课堂活动，并同时进行课堂观察。就此，和凯文班里的学生、老师熟识。

作为安卓学校里除了语言助理王老师之外的唯一一位亚洲面孔的成年人，在楼道里，也和其他老师混了脸熟。加上校长的介绍，大家都知道笔者在为中文俱乐部提供义务服务。这也为后期约其他老师进行正式访谈，奠定了良好的基础。这一学年快结束时，按照学区要求的题目，我对全校34位家长和8位教育工作者就家长参与主题进行访谈。"家长"不仅包括学生的父母，与学生生活在一起或参与了学校生活的祖父母也被囊括在内。34位家长中，17位为华人移民，7位来自拉丁裔家庭，有6位白人家长，两位北非移民以及两位非裔家长。教育工作者则包括老师、校长、管理人员以及代校长。

田野工作中，非常重要的一环是研究者的角色管理。它需要在田野工作场域实现融洽的定位方可顺利展开。在这个田野中，可以用几个关键词来描述自身对角色管理的策略：参与、志愿者、东方文化、母性。参与，是指在时间允许的情况下，积极参与学校各项活动，在生动的场景下、在相互的激发中观察人们的活动；志愿者，是我能够为学校提供的最直接有效的帮助。以此为契机，展现自己作为可靠的工作伙伴和积极的社区成员的一面；东方文化，是这张亚洲人的面庞所携带的多元文化符号，在分享中国民俗节庆、汉字书写、引荐更多中国留学生中，为学校提供更多跨文化交流的场景。甚至这带着中国口音的英文，也成一种不可代替的东方符号；母性，更是笔者作为母亲所具备的天然气质。它被凯文老师班里那群十来岁的孩子天真的笑容自然唤起，对孩子们细心呵护，也赢得了他们的信任。参与、志愿者、东方文化、母性，恰恰附和了安卓学校作为一个文化的组织的要求。角色的维护，正是基于田野工作者对场域的理解和把握。

但是，作为一个外国人，在一所美国学校开展田野工作，始终盘旋在心中的，还有"忐忑"二字：毕竟，英语不是自己的母语，那美式英语听起来怎可能一字不漏？更不要说其间的隐喻或暗语？毕竟，来自不同的文化，怎能确保像同族人那样，精准地"读脸"？毕竟，笔者只在那里呆一年的时间，怎么能看到那里的全部和实质？我们在进行跨文化研究，而自身就正在跨文化实践。跨文化理解的可能性及其程度，永远会作为一个问题回荡在脑海，因为越是参与中，越会体会到隔膜的障碍。在这种情况下，还要坚持认为自己正在进行跨文化的阐释，这真是一种心理考验了。还好，在结束田野前对学校办公室卡洛的访谈中，我们聊起学校的八卦，卡洛瞪着眼睛说："天啊！这，你居然也看出来了！"笔者把这个感叹算是对此次田野工作的肯定吧。当然，田野永远是诗学和政治学的。

第二章

安卓学校—— 一所美国城市贫困社区公立校

安卓学校是坐落在美国东部宾夕法尼亚州费城城市中心的一所公立学校。因为美国各个城市、各个州的自然条件、社会历史迥异，在联邦制下，各个州的教育系统各具特色。各个学区、学校的运行状况和其所在城市、州的文化传统、族群构成、经济状况有着密切关联。因此，在介绍安卓学校之前，先对宾州和费城的历史与现实状况及其教育体系进行介绍。但是在此之前，先让我们对安卓学校有一个直观的印象。

安卓学校坐落在费城南部，从地铁站到学校步行不到十分钟的距离。这十分钟步行的路程上，会看到很多门窗又脏又旧的公寓，不知道有没有人住在里面。但推测起来，那应当是有人居住的房子，因为每逢节日，个别临街的窗户里不时会坐着几个富有节日气氛的布偶，但那门窗仍然看上去不整洁、明亮。在这条街上，经常可以看到衣着邋遢的人。有一次一个衣着褴褛、面颊肮脏的中年男子盯看着我，说"NIHAO"。我冲他微微点头，便怀揣着几分不安全感，迅速前行。走近安卓学校可以看到一扇紧闭着红色的大铁门。外面的围墙有着彩色陶瓷镶嵌的图案，它为整个街区增添了几分生机和活泼。

这天下学以后，我正在学校办公室和卡洛聊天，查妮老师慌张地跑进来说"楼道里有老鼠！"我跟着跑到楼道里看，果然，就在学校办公室对面墙根那，一只手指那么长的小老鼠，从左跑到右，从右跑到左，在楼道里展示柜和前台签到处之间左右跑了两个来回，然后，迅速从中间109房间关着的教室门缝底下钻了进去。而109教室，可是学前班的一个教室班啊！我和卡洛下意识地尖叫着，而扎西姆的曾祖母，那70多岁的非裔妇人，今天恰巧作为志愿者在签到台值班，此时老太太已经跃然盘腿坐到了前台签到处的桌子上面。凯文老师作为当时唯一出现在那里的男老师，则看似镇定的样子，安排清洁工往 109 教室投耗子药和粘老鼠的粘贴纸。

（2014 年 3 月 31 日田野笔记）

从安卓学校周边破旧的公寓和衣着邋遢的行人，可以看出安卓学校所在社区的经济状况不太好。更有乱窜的老鼠，显示了安卓学校环境的差强人意。是的，坐落在一个贫困社区，往往意味着那里的学校资源匮乏。这在后面的章节中将得到解释。但同时，在后面的文本中可以看到，尽管安卓学校的状况在宾州的相对处于劣势，但是它在人员配备、硬件设施等方面的绝对水准仍然体现了美国富足的国力。这个学校自现任校长卡普顿女士上任以来，得到了实质性的改观。以校风剽悍著称的安卓学校，在她的带领下逐渐人气兴旺起来。70 多岁依然来做志愿者的扎西姆的曾祖母，则代表了愿意参与学校活动的家长的身影。而她黑人的面孔也直观显示出安卓学校、乃至整个费城人口组成族裔的多样性。

一、宾州与费城：革命热土与现代都市

（一）宾州：一片爱国与革命的热土

宾夕法尼亚州是美国非常具有历史传统与人文特色的州。它是美国立国 13 州之一，位于美国的北部。费城是宾州人口最大城市，在全美其人口规模位居第五，拥有约 150 万人口 ①1681 年，教友派教徒威廉·潘从英王查理二世手中得到宾州的土地权，他欢迎不同宗教的人士定居位于德拉瓦河及斯古吉尔河之间的土地上。在美国独立战争期间，宾州的广阔天地成为英雄的热土。这里至今依然保留着当年华盛顿将军率军队纵横驰骋、抗击英军的战场。福奇谷更被称为美国独立战争的革命圣地。华盛顿将军曾在那里扎营过冬，训练部队，熬过了最艰苦的一个冬天。1787 年 12 月 12 日，联邦宪法批准，宾夕法尼亚成为加入联邦的第二个州又由于该州地处 13 州的正中（北部有 6 个州，南部有 6 个州），再加上它在美国独立时的中坚作用，故有"拱顶石州"之称。南北战争期

---

① Philadelphia Population 2016，http：//worldpopulationreview.com/us - cities/philadelphia - population/，获取于 2016 年 5 月 9 日

间，宾州再次成为军事、政治活动的重要舞台。其南界，即梅森—狄克森（Mason Dickson）线，在当时被视为北方自由州和南方蓄奴州的分界线。联邦军在此奋勇血战，取得南北战争的决定性胜利。在葛底斯堡战役结束后的四个半月后，1863 年 11 月 19 日，在为葛底斯堡战役战死的战士公墓（Gettysburg National Cemetery）揭幕仪式上，亚伯拉罕·林肯发表了其最为著名的演讲。这个发生在宾州三分钟左右的演讲，将《独立宣言》所支持的"凡人生而平等"之原则，转化为治国之本，不断为后人传颂。林肯讲到："我们要使共和国在上帝保佑下得到自由的新生，要使这个民有、民治、民享的政府永世长存。"① 无论是宾州的建州历史，还是它在独立战争、南北内战中不可取代的历史贡献，都为宾州人民带来了一份追求自由、呼吁民主政治的精神气质。

（二）曾经的费城：美国历史的权威见证者

如果说宾州写满了美国革命的历史，那么，费城则是这份历史中最具权威的见证者。费城（Philadelphia）位于宾州东南部。1790 - 1800 年，在华盛顿建市前，费城曾是美国的首都。它更为著名的是作为美国《独立宣言》的诞生地。1776 年 7 月 2 日，13 个英属美洲殖民地代表组成的大陆会议在费城独立宫（Independence Hall）举行，7 月 4 日通过了由杰克逊起草的《独立宣言》，宣布北美殖民地脱离英国，建立"自由独立的合众国"。为了庆祝《独立宣言》的通过，独立宫旁边的自由钟为之鸣响。在后来的召集市民讨论英国颁布的《糖税法》和《印花税法案》、纪念华盛顿的逝世等场合，自由钟也一次次鸣响。可以说，独立宫和自由钟见证了美国人民追求自由与独立的决心与行动，至今仍是人们了解美国历史的重要窗口。更不要说，充满才情和美国精神的富兰克林与费城的不解之缘；传说中缝制美国第一面国旗的罗斯小姐；由富兰克林一手创建的宾夕法尼亚大学……

在费城的历史，还有一笔值得关注的历史遗产，那就是在费城的黑人命运。宾夕法尼亚大学著名社会学家杜波依斯（1868 - 1963）早在 20 世纪末，人们对黑人的种族歧视鲜明、深刻而直接的时代，以问卷和访谈方式深入费城黑人社区，对费城社区生存状况进行了深入全面的描述。他在其成名作《费城的黑人》

---

① 美国纪念林肯发表《葛底斯堡演说》150 周年．人民网．［获取于日期 2013 - 11 - 20］

中写道：费城是美国南方和北方之间的天然连接口。在很长一段时间里，从这个天然连接口经历了自由的黑人、向北方逃跑的奴隶、被抓回的奴隶、和被绑架到南方的有色人等等人群的过往行踪。早在19世纪以前，费城就建立了第一个非裔卫理公会主教派①。1820年，涌向北方的人数增多，引发了南方奴隶主的追讨，于是出现1820年的逃奴法案，以及相继在费城推出的1826年，1827年法案。与此同时，大量外国人口迁移至费城。这对于黑人而言也是一场灾难。这些获得自由的黑人和逃跑的奴隶，既缺乏技能，又要面对种族歧视，还有对奴隶制持保守意见的人们的意见。这都在考验着黑人群体在这一时期的生存与发展。犯罪、贫困导致了骚乱、暴力、血腥。按照当时黑人比较常见的5口之家计算，最差环境下，每周的房费约1美元，食物1.44美元，燃料、热力，大约0.2–0.47美元。② 而第七街区中19%的黑人家庭每周收入低于5美元；48%的家庭是在5–10美元之间；26%的在10–15美元；8%的家庭每周收入超过15美元。从家庭模式上看，非洲家庭大多从一夫多妻、一妻多夫过渡而来。到19世纪末期，形成一夫一妻制的家庭也不过是两、三代的事情。③ 到20世纪末费城底层黑人有比较常见的两种模式：同居和女性支持男性。比如当时在第七街和Lambard，有10%–25%的情况是同居状态。有的同居可以维系很多年，有的很快就分手。当时有两个因素造成恶性的状况：一是男人工资很低；二是房租很贵。一方面，这导致女人必须出去工作，那么家里的孩子便在一段时间内处于无人监护状态；另一方面，那些离教堂、工作地点近便的房屋，租金很贵，一些家庭不得不做二房东，再招来房客分租房屋。所以在第七街区38%的家庭面临着陌生人可以随意出入的情况。更不好的是，那些租客往往是服务员，他们逗留房间的时候，正好是妈妈外出工作的时间。这样，这个家庭就没有任何隐私，危险和不义之事时有发生。其中，第7街区，也正是本研究所在安卓学校的位置。④ 在1896年杜波依斯的研究中，属于黑人比较集中的区域。当时那

---

① http://worldpopulationreview.com/us–cities/philadelphia–population/
② W. E. B. Du Bois, *The Philadelphia Negro: A Social Study*, New York: Oxford University, 2007, p. 15
③ 同上，第121–123页
④ 同上，第134–136页

里黑人和白人的比例约为 1 : 2.5。同时，第七街区黑人的文盲为 12.17%，这一比例在早年历史上更高，1850 年为 44%，1870 年为 22%，1890 年为 18%。尽管 1896 年时，费城黑人占人口比例仅为 3.76%，但是总数将近 4 万。① 费城位居全美黑人聚居城市第三的位置。黑人不断涌入费城，使得费城在城市发展、治理过程中需要从各个角度考虑不同族裔的历史文化特点、政治诉求等。如今，按照 2010 年人口调查数据，黑人或非裔美国人占到费城人口总数的约 43%。城市街区里满眼非裔美国人，构成了费城一道独特的城市风景。② 在教育领域，城区学校必须面对相当比例的黑人学生，而争取平等的教育机会一直是费城公众，特别是是非裔美国人代表的强烈呼声。

（三）如今的费城：风采依旧又困难重重

如今的费城，依然是宾州最大的经济体城。2013 年，费城经济圈的经济产值（GDP）4207.68 亿美元，排名美国第 7，是美国东部仅次于纽约和华盛顿的第三经济城市。费城港是世界最大的河口港之一。有运河沟通特拉华河和切萨皮克湾。2015 年 11 月费城入列世界遗产城市，是第一世界遗产城市的美国都市。③ 近期费城人口数据显示，它依然具有族群的多样丰富性。2010 年美国人口调查数据显示，费城人口族裔分布情况如下：

白人比例：41.0%（36.9% 为非西班牙裔）

黑人或非裔美国人比例：43.4%（42.2% 为非西班牙裔）

土著美国人比例：0.5%

亚裔比例：6.3%

土著夏威夷人和太平洋岛人比例：0.0%

其他族裔比例：5.9%

两重或多重族裔者比例：2.8%，其中班牙裔或拉丁裔比例：12.3%

西班牙裔或拉丁裔任何种族的：12.3%

---

① W. E. B. Du Bois, *The Philadelphia Negro: A Social Study*, New York: Oxford University, 2007, p. 64

② http://worldpopulationreview.com/us-cities/philadelphia-population/，获取于 2015 年 12 月 14 日

③ https://en.wikipedia.org/wiki/Philadelphia#Economy，获取于 2013 年 12 月 14 日

　　论祖先，根据2010年人口调查数据显示，这里最大的祖先族群分别为爱尔兰人（13.6%），意大利人（9.2%），德国人（8.1%），波兰人（4.3%）和英国人（2.9%）。① 费城拥有全美第四位的黑人人口，而且。费城近年吸纳了大量移民。至2008年，费城城区住有约50万移民，其中五分之一是2000年以后到来的。其中2000 – 2006年，有11.3万移民，而这一数字是整个90年代到达移民的总数。目前移民占费城10.9%的人口，人们相信费城将像20世纪中叶那样，再次成为移民的热门目的地。费城总人口连续七年出现增长。这样的增长敦促城市规划委员会正在规划两个新的街区。然而，这个历史上被誉为"友爱之城"② 的城市，如今25%的贫困率位居全国之首。房地产市场从2005年起持续下降。费城的失业率为10.5%，明显高于全美平均水平。费城犯罪指数比宾州平均水平和全美平均水平高出很多。以2014年为例，费城犯罪指数为2873，宾州为1113，全美为1423。③

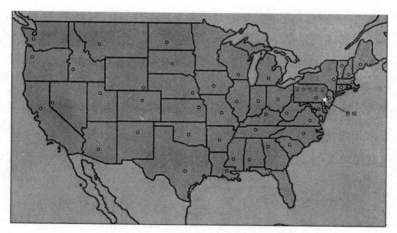

图1　宾夕法尼亚州及费城地理位置

①　http：//worldpopulationreview. com/us – cities/philadelphia – population/，获取于2015 年12 月 3 日

②　以上内容编译自 http：//worldpopulationreview. com/us – cities/philadelphia – population/，获取于2015 年12 月 3 日

③　http：//www. usa. com/philadelphia – pa – crime – and – crime – rate. htm，获取于2016 年 2月 13 日

费城的教育形势也不容乐观。学前班至 12 年级的入学人数缓慢下降，一方面是更多学生从学区的公立校转向特许学校（Charter School），另一个原因是学生数量的整体下降。从下表可以看到，2010－2014 年期间，费城从小学 1 年级到研究生阶段进入公立校学习的人数比例均低于宾州平均水平，更低于全美平均水平。这在一定程度上可以发反映出费城公立学校的吸引力不足，以及由此推导出政府对公立教育的投入力度问题。

现实的原因很复杂。可能最简单的解释是这个号称胸怀"兄弟之爱"的城市没有能力为经济增长找到新的资源。费城仅有几所世界五百强公司，其中大多是那些古老的、遗产式的公司。近几年最醒目的要算耸立在城中心的 COM-CAST 公司总部大楼了。很多新兴公司迁址纽约、华盛顿，或者富饶的硅谷。在市政大厅，政府正忙于处理老年问题和昂贵的劳动力问题。在过去几十年里，所有城市开销都在下降，伴随着释放更多纳税人的钱用以政府。2003 年，政府雇员的福利占全市花销的 1/5，这一比例到 2012 上升为 1/3。①

二、费城学区：经费削减与争取生存

再看安卓学校的地理位置，它位于费城城市中心。加里在《美国人民》中讲到，美国在工业化形成过程中，城市成为工人、体力劳动者聚集的地方，那里便于上班通勤。而中产阶级的生活并不需要和工作场所粘连得这样紧密。新鲜的空气、丰富的社区生活成为中产阶级选择居住在郊区的理由。因此，从美国工业革命时期开始，在大多数城市形成了贫困人口、体力劳动者生活在城市，而中产阶级生活在郊区的地理格局。费城一共分三个学区：斯彼菲尔德学区、英特布鲁尔学区和费城学区。其中费城学区是规模最大的，也正是安卓学校所在学区。它成立于 1818 年。从学生容量上讲，不仅在费城、在宾州数得上，而且，在全美也是第八大学区。它拥有 218 所公立学校，134538 名学生，8443 名教师，16680 名雇员，288 位校长和校长助理。② 此外，该学区还有 83 所特许学

① Daniel Stone, Is Philadelphia in Decline? New Report Shows a City With Marked Challenges http：//www. thedailybeast. com/articles/2012/04/04/is－philadelphia－dying－pew－report －shows－a－city－with－marked－declines. html，获取于 2016 年 1 月 21 日

② employees, http：//www. philasd. org/about/#employees，获取于 2016 年 1 月 5 日

校，容纳了 63442 名学生。①

（一）陷入困境的费城学区

近年来，和费城经济、社会发展状况相一致，费城学区的运行也举步维艰。最直接的表征是，费城学区经费问题正经历着"寒冬"。这一状况，不仅在费城学区有所体现，宾州其他学区也正在经历类似的困境。2014 年 4 月 20 日《费城询问报》（Philadelphia Inquirer）报道，在过去的二十年里，州政府很少考虑教育经费问题。20 世纪 90 年代，州政府对教育的投入占到总投入的 50%，如今滑落到 35%。这个比例在联邦各州中数第 47 位。2006 年，州里批准了一项估算成本的研究，来测算各个学区需要多少经费可以达到基本的教学要求。这带来了 61 号法案，其中包括计算学区需要充分经费的公式。但是经济衰退，州长雷德尔（Rebdell）将联邦政府的补充经费用于增加州级教育总投入，同时削减州政府在教育投入中的份额。这一做法出了麻烦。继任州长科贝特（Corbett）没有经费接续撤出的联邦补充经费。尽管科贝特吹嘘他自己和雷德尔相比，在州级政府层次，从绝对数量上讲对教育投入了更多经费。但事实上是，减去联邦政府的补充经费，学校能得到的经费更少了。2014 年 1 月，科贝特在他演讲中提及宾州需要"一个真实、公平的经费体系"。几个月前他又委派一个委员会来研究测算教育所需经费的公式。而这些，以往的州政府已经干过了。没必要一切再从头开始。如今，那些税收基础薄弱的贫困社区，不能填补开支差距，包括费城在内的学区必须减少学前教育的投入以负债运行。下图是《费城询问报》上的漫画，讽刺学校面临的混乱。漫画的题目叫"假如一架飞机像费城学校一样运行……"那么，这架飞机机长的薪水被砍掉；没有助理机长协助工作；乘客需要自己为汽油付费；没有安保人员；乘客都是没有中到去特许学校就学机会的人；飞机尾部破损并在修补中维持；35% 的乘客会被中途甩掉；更多的案头文件；（即使如此状况，仍然）得到还有宾州认可的印章……②

---

① Charter schools, http://www. philasd. org/about/#charter-schools，获取于 2016 年 1 月 5 日

② For Schools, Money Matters. The Philadelphia Inquirer, Sunday April 20, 2014. C4

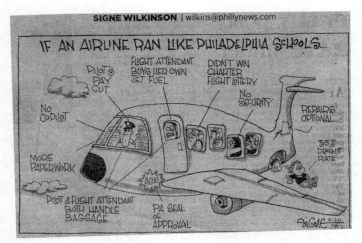

图2 2014年4月20日《费城询问报》C4版漫画："假如一架飞机像费城学校一样……"

"费城被众所指责的学校系统，已经不是什么新鲜事。城区教育系统经费不足已经历了几十年。这个背负着28.4%贫困率和大量移民的城市，2009年-2010年对每个小学生的教育投入是13272美元，低于州里平均水平，更低于周边富庶的Lower Merion学区。在Lower Merion学区，每个学生的教育投入是26000美元（教育经费主要来自房产税，这自然使低收入同时具有更高学生需要的学区陷入不利）。① 毫不奇怪，教育产出也很差劲：在2011年，费城公立学校完成4年级学业的学生比例为61%。在哈利伯格的州领导急于指责城区学区长期的赤字、没有竞争力的表现和浪费城市行政资源。"②

（二）教师和公众对学区管理的抗议

2013年6月7日，学区解雇了3783名教学人员，占到学区教学人员总数的

---

① 在美国，即使是公立校，其经费来源也不完全依赖学区、州政府的财政拨款，在相当程度上，有一部分经费来源于学区所在社区的房产税。房产价格高的学区，其房产税相应较高，那么，由投入学区教育的经费也相对于房产价格低的学区更多。这也能解释为什么在美国富人区的学校比穷人区好

② Jake Blumgart, on the PFT's community engagement efforts and the fight to save our neighborhood schools, http：//www. pft. org/Page. aspx? pgid = 51&article = 469&r = lay% 20off 获取于2014年7月6日

五分之一。① 2001 年起，学区管理权转移至州政府，成立学区改革委员会（School Reform Commission）。州长有权任命委员会 5 个董事中的大多数人。2014 年学区有大约 131000 学生，其中 67000 左右在特许学校。自 2010 年至 2013 年 3 月，学区已有 20 所公立学校，15000 名左右的学生转至特许学校。学区公立校教师的工资一降再降。面对公立校如此大规模的关停和裁员，公立校教师对学区改革委员会的管理普遍不满。由公立校教师组成的教师联合会（PFT, Philadelphia Federation of Teachers）在 2014 年 3 月 19 日举行内部集会。② 费城教师联合会属于工会组织，代表为费城公立校工作的 16000 多人。这些人不仅包括教师，还包括学校的护士、行政人员、心理咨询师、社会工作者等。3 月 19 日的集会主要讨论是否采取罢工行动，如何要求政府给教师涨工资等问题。以下是本次会议的场景片段：

今天的教师联合会聚会在费城女子高中礼堂举行，容纳千人的礼堂座无虚席，而且周边，特别是最后一排座位后面过道里也站满了人。会场一片鲜红的 T 恤衫晃动。原来，红色，是费城教师联合会的标志性颜色。今天，绝大多数教师都身着大红色 T 恤衫出席大会，或者至少里面套上红色毛衣，露出红色领子，或者红裙子，或者红围巾。这是一种对集体想象的支持和集体意识的表达。

下午 4：40 大会开始。

首先是两名工会秘书处代表发言，主要是陈述工会立场和目前学区对教师合同谈判的进展。两名代表都是黑人。

第一位代表是一位女性。她讲到：他们要摧毁教师联合会……去年他们关闭了 27 所学校，解雇了 4000 名教师。（台下一片嘘声，表示支持和对政府做法的不屑）……我所做的工作是上帝的意愿。我们给孩子们提供机会，但是我们却被这样不尊重、非人性地对待！（台下又是一片嘘声）……学区那些官员们搞的这个烂摊子，他们应当离开！

① Faces of the Layoffs: A project by Teacher Action Group Philadelphia, http://facesofthelay-offs. org, 获取于 2015 年 11 月 13 日
② More Schools in Line for Charter Shift. The Inquirer, Wednesday, March 12, 2014. B

（台下强烈掌声支持，有吹口哨的，有站起来鼓掌的。）

第二位发言工会秘书处代表，是一位黑人男性。他主要和大家沟通的是和校区谈判教师合同的情况。他就说："我们不能同意学区的意见。我们做了他们要求我们做的。我们有权力说不！……他们想赋予校长更大的权利，对员工的去留说了算。不行！我们需要更明确我们的工作职责，他们却说很多工作是自然而然的，我们问，难道护士的职责和工作也是自动的吗？不行……他们要砍掉学校护士的预算。对于一些孩子来说，学校的护士是他们唯一接触医疗服务的机会。他们要砍掉学校护士、图书管理员的职位。他们想在教育上赚钱。学区却为特许学校提供了七千万美元的投入。我们必须采取行动！我们必须得到持续的支持！我们不能一年又一年的这样继续挨下去。我们不是第一个起来提出反对的城市。我们必须和家长、和社区一起形成合力！

（台下鼓掌）

然后就是教师联合会成员自愿站到麦克风前发言。一共有 15 个会员发言。其中有的代表义愤填膺地说，要采取行动，不采取行动，他们就不知道我们的存在和力量！他一边说，一边恨不得蹦着脚，用食指比划，头发都要炸起来的样子，真像电视里的社会活动家，富有煽动性。当然，观众席里又是一片掌声和口哨。有的说"教师联合会有时也变成了官僚机构，不能真正代表我们的利益。"有的说"难道在美国，教师还不如公交司机挣得多？公交司机还在议论罢工的事情，希望增长福利。坐在我旁边的黑人中年老师，讪讪地说"这事，都说了好几年了。有什么新鲜的吗？"

一位身着西服的白发男性说："PFT（费城教师联合会的简称）从来以最团结的工会著称。让我们团结起来。我们没有钱，只有团结才可以显示我们的力量！团结起来！"于是，场内有人带头振臂高呼"PFT！PFT！PFT！"。

就这样，个别会员愿意去发言的，一一发言，有的老师陆续离场。到 6

：10 主席宣布本次大会结束。①

（2014 年 3 月 19 日田野笔记）

这个集会一方面反映出费城公立校教师对目前学区教育资源投入的不满，另一方面，体现出教师联合会的工会性质。在那里，教师们不再是为人师表、师道尊严的授业者，而更像集合在一起的特定产业工作者。教育，不再是一个润物细无声的灵魂教化工程，此时此景，更像是一份辛劳、一份收获的具象劳动交换。

同时，费城教师联合会正在酝酿征集足够多的签名，试图将目前的学区改革委员会赶下台。以下是相关海报。内容大意是："面向费城学区家长的重要信息如下：您可知道，学区和学区改革委员会并非在为帮助我们的孩子而工作！"传单还号召家长们"请告诉我们的官员：我们的学校需要帮助，学区和学区管理委员会正在耽误我们的学生。"传单上还附上州代表的名单、电话、地址。

图3 教师联合会号召家长向州代表反映学区及学区改革委员会无能的传单

这份传单不仅显示出教师联合会对目前惨淡公立教育的不满，而且体现出和家长、社区联合起来的号召与意愿。他们希望通过履行相关民意表达程序，改变现有教育管理局面。在一定意义上讲，它也是费城人民擅长

---

① 据费城女子高中的屈老师（联合会会员）介绍，是否要罢工要等工会决议。如果工会决议罢工，所有会员都不可以上班，不上班期间便没有工资。那些家庭困难的人，可以从工会领到罢工补助。平时，每个月会员要向工会缴纳 1% 的工资作为工会会费。一项重要的功能就是罢工时启用罢工补助。事后，在 2014 年学区结束前，没有见到费城学区教师罢工或有关罢工的新闻报道。

通过社会行动，表达利益诉求与愿望的历史传统在当代教育领域的体现。

三、安卓学校：举步维艰与谋求发展

在这样的背景下，坐落在费城学区的安卓学校，学生构成恰恰反映出费城的历史文化特色，比如非裔美国人占有相当的比例。同时，这些学生很多来自学校覆盖范围内经济贫困的社区。安卓不能免于经费缩减的困扰的同时，动员学生家长为学校募捐更是难上加难的事情。从资源设置上讲，安卓学校处于举步维艰的形势中。但是，安卓学校的师生依然用自己的行动在谋求发展。

（一）安卓学校概况

安卓学校是一所有着多元文化色彩的学校。它创立于 1924 – 1925 年①。2013 – 2014 学年，安卓学校涵盖从学前班到 8 年级②学生 459 人，1 名校长，29 名教师，2 名办公室行政人员，1 名西班牙语全职语言助理老师、1 名中文兼职语言助理老师、1 名兼职升学咨询老师、1 名兼职护士。所有的学校雇员均与费城学区签订劳动合同，而不是与学校校长之间签署用工合同。学生中，按照族群分布看，拉丁裔学生所占比例最大，为 35.4%，其次为非裔美国人，28.6%，白人学生占 16.2%，亚裔学生占 13.5%，其他族裔占 5.9%（见下图）。③

---

① 2014 年 5 月 15 日获取于维基百科。因具体网址链接能够直接显示到本研究进行田野的学校名称，出于学术伦理，暂隐去具体导向该学校的链接。

② 因按照美国有关法律规定及学制设置，9 – 12 年级仍属义务教育覆盖阶段，因属于高中阶段，通常与学前班到 8 年级的中小学阶段分开办学。

③ 2014 年 6 月 1 日获取于费城学区官网，同样因学术伦理原因，将指向学校的具体链接隐去。以下涉及到下学校具体链接的情况，做同样处理。

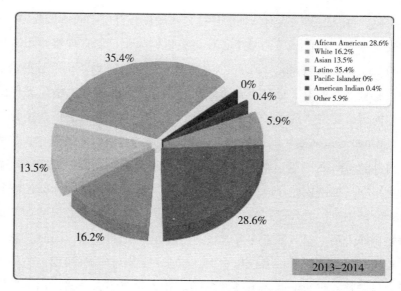

图4 安卓学校学生族群构成（源自费城学区官网）

与安卓学校所在费城学区的大环境相匹配，安卓学校主要招收位于费城南部贫困社区的学生。在对 201 年－2014 年费城学区 200 多所公立学校星级打分中，五星为最高，安卓学校被评为 1. 5 星，而该学区至少还有 80 所学校被评为 1 星。由此可见，安卓学校在该学区并不算一个极端个案，并具有一定典型性。①

在美国公立学校，通常通过经济贫困生比例、将英语作为第二语言课程学习的学生比例、特殊教育项目中学生的比例，往往能够体现一个学校学生家庭整体社会经济状况。在安卓校就读的 400 余名学生中，经济贫困生（Economically Disadvantaged）比例为 89.4%。这一比例的计算，不仅限于临时接受经济资助（Temporary Assistance to Needy Families, TANF②）的学生，而且是每年学区与宾州公共福利部门一起工作，将入校学生状况与接受临时资助特需家庭纪

---

① Philadelphia City School District，http：//www. usa. com/school－district－4218990. htm# schools，获取于 2016 年 5 月 1 日
② 费城学区官网，获取 2014 年 6 月 30 日

录进行比较，再经过美国政府认证的计算公式测算后得出来的估算数。①

在校学生中，共有 19% 的学生正在将英语作为第二语言课程学习（English as Second Language Learning，ESL）。英语课是针对母语不是英语，且英语水平尚未达到一定水平的学生，专门开设的语言课。这是美国为移民学生提供的一项很有特色的语言支持体系。在安卓学校学生中，有 10.7% 的学生在接受"特殊教育"（special education）。其中，0.7% 的学生因为具有特别的天分，接受天才教育。另外的 10% 的学生，则是因为存在个人学习障碍而接受特殊教育。②

以上三项指标比较充分地反映出安卓学校学生家庭整体在社会经济状况上的弱势：经济困难、语言存在障碍、有更多孩子不能在学校常规节奏下正常学习，需要特殊干预。这不仅意味着学校有更多的工作需要做，同时又意味着这样的学校没有更有效的途径去获取资源，以应对这样的困难局面。美国基础教育经费来自联邦、州和学区三方共同负担。义务教育作为公共产品，在财政上的"公平"意味着向每名学生提供相同的最低限额的基本经费，保证实施普及、免费、强制的义务教育。但是，各州、各地区之间差异很大。特别是美国基础教育的重要管理主体是各州政府。人们谈及教育公平问题时，通常将矛头指向州政府。而各州经济发展状况差异明显。以 2008 - 2009 学年为例，哥伦比亚特区是华盛顿所在地，州政府给每位学生的教育拨款为 3 万美元，而犹他州，每个学生拨款为 7395 美元。同时，在学区层面，学区经济发展水平差异也带来同一州内学区间教育经费投入的差距。比如富人学区的学校可以从房地产税中得到人均 3000 美元的经费，而低收入学区却只有 1500 美元。③ 这意味着，安卓学校所在片区不能有丰厚的财产税投入基础教育。这便解释了该学区的生均经费比周边富庶郊区学校的生均费用少一半的主要原因。

最后，从教学效果看，以宾州学业统考成绩（Pennsylvania System of School Assessment，PSSA）为衡量尺度，可以看到安卓学校各年级统考成绩和费城学区平均水平和趋势基本一致。近年基本呈下滑趋势。下图以安卓 3 年级学生 2012 -

---

① 费城学区官网，获取 2014 年 6 月 30 日
② 费城学区官网，获取于 2014 年 11 月 1 日
③ 王定华：《美国基础教育：观察与研究》，人民教育出版社 2016 年版，第 44 - 46 页

2013，2013 – 2014，2015 – 2016 连续 3 年参加宾州学业统考结果为例，进行说明。

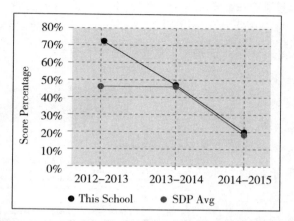

图5 2012 – 2015 三个学年安卓 3 年级学生数学科目州级统考与州级平均水平对照表
（上面的线条代表安卓学校，下面的线条代表学区平均水平）①

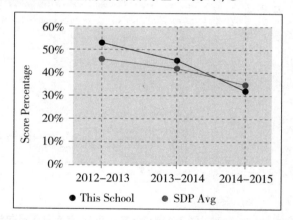

图6 2012 – 2015 三个学年安卓 3 年级学生阅读科目州级统考与州级平均水平对照表
（上面的线条代表安卓学校，下面的线条代表学区平均水平）②

（二）走进安卓学校

1. 校园环境

安卓学校坐落在费城城市社区里，没有临着城市的主要街道。学校四

---

① 费城学区官网，获取于 2016 年 1 月 3 日
② 费城学区官网，获取于 2016 年 1 月 3 日

面被较为狭窄的社区道路所环绕。这些道路可以单向向行驶车辆，并有公交车通过。学校对面有个投币使用的洗衣房。把衣物拿到公共洗衣房的居民，通常家里没有洗衣机。这也意味着，这类公共洗衣房的出现，通常暗示着住在附近的居民家庭经济状况不好。

每到上下学时间，学校的路口都会有那个敦实的黑人女警察出现，为孩子们的安全通行保驾护航。而学校的主楼实际上是高于地面的。若要进入学校主楼，则需要上几节台阶。通常来讲，美国很多地方都有便于轮椅通过的残疾人通道。但是安卓学校没有。2014 年 5 月，卡普顿校长髋关节手术后，原本休

Dear parent or Guardian:

We recently found bed bug(s) in several classrooms. The source of bed bugs often cannot be determined, as bed bugs may be found in many places including hotels, planes and movie theaters. Even though it is unlikely for bed bugs to infest a school, Jackson School will conduct an inspection and, if needed, will implement a pest management plan in the area where the bed bug was found.

Bed bugs are a nuisance and can cause considerable discomfort, but their bites are not known to spread disease. Bed bugs are usually active at night and feed on human blood. The bite does not hurt at first, but it may become swollen and itchy, much like a mosquito bite. If you have concerns for you or your child, please contact your doctor.

Jackson School will continue to work to identify bed bugs, provide inspections of the school and have professional pest control assist in management if necessary.

If you have any questions regarding bed bugs in your school, please contact the principal or school nurse. If you have any questions regarding bed bugs found in your home, contact a professional pest control service.

Sincerely,

Acting Principal

Recommendation:

* Inspect student's belongings for bugs.
* Keep your home uncluttered so bed bugs won't have places to hide.
* Change sheets once a week, wash in high temperatures
* Vacuum floors regularly.
* Do not use "bug bombs" in your home, they are ineffective.
* Inspect family members for bites.
* Contact professionals as needed.

图 7　安卓学校在 2014 年 6 月 3 日向学生家长、监护人发放的有关学校出现臭虫的沟通信

息一段后，可以依靠轮椅行动，来学校上班，但是，因为这几节台阶，为她尽早重返工作岗位设置了无法逾越的障碍。

登上几节台阶，红色的大铁门上安有对讲机。按开对讲机，经允许得

---

① 信的大意是近日学校的几个教室发现了臭虫。其来源不可知。它不会传染疾病，但是被其叮咬会出现类似被蚊虫叮的不舒服的感觉。学校将进行全面检查，实施治虫项目。请学生家长也注意检查学生物品，清理检查房间、卧具等。

以入校。拽开红色的大铁门之后，又是几节台阶。可见，学校的所谓一层其实是高于地面的。而所谓的地下室也并不完全处于地下，至少一半窗户的高度是超出地表面的。地下室对于安卓这样的学校意义很大。它可以用来当作体育课场地、午餐地点，平时一些需要运动的课外活动，比如舞蹈俱乐部等，也是在地下室开展的。进入安卓学校楼道，放眼望去，楼道不太宽敞，光线不太好。墙壁上挂着很多国家的国旗。二层、三层的楼道墙壁上，则贴满了学生的绘画作品和学生的阅读进展表等，却从不见古今中外名人的头像。

进入学习的访客通常需要在面对校门的楼道口签到，然后，再去学校办公室。每个美国中小学在大门入口处都设有学校办公室。那是接待客人的第一个部门，办公室里的行政人员会根据访客的需求，将其转接到相应部门或教室。安卓学校办公室，一进门便是一个长条的接待台，接待台后面有两张办公桌，坐着两位女性行政人员：卡洛和苏。卡洛，是位高大丰满的中年白人女性。她有着低沉却响亮的嗓门，总是主动热情地和来客打招呼，而且学校放学后，也经常是她留下来照看那些个别尚未被家长接走的孩子。苏，也是位中年女性。她比凯罗沉默，但是她会讲西班牙语，所以有她在，那些讲西班牙语的拉美家长走访学校便相对方便些。在卡洛和苏的办公桌旁，便是全校老师的信箱，再往里面，则是校长卡普顿女士的办公室。校长办公室挂着她参加各种培训的证书，以往学生写给她的贺卡 "we miss you. you are the most beautiful principal （我们想你。你是最美丽的校长）"、五颜六色的生日卡和艺术画。卡普顿校长是一位看上去五十来岁的女性。她通常是安卓学校里唯一身着职业装套裙的人（其他女性教师通常是 T 衫、牛仔裤或带有学校标志的短袖衫）。卡普顿校长每天拿着对讲机保持和全校老师的随时联络。她对学生很熟悉，能叫出很多学生的名字。

尽管校长办公室看起来温馨活泼，但是从这样的空间布局和安排可以看出安卓学校在资源上的匮乏。首先，它的校门口只有楼梯，没有残疾人通道。作为公共场所，这在美国算是少有的缺乏人性的设施了。而和郊区那些经费相对充足的公立学校相比，安卓学校在学校办公室、校长办公室的安排上也显得紧张局促。很多郊区的公立学校，不仅有宽敞明亮的大厅，而且长长的接待台后面至少坐着5-6位工作人员。校长办公室往往是在学校办公区域的独立套间。这样一比较，也可以看出安卓学校的人力也相对较少。同样，学校里出现的老鼠、臭虫也显示了学校有限的条件。

2 学生的一天

尽管安卓学校的资源状况并不乐观，但是低年级段的天真孩童，并没有对此有更多意识。他们一般每天早上8点左右高高兴兴来上学，每天下午三四点钟高高兴兴回家去。以下是安卓学校标准的作息表。

8：20 教师、员工到位

8：25 在学校后操场集合排队（冬天天冷则在地下室）

全体师生，手放在心脏部位，面向国旗唱国歌8：30进入教室，到衣帽间整理书包和衣物后，开始上第一节课，每节课45分钟。根据课程需要，会去不同专业课教室，比如美术课教室、音乐课教室、写作课教室、计算机室、图书馆等，当然，还有在地下室或室外上体育课等。没有正式的课间休息，学生们通常是在去专业课教室的间歇，和老师报告上厕所。

到下午3：09为止，一共九个课时段，其中中午有一个时段吃午饭。

3：10放学，家长来接低年级的孩子，高年级学生放学。

此后时段，是学校开展的各种课后俱乐部，学生自愿参加，一般不收取费用。家长需要签署知情同意，并按照课后俱乐部结束时间来接孩子。

当然，这是典型的学校一日作息，很多时候，学校组织的课外活动，比如外出参观、邀请表演队到学校进行表演等，会打乱学校正常的课时秩序。此外，还有因为下雪而全区统一下发通知不上学的日子。

University of Pennsylvania Chinese Language Program
at An█████████

Chinese for Beginners

- Learn basic Chinese speaking, listening, reading and writing
- Learn survival Chinese expression
- Practice role-plays and acquire vocabulary
- Play traditional games and learn Chinese culture

Time: Wednesday 3:15- 4:15
Class size is limited. Please sign up quickly!

Permission Slip

Name

Parent's name

Phone Number

Grade   Room number

Emergency Contact #1

Name

Phone Number

Emergency Contact #2

Name

Phone Number

Who will pick up the child at 4:15 and how will she/he get home?

图8　家长同意孩子参加中文俱乐部的回执表

（三）公众对安卓学校的评价

那么，公众对安卓的评价是怎样的呢？一些家长也会在送孩子入学前对学校情况进行考察。其中，www. greatschools. org 网站，是人们最经常使用的网站之一。在这个网站里，依次输入州、学区信息，便可以得到该学区所有学校的名单。每个学校名字后面会显示网站对学校的评分和公众对学校的星级评定。网站对学校的评分，最高分值为 10 分，是根据学校的考试成绩相对于所在州的平均水平给定的。1－3 分是低于州平均水平，用红色表示；4－7 分，基本和州平均水平持平，用? 色表示；8－10 分是高于州统考平均水平，用绿色表示。学校的星级评定，最高级是 5 星，是基于学生和家长的评论。点击学校，便可以从总览、评价、考试成绩、学生和老师状况（族群比例），文化活动等方面获得这个学校的信息。在这个网站上，安卓学校显示为低于州平均水平的红色，得分为3分。但是它的星级评定为4颗星，应当好于单纯在学业成绩领域的比较。可以看出，大众对公立校的关注，除了统考分数，还有学生族群构成、文化活动等诸多方面。

　　尽管安卓学校的条件看起来不是那么优越，甚至有些边缘和弱势；整体学业成绩并不出色，但是在这样的情况下，2015年10月，卡普顿校长和其他两位费城学区的校长一起获得了全美优秀教师奖。颁奖人的致辞是"他们用更少的资源做了更多的事情……他们将非常糟糕的学校转变过来。要知道这些在城市里就近入学的学校，曾经是把学生吓跑的学校，现在形势扭转了"。六年前安卓学校只有230个学生，校风"剽悍"。卡普顿校长上任后，决心不让预算缩减影响到学生们。她要求员工投入地工作，而自己比任何人都更勤奋。现在安卓学校甚至转变为这个片区房地产招揽说服买主购买这片地产的一个理由。①

---

① best school principal in the neighborhood，http：//articles. philly. com/2015－10－28/news/67793292_ 1_ best－schools－principal－neighborhood，获取于2016年4月5日

第三章

日常教学——想象中的美国课堂

本章记录和分析凯文老师所在班级日常教学活动情况，内容分为日常作息时间安排、课堂教学活动、课堂秩序管理三个部分。在进入这三部分描述之间，首先对安卓学校日常教学生活中和大多数中国学校不一样的地方进行交代，以之作为叙述背景。在记录和分析凯文老师所在班级日常教学活动情况时，主要分为日常作息时间安排、课堂教学活动、课堂秩序管理与互动三个部分。在进入凯文老师班级之前，先对凯文老师，和他班里的一些学生及平时和凯文老师及其班级交道比较多的其他科目老师或同事进行素描，以明确人物关系。

老师们：

凯文老师：安卓学校三年级某班班主任，他六十年代生人，光亮的头顶，微微隆起的腹部，和学生游戏、运动时，却有着协调灵活的身段。

赫斯勒老师：安卓学校特殊教育项目中唯一的男性教师。他是一位看上去二十多岁的白人小伙。有时特殊教育项目中的学生情绪失控或动手打架时，通常看到赫斯勒老师以男性的力度去阻止和处理。

大卫老师：担任安卓学校的游戏课，但他不是和学区签订劳动合同的正式员工。据说他的薪酬有限。但这似乎并不妨碍他的工作热情和孩子们对他的喜爱。他爱穿一件红色带帽衫，活跃的身影总出现在教室及学校后院。

拉芙缇老师：安卓学校三年级另一班的班主任。她是一位中年女性，白人。校长曾经评价她是位"经验丰富的老师。"

凯文老师班级里的学生们（部分）：

艾美丽，女，华裔，凯文老师班里的女生。她被凯文老师划为班级里优秀的学生之一。她有着东方人特有的丹凤眼，白皙的皮肤，安静的风格，让她看起来像个可爱的瓷娃娃。

奥斯卡：一位华裔男生。他总是很安静。

芙楠达：来自墨西哥非法移民家庭，有着拉美裔的浓眉大眼，鼓鼓的小脸，鼓鼓的小肚子。虽然出生在美国，但是在家只讲西班牙语。至今，因为语言障碍，她上课很吃力，在班里总是沉默寡语。她正在经历特殊教育项目评估，看是否需要特殊干预。

阿什利：和芙楠达家庭情况类似。只是她的体型很瘦小，而且从小接受语言辅导项目，至今却依然面临语言障碍。凯文老师也正在建议阿什利的家长申请学校对孩子进行特殊教育项目评估，看是否需要特殊干预。

唐顿：白人男孩，和外婆生活在一起。他乖巧聪明，成绩优秀，深得老师和同学的喜爱。

罗拉：女生，2011年刚随父母从摩洛哥全家移民到美国。她在冬天里，偶尔会带着伊斯兰教女性的头巾上学。她成绩优异，在课堂上很活跃。很多时候凯文老师会用她的试卷作为判卷的模板，对照着阅卷。

达利亚：女生，2011年随着父母从阿尔及利亚移民到美国。她有着美丽的大眼睛和长长的卷发，活脱脱一个洋娃娃。她是罗拉的"铁粉"。她们两个家庭之间平时走动也很多。

萨利：非裔美国人。凯文老师封她为班里的"泪包儿"——她大大的眼睛里经常噙着泪花儿，向老师报告她的委屈。

家坤：非裔美国人，男生，有着黑白分明的大眼睛，卷卷的头发。所有人都知道他在特殊教育项目中。他需要给以特殊干预的领域是情感与心理。

莫尼尔：男生，非裔美国人。他的理想是做一名工程师。

阿里：凯文老师班里的最为瘦小的男生。他的妈妈是位中学教师，总是和凯文老师保持着积极的沟通。阿里也在特殊项目里。健康、饮食是阿里需要给以特殊干预的领域之一。

卡里：凯文班里的文艺明星，非裔美国男生。他有着一副动听的童声歌喉。但他身患一种很严重的疾病，经常需要就医，而且医生对他的预期寿命很不乐观。

伊洛伊：沉默敦厚的男生。他家也是从墨西哥来的非法移民。田野期间，他的爸爸不幸自杀身亡。

戴安娜：凯文老师班里的女生。她家也是来自墨西哥的移民。她有个姐姐在安卓学校读 8 年级，成绩优异，正在为申请费城学区最好的公立高中而努力。她父母在餐馆工作，并已经在学区置办了一栋房子。

迪尼斯：女生。她家也是来自墨西哥的移民。她是班里少有的独生女。爸爸说愿意集中精力培养这一个孩子。

扎西姆：非裔美国男孩。他的理想是将来卖柠檬水。他还有个弟弟，一年级，在查妮老师班里。他的曾祖母 70 多岁，但是身体健康，善谈活跃，经常到学校里来做志愿者。

莫文：凯文老师班上一个安静的拉美裔男生。

帕克：凯文班里的男生。卷卷的头发，粉白的面庞，浓黑的睫毛，一开始我还以为他是女孩子。后来发现他可是一个会欺负人的淘气包。

费莉娜：她家是几年前从北欧移民来的。她成绩优异，是我唯一看到会为州级统考能够考出好成绩操心的学生。

杰奎那：凯文班里的一名安静的女生，来自墨西哥移民家庭。她当时因为学业困难，已正式接受特殊教育项目所提供的支持，不时在其他学生上课时，被特殊教育老师叫到特殊教育老师办公室单独辅导。

卡扎亚：凯文班里的非裔女生。她比同龄孩子要高大丰满很多。她经常在上课时间要求上厕所，小组练习中，时常对着老师布置的任务发愁。

卡利亚：凯文班里的非裔女生，卷卷的长发，妈妈经常为她梳各种样式的非洲风格的小编辫儿。她和卡扎亚很要好，几乎形影不离。

娜亚丽：又一位拉丁裔女生，她有一半白人的基因，白白粉粉的面庞像白雪公主。

在进入凯文老师课堂描述之前，首先对安卓学校日常教学生活中和大多数中国学校不一样的地方进行交代，以之作为叙述背景。

a. 学校没有统一上下课铃声。早上 8：30 到校，下学 3：10 下学。除了需要带到本班之外上课的时候，在本班教室的时间，比如上课、休息的节奏由班主任老师掌握。

b. 学生上课期间，可以自由从座位上起身：去教室门口垃圾箱扔垃圾，去老师的办公桌上拿纸巾、削铅笔；或者跪坐到白板前抄写笔记．回答问题不需要起立。

c. 一般不允许学生上课期间去洗手间，如果实在有需要，须经老师同意，走出教室门之前，要拿通行证（pass），才可以在楼道里走动。

d. 每个班级老师，每学期有100美元的预算，购买本班文具用品，比如复印纸、纸巾、铅笔、剪刀、转笔刀等。教师休息室里有一台复印机，功能齐全，可以自动将复印材料分份装订。

e. 每个班级有电话，学校行政办公室有事情随时打班级电话，班主任及时接听。同时，各班有小喇叭，不时传出校长的声音。那是给全校的临时通知。

f. 教室里桌椅摆放各个教室不相同。大多数教室，象203摆放成围坐形式，或者分成几个小组围坐。

g. 每个教室配有储物间，衣架上挂着学生衣物和书包。

h. 班级里没有班长等班委职务。每堂课也不需要喊"起立"，和老师互相问好。

i. 放学不需要打扫卫生，但是每个同学都要把文具筐放到桌子上，再把椅子放在文具筐上，将地面腾出空间，以便清洁工课后打扫。

一、学校时间节奏：规则与灵活

通过观察发现，安卓学校在规律而固定的作息和课表的基础上，作为三年级的班主任，凯文老师对于课时的安排有着相当的自主性，同时，在授课过程中，也经常被很多与教学无关的因素的打断教学过程。

（一）学校作息表与班级课程表

安卓学校作息时间表如下：

8：20 教师、员工到位

8：25 学生在后院排队

8：30 教师将学生带入班级

8：30－9：15 第一时间段

9：15－10：00 第二时间段

10：00－10：45 第三时间段

10：45－11：30 第四时间段

11：30－12：15 第五时间段

12：15－1：00 第六时间段

1：00－1：45 第七时间段

1：45－2：30 第八时间段

2：30－3：09 第九时间段

3：09 放学

> 午餐时间表：
> 11：30－12：15,幼儿园－2年级午餐时间
> 12：15－1：00 ，3－5年级午餐时间

凯文老师所在三年级班级（203 教室），每天午餐时间是 12：15－1：00，在 2013－2014 学年里，这个班级每周课程安排如下：

时间段	时间	周一	周二	周三	周四	周五
1	上午 8：30	文学	文学	文学	文学	文学
2	上午 9：15				文学	文学
3	上午 10：00				游戏课（隔周一次）	体育
4	上午 10：45	写作	艺术	音乐	数学	交响乐
5	上午 11：30	科学	文学	社会学习		科学
6	上午 12：15	午餐	午餐	午餐	午餐	午餐
7	下午 1：00	数学	数学	数学	音乐	数学
8	下午 1：45	计算机			数学	
9	下午 2：30	数学			艺术	

按照学校和班级的时间表，每个时段45分钟，三年级课时占有最多的科目是文学和数学：每周文学和数学各占14个时间段，由班主任凯文老师教授。其次是科学、艺术，每周各占2个时间段。此外，写作、音乐、社会学习、体育、交响乐、为每周1个时间段；游戏课隔周一次。科学课由凯文老师担任，这个

学期主要教授有关地球、星球等自然科学知识；艺术课，主要是绘画、手工内容；写作课是将阅读与写作结合在一起的课程，由专门教授写作的老师带领学生阅读文章，然后搭建阅读理解或写作的框架；音乐课上，音乐老师会带领学生感受节奏、强音、弱音等音乐基本原理、领略各种乐器等；社会学习，同样由凯文老师担任，主要讲授什么社区、陪审团制度、众议院、参议院制度等有关社会常识；体育课每周一次，此外，每天午饭后的时间，以及隔周一次的游戏时间，有专门的教练带领学生们进行运动游戏；计算机课，指专门进入计算机室进行教学的课程，也由凯文老师负责。从课程内容上，并不专门教授计算机原理之类的，而通常是将学生带入计算机室，学生们进入各自计算机账户，进行有关课程学习的游戏，比如乘法口诀、拼图游戏等；而交响乐课程，是本学期有交响乐队到安卓学校进行支援活动，每周将全校学生集中在一起一次，进行一次有关交响乐知识的普及。

这样算下来，凯文老师，作为班主任，每周需要担任的课时为 32 个时间段，科目包括：文学、数学、科学、社会学习和计算机。从空间上讲，凡是凯文老师的课程，都是在 203 教室完成。其他老师的课程，需要凯文老师将学生带入相应的教室。除了游戏课程，偶尔也在 203 教室进行。对于凯文老师来说，艺术课、音乐课、写作等是繁忙工作日中的喘息机会。所以，在班级课程表中，被图上了深色，以和凯文老师需要担当的时间段进行区分。

（二）班主任老师对教学时间的调配

从教学内容上，学区对各个年级的教学任务有明确的教学大纲要求，但是各个学校、班级、甚至每个老师使用哪套教材达到这样的教学要求，并没有统一规定。对此学区有建议权，但是没有统一要求。比如凯文老师和他同年级的拉芙缇老师使用的课本就不太一样，他们的课时进度也并不统一。同时，从课堂时间管理上，虽然课程表对课时等进行了以上计划，但是在实际操作中，班主任老师往往对本班时间进程有着相当的自由操作空间。第一至九时间段之间并没有铃声或者音乐进行时间的分割和提示。班主任老师只要确保需要带到其他教室的时间段，学生能够准时到场即可。其他在 203 教室的时间安排，以课程表为参考，但是由班主任掌握，或者有时学校有其他安排也会打乱课表安排。以下以 2014 年 2 月 27 日、3 月 6 日、3 月 24 日的日程记录为例，展示班主任老师对本班课程时间安排的自由度。

2014 年 2 月 27 日，周四，全天的活动只有午饭和音乐课的时间段是按照课表时间进行的，其余时间段，要么有全校、全年级的活动临时安排，要么由凯文老师安排，他未必严格按照课程表所要求的内容进行。

8：30－10：00 文学

10：00－10：45play works 隔周

10：45－12：15 数学

12：15－1：00 午饭

1：00－1：45 音乐

1：45－2：30 数学

2：30－3：15 艺术

而实际上，这一天的活动是这样的：

8：30－9：30 芭蕾舞（这是学校的安排：专业芭蕾舞团演员到安卓学校义务提供舞蹈教学）

9：30－10：30 按照隔周游戏课的原则，本段时间由班主任老师自行安排，凯文老师安排学生自由阅读，同时检查作业和日记

10：30－11：30 列森森老师讲授科学课程有关内容，而不是数学：火山和地震的形成

11：30－12：15 凯文老师讲文学课文，而不是数学，继续复习这两天学的课文；语言支持项目的学生被玛利亚老师带出教室，复习课文，准备明天的文学课小测验

12：15－1：00 午饭

1：00－1：45 音乐

1：45－2：15 凯文老师讲授文学课内容，而不是数学，主要邀请罗拉给大家将上次她向老师提出的问题："什么样的人才可以有'St'（圣人）的抬头？"，老师要求她自己在网上查找信息，今天向大家讲述自己的发现和答案。

2：15－3：15 天才秀（一般情况下由弗兰克老师带领学生进入美术教室进行绘画或手工，今天变成了在地下大厅全年级学生的天才秀，其中，

卡里的童声演唱十分动听，而其余节目基本属于台上和台下的自娱自乐）

（2014 年 2 月 27 日笔记）

2014 年 3 月 6 日，另外一个周四，这一天也有 10：45 - 12：15 课表计划是数学时间，由班主任教授文学课内容的现象。3 月 24 日，按照周一的课表，9 个时间段里，有 2 个时间段和课表计划不符合，其中科学课时段由班主任老师带领学生进行数学练习，最后的数学时段由班主任嘱咐明天州级 PSSA 的考试注意事项。

（三）被频繁打断的教学时间

在老师教学过程中，很多因素可以打断老师的教学，比如学校活动的广播、学生个体的要求、不同项目老师之间的简短交流。这些，在一定程度上将完整的时间段无意间分割成不规则的时间片段。以下是 2014 年 2 月 6 日，周四，8：30 - 10：00 凯文老师在上文学课时被不时打断的场景。

8：30 - 8：40，凯文老师要求学生们到衣帽间放好书包、衣物，回到座位坐好。

8：40 凯文老师开始文学课。首先他发给学生每人一张横格纸。学生们听得很认真，跟着做得也很认真，没人说话，只看到他们专注地折纸，一边折纸，一边想着今天老师葫芦里卖的什么药。折好后，横格纸被纸印儿分成了 6 个区域。老师要求在横条纸正面的 6 个区域上分别写抬头：

2014 年 2 月 6 日姓名

文学课程：

扩展句子：

然后，接着老师在黑板上写下了大写的：Who（谁）、Action（行动）、What（什么）、When（时间）、Where（地点）、How（怎样）、Why（为什么），讲解怎样扩展一个句子，并举例。接着，他要求学生们在横条纸背后六个格子里分别写下这六个要素，只要有空间，尽量往大号写，并以自问自答的形式，告诉学生们，这六个因素中，至少有两个要素不能缺少：谁 + 行动。接下来，他要求学生们将这六个要素分别剪下来，并挑拣出"谁"和"行动"。孩子们纷纷拿出剪刀开始行动，自然，又有学生举手，说自己的剪刀的不见了，或者没有。老师的回应无非是互相借用下或者有时借给学生自己的剪刀。终于，大部分学生把 6 个成分按照要求剪好，排出了"谁"who 和"行动"action。接下来，老师要求同学，从剩下的四个成分里面，任意拿两个出来，和两个核心成分组成句子，比如：who 谁 + action 行动 + when 时间 + where 地．然后带领学生们造句。一边造句，一边把句子写到黑板纸上……

　　这一段讲解和练习从 8 点 45 进行到 10：00，期间有很多无关课程内容的事情打断老师的讲解，记录如下：

　　9：00 校长通过每个班级的小喇叭广播通知周五外出活动安排

　　9：19 负责语言支持项目的莱登老师和凯文老师打过招呼后，进班老师点名班里几个她负责的语言支持项目的学生跟随她去进行英文测试。

　　9：20 赫斯乐老师和凯文老师打过招呼后，带着季诺从教室储物间里借了 8 个 ipad，带出教室。

　　9：36 阿里因为没有铅笔的事情举手，被老师责备"没有为上学做好准备"。

　　9：40 达丽亚举手，指着自己的嘴唇，眼泪汪汪。原来，她上嘴唇左上角上长了个明显的口疮，离老远都看到是红红的。

　　凯文老师：你吃过药没？

　　达丽亚：（点点头，揪着自己红红的嘴唇，大眼睛里涌出的泪花打湿了弯弯的睫毛）。

　　凯文老师：你需要让学校护士看下吗？

　　达丽亚：摇摇头

　　凯文老师：那，就在你座位上休息下好吗？

　　达丽亚：（点点头，安静地坐下）

　　9：54 有同学举手报告萨利哭了。凯文老师只好停下来问：

　　凯文老师：你怎么了，萨利？

　　萨利：（含着眼泪摇摇头）

　　凯文老师：是有人对你不好吗？

　　萨利：（点点头）

　　凯文老师：谁啊？怎么了？

　　萨利：（含着眼泪又摇摇头）

　　凯文老师：你现在不想说？如果你现在不想说，那我们就回头再说。

　　萨利：（点点头）

　　凯文老师将造句的六个成分带领学生制作成卡片的授课过程，别具匠心。而在这一个半小时的活动中，被与授课内容无关的事情打断6次。每次打断，都导致绝大多数学生停下手上的活动、关注广播、来访者或者同伴的反应。从打断教学活动的内容上看，和其他项目老师的协调、学校整体活动的通知占了一定比例。这可以视为学校不同教学节奏衔接的接缝点。而达丽亚、萨利的请求颇具个人色彩。从她们和老师之间的互动，以及同学帮助萨利报告老师她哭了的情形，可以读出一种师生共享的价值观：即个体的诉求很重要，它可以超越教学任务，而在教学过程中被名正言顺地提出、讨论和处理。

二、课堂教学场景：活泼与参与

　　在课堂教学的观察中，首先展现最突出的三个场景：一是老师在教学过程中所展现的动感与活泼；二是较为完备的教学设施和硬件支持，为学生理解知识所提供的便利条件；三是在教学进度安排上，为学生通过亲身参与掌握知识所预留的时间节奏。

　　（一）动感活泼的讲授

　　首先是老师在教学中，以自身身体、声音、形象、动作为依托，带动学生调动其自身生活经历和体验，实现对书本知识生动化处理的效果，尽力将书面知识，哪怕是单调的单词拼写，与孩童对世界的理解框架相对接，实现书面知识与人的理解之间的互动。

　　在讲到 scoop 的时候，"挖（一勺子）"的意思，凯文老师挥动着自己粗壮的胳膊，一边念叨 scoop 一边做出？的动作，要求学生和他一起做：everybody do with me. Scoop! scoop! 学生们大多一起做着挖的动作，一边读 scoop。

　　讲到 mule 的时候，凯文老师发出几声怪异的哮叫——模仿骡子的叫声，一边强调骡子："马和驴杂交的后代"。

　　在讲到给动词加 ed 表示过去分词的时候，chop – chopped. 大声说；c – h – o – p – p – e – d. 因为英文中 pi：的发音可以表示"尿尿"的意思，所以，当他强调 pi：pi: 的时候，孩子们在座位上捂着嘴窃笑。他又抬眼，又强调了一遍：pi：pi:，同时，和学生们做着鬼脸儿：把眉毛眼睛挤在了一处，引得学生一边咧嘴笑，一边大声读 chopped.

（2014 年 3 月 6 日笔记）

凯文老师的教学中，似乎不太讲求"师道尊严"，驴叫、"尿尿"之类的词汇，他也不忌讳。相反，他更希望用自己对骡子声音的模仿所形成的听觉刺激，帮助学生们记住骡子的拼写。为了给学生加深 chopped 中 p 双写，他并不介意将小朋友们窃笑中的"尿尿"多读两遍。老师的这些举动，将教师从一本正经的师生关系中，拉入到小学生所特有的知识框架和认知特点中，使教师凭借自身的肉体、声音、行动承载着所要教授的书面知识，以生动活泼的方式潜入小学生对世界感知的框架中，帮助学生最大可能地理解和记住这些书面知识。这完全是人们想象中的美国课堂，也完全是实用主义哲学家杜威所描摹的教学方法："提示新教材显然是中心的一环，但是，既然认知在于使新教材和已经淹没在意识之下的内容的相互作用，教学第一步就是预备，所谓预备，就是唤起旧表象的特殊活动，使它升到意识的表面，同化新的表象。"①

此外，凯文老师在发现学生有困乏表现时，利用课堂时间，随时组织一个让学生全身心参与的游戏，调整状态的情况也时常发生。

凯文老师看到卡扎亚、卡利亚在打哈欠，班里也一副沉闷的样子，便临时起意，带着全班玩了一个游戏：Sam Said. 游戏规则是这样的：老师是指令发出者，但是大家要认真辨别指令：如果老师直接说"坐下"，这个指令是无效的，只有用 Sam Said 开头的指令，才是有效的。同时，老师会用一些动作误导学生，比如，Sam Said：touch your nose（摸摸你的鼻子），但是老师说"鼻子"的同时，可能自己摸耳朵，学生很有可能跟着也摸自己的耳朵，这便是被误导了。这个游戏训练孩子的注意力和服从指挥的意识。孩子们玩得很兴奋。谁做错了，谁就算输了，坐下，看着其他同学继续玩。平时不太爱说话的娜利亚输了，很不情愿坐下，便大声央告老师："再让我玩一次！"几轮淘汰下来，最后就剩下阿里、迪

---

① 约翰·杜威著、王承绪译：《民主主义与教育》，人民教育出版社，第 75 页

尼斯、詹尼佛、莫尼尔的时候，老师的指令更是耍弄人，等于全班就看这四个活宝在前面了。他们完全像在老师指令驱动下的机器人：一会儿伸出右手互相拉手，然后转圈，再转，突然不许笑……这把很少大笑的芙楠达，逗得咯咯地笑，一边指着前面的四个活宝。这时，完全不是那个为学业挣扎的芙楠达了。

（2014 年 3 月 27 日笔记）

（二）完备的硬件条件支持

虽然安卓学校在费城学区，乃至全美属于比较典型的条件较差的公立学校，但是即便如此，那里也具备较为完备的教学设施和硬件条件。这为学生理解知识提供最大可能性。人们在对学校进行综合评价时，其硬件条件通常是一项不可或缺的指标。在安卓学校观察到的场景恰恰说明了硬件设备对于教学的意义，即良好的硬件设施如何促进学生理解力的提升和身心发展。

凯文拿了一个矿泉水瓶子（0.5 升）、清洗液喷水罐，和一个装黑胡椒的梯形横截面空塑料瓶。他让学生猜，矿泉水瓶子的容量，比 1 升大还是小。黑胡椒空瓶子、喷水罐的容量各是多少？

学生们看着这些容器饶有兴趣地猜想。然后，凯文首先明确这个矿泉水瓶是 0.5 升，两个矿泉水瓶的水，才够 1 升。接着，他拿着黑胡椒瓶和矿泉水瓶到教室一角的水池旁，把矿泉水瓶子灌满水，说："如果这个黑胡椒瓶子，灌不下矿泉水瓶里的水，说明，它的"容量"capacity（这是今天学习的核心概念：how much doest it contain）比矿泉水瓶小，如果能灌下，还有富余，说明它的容量更大；还有一种可能，就是两者容量相同，那就是恰好灌下的情况。你们猜，矿泉水瓶子的容量大，还是黑胡椒瓶子的容量大？还是它们两个的容量相等？"

这时，有的学生猜矿泉水瓶子容量更大，有的猜黑胡椒瓶子。接着，所有的学生都期待地看着凯文用矿泉水瓶灌黑胡椒瓶子的动作，屏住呼吸，看到底能不能全部倒进去。结果，恰恰倒满。学生们似乎松了口气，微笑着。

凯文再次强调"在我手中的这个矿泉水瓶，容积是 0.5 升，和黑胡椒瓶容积相同。尽管它们的样子不一样，对吗？"学生们一起点头，说

"是！"所以，"尽管两个容器的模样不一样，但是，它们的容量可能是一样的。我说的对不对？"学生们一边使劲点头，一边大声回答"是～"

（2014 年 4 月 21 日笔记）

在这个教学活动中，教室里接有水龙头是展示容量现象的重要条件。老师利用的道具：矿泉水瓶和不同形状的黑胡椒瓶，都是学生日常生活常见的器物。容量，这一对于小学生而言，显得十分抽象的概念，在老师往矿泉水瓶里灌水的动作中，首先得到了直观的体现。在用矿泉水瓶子里的水往黑胡椒瓶子里灌的时候，出现了两个容器比较容量的直观现象。在这样生动的比较中，"容器"和"容量"的概念得到了分离，"矿泉水瓶，容积是 0.5 升，和黑胡椒瓶容积相同。尽管它们的样子不一样"这个发生在学生眼前的直观现象，自然推论到一个具有相当普遍性和抽象性的自然科学道理："尽管两个容器的模样不一样，但是，它们的容量可能是一样的"。从学生们大点其头的肯定反馈中，可以观察到在现场演示下，学生们对这一抽象概念的理解和接受。而这样的演示，离不开授课现场可以直接接水进行演示的硬件条件。这些条件，使书本上的图画、概念，有机会以生动和直观的方式，进入小学生的观察和认知体系，从而得到更好的理解。

（三）充分的时间用于小组互动、动手活动

从课堂进度上看，教师往往留下充分的时间，让学生以小组讨论、手工制作、习题练习等方式对知识进行体会、消化，而不满足于让学生直接通过记忆的方式，将书本上相关术语或知识内容记入脑海。

三年级的另外一位班主任，拉芙缇老师花了 2 个小时的时间，组织学生进行植物模型的手工制作。这节自然科学课的主题是"了解植物"。学生被分成几个小组，每组 4－5 人，互相帮助。我帮助拉芙缇老师老师给每个组分发手工材料：棕色毛线，用来做根须；专门做假花用的人工植物的茎，里面是细铁丝，外边包裹着绿色毛茸茸的外衣，硬实挺拔，又有茎的纤细逼真；绿色的装饰纸，用来剪成绿叶的形状；花，用红色或粉色的装饰纸叠成一个大致花的样子。做好之后，学生要在每一部分那标签纸，写上各部分的名称、功能。比如：根：从土壤获取养分。手工期间，学生们互相借剪刀、不断有人举手表示不会剪绿叶，叠纸花等问题，支派得老师在教室不同组之间忙得不亦乐乎。等全班 30 来个同学，全部完成自己的植物手工作品，并贴在教室外面的墙壁上，时间已经过去 2 个小时。平时在学校以行为问题出名的桑尼，一直很认真地在忙乎她的纸花，最后，拿出兜里揣着的香水往自己的作品上喷洒，美滋滋地和同学说："看，我的花还有香味儿呢！"

（2014 年 5 月 13 日笔记）

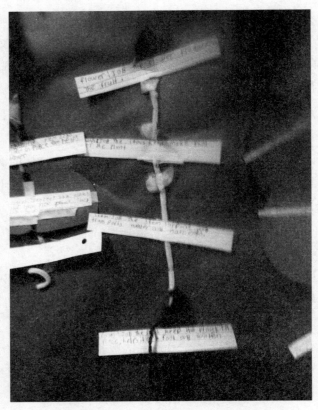

图9　拉扶缇老师带领学生制作的植物模型

在拉芙缇老师老师关于植物构成教学的过程中，我们同样看到丰富的物资、细致的教学工具准备，对于学生们亲身参与的直接意义。同时这个教学时段持续了 2 个小时，也以一种经典的方式，体现了学生参与中，必须付出的时间成本和课堂管理成本。在安卓学校楼道里不时更新摆放的学生项目作品，总是将楼道装点得童趣盎然、立体生动。即便是富有行政气息的费城学区办公大楼里，也满是学生的手工作品和艺术创作。这些常见的火山模型、汽车模型等，正是学生们在学校中"做中学"的证明。为实现这些让学生动手的活动，大量教学时间的投入是必不可少的条件。

（四）常规的作业

凯文老师每周一会发给学生一个清单，按照周一到周五列出每天需要完成的作业。这个作业清单一面是英文的，一面是西班牙语的。为此，每周一凯文老师都需要和涌老师合作，而隔壁班的老师撇着嘴认为这是凯文老师自找的工作量。

从内容上看，数学作业主要是根据教学计划留的习题和乘除法练习。由于课堂进度的灵活性，有时凯文老师会要求学生拿出作业清单，调整当日的习题内容。英文作业主要是抄写单词和造句。阅读，也是每天必做的功课，并要求家长签字。科学课并不是每周都有作业，有时根据进度要求学生做个小项目，比如学习到火山爆发的原理，作业内容便是完成一个手工火山模型。

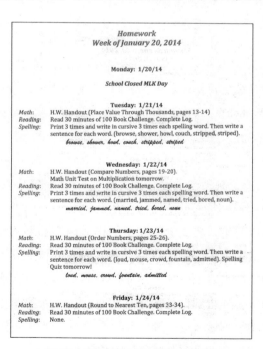

图 10　凯文老师班一周作业清单

作业清单翻译如下：

2014 年 1 月 20 日一周

周一：马丁路德纪念日，休息

周二：

数学：数学作业纸 13－14 页（辨别千位数位值）

阅读：用 30 分钟阅读进行"百书挑战项目"，完成读书日志

拼写：对每个单词抄写三遍印刷体、2 遍手写体，然后用每个词造一个句子（browse, shower, howl, couch, stripped, striped）

周二：

数学：数学练习页 19－20 页（比较数字大小）

阅读：用 30 分钟阅读进行"百书挑战项目"，完成读书日志

拼写：对每个单词抄写三遍印刷体、2 遍手写体，然后用每个词造一个句子（married, jammed, named, tried, bored, noun）

周三：

数学：数学练习页 25－26 页（计数）

阅读：用 30 分钟阅读进行"百书挑战项目"，完成读书日志

拼写：对每个单词抄写三遍印刷体、2 遍手写体，然后用每个词造一个句子（Loud, mouse, crowd, fountain, admitted）明日将进行单词测试！

周五：

数学：数学练习页 33－34 页（十位数四舍五入）

阅读：用 30 分钟阅读进行"百书挑战项目"，完成读书日志

拼写：没有

从作业清单可以看出，凯文老师布置的作业内容和形式比较固定，所需要的时间，一般学生最多一个半小时可以完成。周五的作业并不比平时多，这暗含着一种意味：周末应当属于放松、娱乐的时间。而平日作业的验收，是由凯文老师委派艾美丽或其他得到信任的学生进行，被委派的学生只负责核对作业是否完成，而对正确性不做检查。凯文老师会利用上课时间带领学生订正作业。但是，这一做法在家长会上受到一些家长的质疑。

三、课堂秩序维护：主导与权威

课堂秩序，是任何教学活动不可避免的环节。而安卓学校见不到老师要求学生"手背后，坐好！"的场景，但是一位管理有方的老师在教学时，通常教室里也是安安静静的。只是，这样安宁的时间，未必能保持整整45分钟。因为如上记录，教学的时间段经常被其他与教学并不直接相关的活动所打断，每一次打断都有可能引来学生的好奇、兴奋和议论。如果将凯文班级所见到的课堂管理特点进行归纳，可以总结为：老师是课堂活动的权威和规则制定者；礼仪和尊重成为课堂管理的核心；当日记录表是课堂管理的重要工具。

在小学生的课堂中，老师作为规则的制定者，把控着课堂的节奏。这一点，在课堂节奏的描述中已经有所体现。应当说，在大多数情况下，教师无疑是教学活动的设计者。在这里我们需要注意，安卓学校老师在设计活动时，对学生的参与、互助有着比较多的考虑。以下是凯文老师外出，赫斯乐老师替他代课时所进行的教学活动纪录片段。

赫斯乐老师在白板上写下：

第一组：313－314（指的是数学练习的页码）

第二组：315－316

第三组：ipad 游戏

并解释说："每个组在自己的任务上，用10分钟完成，然后我喊 shift，各组交换位置和任务。第一组，在教室门口区域；第二组，在书架区域；第三组，在最后一排座位上。最后一组用 ipad 的同学，注意，要玩数学游戏，而且适合你们水平的数学游戏，不可以太简单。"

然后，他开始点人头儿，1－3循环，每个孩子便这样被分成了1，2，3组。学生离开座位时，稍微混乱了下。赫斯乐老师便从10倒数到1的方式，让学生们尽快安顿下来。

第一组和第二组的学生，很多便席地而坐，开始完成自己的任务。第三组的学生用 ipad 游戏第二组中的菲奥娜，看我过来便问练习册上的题目。接下来一个题目：82个人，其中，有9个小组，每组5个人，编成团队，问，有多少人没在团队里？这道题只有艾美丽答对了。我让她给默温讲，这便是小组学习的功效了。

而在季诺组，他刚坐地上，就叫唤"我需要帮助"，我便帮他。到练习结束的时候，他还有 1 道题没做完

每到 10 分钟，赫斯勒便喊"换班（shift!）"并倒计时的方法，让学生尽快换组就位。

活动从 1：20 开始，到 2：10 结束。如果紧凑，应当半个小时结束，但是，加上解释活动规则，分组就座的时间，这个掌握就算比较严谨的。

赫斯乐老师在宣布规则时，学生们都瞪着眼睛侧着耳朵认真听，不对规则产生疑问，只会偶尔提问核实下。在这个活动中，老师以口令控制换组时间；并对三个组的活动具体方位给以明确规定；通过循环计数的方式，将学生分到具体组里面。时间、地点、人物、活动内容，都由老师亲自规范。这使得老师成为具体活动规则的制定者。这一规则照顾到了全班所有人，而且以轮换的方式实现公平。

在学生一方，学生们对老师制定的规则没有提出质疑。同时，在整个活动，并没有出现学生之间权力不同的制度安排。在班级里，没有班长、体委等班干部设置。上课也从没有班长喊"起立"和教师互致问候的仪式。班级里某个学生表现可能突出，比如罗拉是班里成绩最好的学生。很多时候，老师会拿她的试卷当标准答案，对照着判其他学生的卷子。但是，罗拉不是班长。她通常以两种方式引人注目：一是常常可以又快又准地回答老师提问；二是老师有时会在上课时间指派她去校长办公室或者别的班落实、联络些事情。这时，她拿着通行证走出教室，会显得与众不同。此外，比如在上述日常活动中，教师之下，学生之间的权力格局则是扁平式的。况且，还有萨利那样的总爱哭、爱告状的"小泪包儿"、总是闪着美丽大眼睛的达利亚、经常忘带文具的阿里、情绪莫测的家坤等等，以各种不同的方式，不时吸引全班的注意。在这个活动中，不同学生的学习进展、影响方式是通过习题讨论、互相帮助的方式体现的，比如艾美丽教给本组其他同学那道数学题。这样相对灵活、自由的交流，被限制在老师所宣布规则的时间、地点、参与者框架之内。

同时，还应当注意到，教师制定规则时，不自觉地利用着现有的教室布局和空间：一组在教室门口，一组在书架附近，一组在最后一排。这一特定物理

空间的安排，成为规则得以实现的必要基础。美国学校教室通常有着充分的空间和卫生条件，让学生席地而坐。由此，可以看到那里学校的师生比、人均占有空间等教育资源占有状况。

四、对安卓学校课堂教学活动的文化分析

人们常常将个人主义与对美国社会的理解进行密不可分的关联。李荣荣在《美国的社会与个人》中，对个人主义概念的由来、复杂性进行过较为详细的梳理。其实，"个人主义"这一源自法语的术语，从诞生之日起就在不同的场景下，有着不同侧重的含义。因此，提到"个人"主义，它的内涵其实是模糊而流动的。在法国，个人主义具有贬义，意味着将个人利益置于社会之上；在德国，个人主义与浪漫、个人的独特性与创造性相连；在英国，19 世纪后半叶主要用以和"社会主义"、"共产主义"相对照，成为自由主义不同流派的共同特征。在美国，它在美国人的国民性认同中有着举足轻重的地位，似乎成为具有象征意义的口号，暗含着天赋权力、生而平等的意思。①

回到安卓学校的日常教学情境，那些琐碎而日常的教学活动，正在以这一独特方式诠释着，人们对个人主义的阐释和实践。在那里个人主义的价值观首先表现为对个体层面，个人需要的承认；在承认个人需要的前提下，赋予个人相当的实践空间；然而，这样具有个人主义色彩的行动空间，也必须受到个人主义意识形态本身及其所推演的一套制度安排的限制，而不能以无边界自由的方式体现。

（一）对个体需要的承认

在安卓学校课堂教学中，令人印象最深的恐怕要算生动、活泼的教学形式，比如凯文老师为了让学生记住 CHOP 在过去分词中需要双写 P，而不惜将"尿尿"这样的词汇拉进课堂；比如用矿泉水瓶子和黑胡椒瓶子现场比较容积的大小，帮助学生形成容积的概念；比如拉芙缇老师老师带领学生做植物根、茎、叶示意模型，帮助学生了解、记忆植物构造；比如赫斯乐老师在班级活动中，

---

① 李荣荣：《美国的社会与个人：加州悠然社会生活的民族志》，北京大学出版社 2012 年版，第 10－11 页

指定一个组用 IPAD 进行适宜的数学练习，等等。

这些生动的教学方法，给人带来的不仅是活泼、多样的情趣和场景，更意味着在美国教学中，人们十分重视在学生感知能力框架下进行知识的输入。知识不是停留在书本上的文字，能否将这些文字搬运并刻录在学生的记忆库中，并不是安卓学校教育的目的。安卓学校的老师，希望学生能够从自身已有经验和知识体系出发，形成与课本所带来新知识的对接。这里，首先意味着对学生自身经验和需要的承认和明确的意识。在这一认识当中，课本中的书面知识，并不具有超越学习者经验知识的优越性与特权。相反，它必须与学生的自身经验形成对接，才有形成新知识的可能性。而教师的工作，便是通过各种手段，帮助学习者与书本知识之间形成关联。在知识对接过程中，教师和学生之间并没有高低之分。教师作为辅助者和嫁接者，展开工作。为此，他们可以抛弃所谓"师道尊严"，有意借用"尿尿"这类看似简单粗俗，却完全出于孩童语言的话语体系，实现抽象知识与学生生活经验之间的勾连。

因此，在这样的意识形态下，可以看到一组特定的权力关系：书本知识与生活经验的平等，以及教师和学生之间的平等。同时，人们认为面对孩童有限的经验世界和抽象知识之间的差距，教育者有必要放慢知识传授节奏，花费更多的时间，让学生通过运用手、口、脑等多种感官的协同运作，将自身经验触角伸展出来，努力理解那些抽象的知识。人们在日常生活中，能够看到植物根茎叶全貌的机会并不多，那么老师通过毛线、绿色手工纸等，这些学生生活中常见的道具，帮助学生将日常看到植物茎叶的直观认知，通过亲手制作模型，实现根茎叶更全面的认识。也即，通过对日常见闻和生活用品的观察、触碰、操作，进行重组，突破学生直观经验的限制，实现对相对抽象知识的理解。

如果再追问这种对知识与经验之间关系的认识，源自何种世界观，那么美国实用主义哲学的本源则在这里显露出来。美国实用主义哲学代表人物威廉·詹姆斯是这样谈论真理和假设的："凡理论皆为工具，都是为适应真实世界的心灵表现方式，因此，没有谁有资格把它看成解开宇宙之谜的钥匙、通向神的道路、神圣创造的图纸、终极的答案。"[1] 在这里，他没有以古希腊先哲的方式，

---

[1] ［美］威廉·詹姆斯著、燕晓冬编译：《实用主义》，重庆出版社 2006 年版，第 137 页

将对真理的追求视为神圣而脱俗的，而强调对真实世界的适应之中心灵的反映。特别是"适应"二字，从根本上赋予了理论深刻的个人色彩和能动的意味。一个富家子弟面对的真实世界及其适应，和一个赤贫家庭的孩子所面临的世界有那么大的差异，那么，他们对真理的追求，怎能依循相同的路径？因此，詹姆斯还说"没有一个假设比另一个假设更真，更优秀。他们不过是从自己立场出发的一种谈话，不过是从自己实际应用角度出发的一种方法。"① 他举了一个有趣的例子：墙上的挂钟，人们扫一眼便在心中认定为那是一个挂钟，尽管绝大多人并不能具备钟表师的专业知识。但是人们之所以这样认定，是因为这个钟的存在状态和他生活世界很吻合。如果一个挂钟在吃晚饭时分显示时间为凌晨三点，或者秒针左右跳舞，那么，人们一定会怀疑它到底是不是一个钟。因此，詹姆斯总结道"一个真理处理过程的完成，确定过程，需要数以百万计的生活中的真理配合，它们引导我们进入事物的周边，不断从各个角度无限接近，最后走向证实……事实上，真理是依靠一种信用制度而存在下来的"② 因此，实用主义一是并未将真理奉为高高在上之事，二是强调对真理的接近，每每需要个体从其自身诸多生活真理中，形成一种信任和推理链条。

因此，当这一系列对真理的认识与态度，投射在对教育问题的讨论上时，则更加突出地强调学习者自身经验的价值。"经验的一个瞬间引导向另一个瞬间，也就是两个瞬间的联系方式。而这一联系方式被事实证明是有价值的。那么这种联系或引导就是真理的定义。"③ 以书面方式呈现出需要进行代际传承的内容，并没有被当作先哲圣言，以一种不可剥夺的天然权威超越于小学生的经验知识之上。知识的传承，没有理由跳过学习者的经验体系，直接进入记忆系统。他们认为超越经验的单纯记忆，是枯燥而没有意义的。即使是作为数学基础的乘法口诀表，也从未听老师要求过学生背诵。教室里张贴着乘法运算表，学生们在进行练习、小测验的时候，可以随时查看。凯文老师在这个问题上强调"练习（PRATICE）"。他几乎每天留一张练习乘法的作业；和家长的见面会

---

① ［美］威廉·詹姆斯著、燕晓冬编译：《实用主义》，重庆出版社 2006 年版，第 136 页
② 同上，第 141 页
③ 同上，第 147 页

上，也和家长只是强调每天督促孩子进行乘法练习作业，或者进入学区网站适合的难度，在电脑上进行乘法练习，而没有要求学生背诵。

正如 1892 年美国人赖斯所掀起的一派教育改革浪潮。这个美国人当时调查访问了 36 个城市，同大约 200 位教师谈话。同年 6 月底，赖斯回到纽约，笔记本里记满了统计数字、实例以及看法。那时，赖斯的名字在全国关心教育的人里，已成了一个话柄。他在一个又一个的城市中看到，公众的冷漠、党派的干涉、腐败和无能，实质上正导致着学校的毁灭。大量未经培训的教师，盲目地让天真无邪的孩子进行协作训练、死记硬背和复述那些毫无意义的冗词赘语。由此，掀起了进步主义教育改革的风潮。在此之中，经历了几十年的推动，杜威无疑作为一面旗帜，他的思想沿革至今。进步主义教育改革运动从教育理念上，与实用主义哲学保持着一脉相承的衔接，认为（1）一个教育目的必须根据受教育者的特定个人的固有活动和需要（包括原始的本能和获得的习惯）；（2）一个教育目的必须能转化为与受教育者的活动进行合作的方法；（3）教育者必须警惕所谓一般的和终极的目的。"一般"也意味着"抽象"，或者和一切特殊的上下前后关系分开。①

以实用主义哲学为价值观的指导下，必然引出将个体的感受和需要置于理解世界显要位置的理念。在这一理念指导下，在缓慢的教学进度中，以充分的时间资源为承载，允许学生们调动个人感官感受去体察一种新的知识，成为理所当然的教学安排。同时，在凯文老师经常被打断的课堂上，不乏学生充满个体需要的问题，比如"小泪包儿"萨利感到自己和同学相处不愉快；达利亚长了口疮，感觉不舒服等等。因此，在课堂时间安排上，这些个体层面需求的诉求，切断知识传授的时间，能够被全体师生所理解、接受。

因此，从安卓学校课堂教学过程，可以看到所谓个人主义，在其起点和表征上，首先表现为对个体层面需要的体察与承认。它在时间上，体现为愿意为满足个体需求获得知识的成长提供时间资源；课堂教学时间可以为回应个人需求让路。在权力关系上，教师只是作为促进抽象知识与学生生活经验相连接的

---

① ［美］劳伦斯·阿瑟·克雷明（Lawrence Arthur Cremin）著、单中惠、马晓斌译：《学校的变革》，山东教育出版社 2009 年版，第 3 页

桥梁，在追求实用主义哲学导向的真理面前并没有特权。

（二）个体实践的自由空间

另一方面，在安卓学校的教学课堂上，又看到教师在教学活动中的非常明确的权威角色：班主任老师在每日教学中，可以对课程表规定的教学科目时间进行调整；老师们在课堂活动中，成为绝对的游戏规则制定者、发布者、监督者；甚至连课本，都由老师个人挑选、决定，尽管学区有推荐的教材名单发送给老师们。在学生一方，个体实践的自由空间，更多体现在学生们在课堂上活泼自由的状态。比如总有个别学生在小声说话，在进行课堂分组练习时，可以随意席地而坐，在小组范围内可以讨论、走动等。

个体实践的自由空间是承认个人需要的必然结果。如果不承认每个学生学习过程中富有个性的需要，那么，学习的形式与内容则会呈现为对所有人统一的标准与要求，比如手背后坐好，比如班级所有学生练习同一套习题，而不像在安卓学校，学生可以打开IPAD找到适合自己水平的数学游戏；小组内部根据大家不同学习水平进行讨论是常见的事情。在教师自由实践的空间里，每个老师可以有自己对课程体系的理解、教学内容、进度的把握。学校、学区不强调统一进度。同时需要看到两点：第一，教师所制定的活动规则本身，容纳了让每个学生有一定自由行动空间的可能性；第二，在这些规则之中，学生之间的权力关系，是平行的。没有班长、班委固定负责某一领域班级活动的实施与监督。帮助老师跑腿儿或者为班级服务的工作，也由班主任老师临时指派。学习成绩的优劣并不直接延伸到对这名同学其他领域的评价，比如领导力、体能、艺术、纪律等。

稍作小结，在安卓学校日常教学活动中可以看到教师与学生有着个体化的自由行动空间。而这正是承认个体需要在行动层面的表现。在时间资源上，这份自由行动空间体现为教师可以在相当程度上对教学时间、进度有着个性化的把控；在权力格局上，教师在课堂秩序维护与活动规则制定性上，有着相当的权威性和自主性；同时，学生和学生之间，呈现出基于多元个体的并行权力关系。

同时，还必须看到这份自由行动空间所必须的物质性承载条件。如果说，对个体需要的承认是一种潜在的意识形态和世界观；个体实践的自由空间，是这一意识形态的投射在实践领域的表现；那么，从意识到行动之间，还必须存在着实现特定价值观、与意识形态的时空场景与物质条件。在安卓学校的案例中，以教师为中心的围坐桌椅的摆放，凸显了教师在课堂秩序中的核心地位，而学生之间相向的位置，导致他们之间频繁的目光交流；教室里宽裕的空间，方可以容纳学生们活跃的小组活动；每个教室配备的水池，为凯文老师自如地应用矿泉水瓶和黑胡椒瓶子解释有关容积概念提供了必须的条件；教室里配备的广播喇叭、对讲电话，为班级和学校、其他班级、老师之间的及时联系提供了通讯手段，而也正是这些手段和设备的使用，不断切分着课堂时间。因此，承载那里人们自由实践的物质载体，是使之得以成行的必要条件。这些条件既有物质基础的奠基，同时，其自身的存在与设计，也暗含了一番意识形态的推动。

（三）个体实践空间的协商

与此同时，这种对老师和学生个体需求层面的承认和实践空间的赋予也是有限度的。这些限度以无声的方式，限定和规制着实践展开的时间与空间。在时间上，非常明显的是，尽管凯文老师对课堂时间安排有着相当把控余地，但是，这一操作有着明显的边界：凡是需要带出本班教室，去上由其他老师负责的课程或者参加学校统一活动的情况，比如去音乐教室上音乐课，或者学校统一规定的午餐时间，凯文老师必须严格遵守时间要求，准时将学生带出自己的教室。

在行动层面，尽管教学过程中有很多生动活泼的形式，但是课堂礼仪始终贯穿其间，而暗含在礼仪之下的价值观是：每一个个体应当得到同样的尊重。老师经常以"尊重"为理由，要求学生保持安静；凯文对戴安娜、阿什利有关演讲礼仪、尊重谈话对话的要求，都是对学生行为的规范。也就是说，虽然教学过程尊重学生从自身经验出发对抽象知识进行理解和接纳的认知过程，但是，作为对于每个学生个体的培养和课堂秩序的维护，始终存在着边界。

事实上，个人与社会，自我与他者，始终是个人主义绕不开的议题。时间的交错与认定，是处理特定个体与他者之间关系的必经之路。在安卓学校课堂教学场景的分析中，可以看到人们在教育理念上承认个体层面的需求、认知至关重要，但是，到回应个体层面需求的行动层面时，每一个个体的需要必须进行一番重新修正和协商。在一个共同的框架下方可实施。这个共同的框架，既显性地体现为制度、规则方式的约定，又隐性地遵从相互尊重的原则。如此这般，个体需求成为对具体的人给予关注的落脚点，由此形成生动万千的个体所组成的人群；人们在交往、协作中，以动态的方式寻求着相处的原则，形成"己"与"群"的边界。"其意义不仅在于凸显个人价值及保护个人免受公共权力的干预，还在于作为中介连接个人与社会。"①

因此，在这样教育熏陶下成长的少年们，懂得及时提出自己的需要，但同时也对大家公守的礼仪有着强烈的意识；习惯于从自身生活出发，展开触角，逐渐与那些抽象的知识相接触，却很难认同和习惯将前人的知识成果迅速记忆；他们将教师制定的具有相当自由空间的活动规则视为权威，而学生内部却没有延伸这一纵向权力结构。课堂上贯穿着如此对知识学习的态度、同学相处的原则以及相对自由的行动空间，不可或缺的是相应教学条件在时间、空间上的支持，以及与之相一致的个体需求神圣性的价值观认同。当然，还有美国作为一个发达资本主义国家积累而来的雄厚物质基础。

13 世纪伊始，欧洲的城市居民在各处建立钟楼，记录时间的流逝。沉浸在运输、手工业中的城市居民，为自己的城市和行会感到骄傲，却开始淡忘自己在永恒时间里的宿命。② 机械钟表正以这一特定方式，约定人们以相互接洽的节奏实现生产与合作。在此之前，人们的生产、生活曾经依循大自然的韵律掀起一波波的起点与终点。所谓日出而作，日落而息，春华秋实，生生不息。时间，作为一个抽象的概念和具体的存在，托载着人们在空间穿行、转移、劳作、创造。而人们对于时间的意识与应对，恰恰呈现了有限的肉体之身对于翩翩然大千世界的取舍与本质诉求。农民将一生奉献给土地；学子将黄金的青春奉献给科考；战士将时光奉献给壮美的战场……当人们将自身的文明、知识与规则代代相传之时，什么是值得花费时间去传递的，则体现出人们对于传承价值的具体判断。在费城安卓学校里，老师那样不厌其烦地引导学生投入其全部身心

---

① 李荣荣：《美国的社会与个人：加州悠然社会生活的民族志》，北京大学出版社 2012 年版，第 267 页

② ［美］唐纳德·L－米勒编、宋俊岭、宋一然译：《刘易斯·芒福德著作精萃》，中国建筑工业出版社 2010 年版，第 322 页

去体会那些躺在书本里的术语、概念甚至是单词。因为他们认为让所谓的知识与学生的生活经验相结合是一件十分重要的事情。相反，从书本到书本的反复记忆与联系，与人们的日常生活无关，便是一件无趣而没有意义的事情。老师们不喜欢让学生反复练习模拟习题，不愿意"为考试而教书"。虽然无数研究和生活经验证明，在美国社会上过大学的人比没读过大学的人收入要高出许多，但是，相当一部分人似乎并不肯为获得更高的收入，而投入枯燥的读书。对于学生而言，"好玩（fun）"成为当下读书的必须要素；对于老师而言，和生活经验搭界的知识才有传授的必要。表面上看，似乎是安卓学校的师生们肯花很多时间在这些生动活泼的教学形式上。再深入追究，是人们对知识形态与内容价值上的取舍。能够贯穿于当下经验的知识形态，被视为有价值的；而超越于当下经验和现实时间感的知识，被视为无用，或者至少是边缘的存在。如此反复训练，在一定程度上导致人们对当下状态的敏感觉察，而对超越现实时间轴之外世界的感觉迟钝。这恰巧与商业文明机理相符合，即敏感地捕捉现实的需求，不断衍生新的产品，总在生机勃勃地刺激回应新的需求。而对于具有时间轴纵深历史感的存在，需要超越日常经验给以想象、搭建的世界，美国文明作为欧洲文明的私生子，常常将其交赋予欧洲文明的渊源。在对未来的展望中，尽管有《后天》《盗梦空间》等美国大片看似诡秘的幻想，但这样的科幻想象依然逃脱不了现世科技的场景，从而也无法摆脱现世时间轴对想象空间的规制。

第四章

考试场景——宽松又庄严的尺度

从宾州来讲，它有着一系列标准化考试。也就说，在宾州公立校系统的学生们，也要在不同学业阶段轮番经历着如此多的州级统考。这些考试包括宾州学业统考（Pennsylvania System of School Assessment，PSSA）①，宾州替代系统测试（the Pennsylvania Alternate System of Assessment，PASA）、宾州责任系统（the Pennsylvania Accountability System，PAS）、宾州附加值测试系统（the Pennsylvania Value – Added Assessment System，PVAAS）、高中毕业统考（Keystone Exams）教室诊断工具（Classroom Diagnostic Tools，CDT）和国家教育进展测试（the National Assessment of Educational Progress，NAEP）。SAT 和 ACT 考试（SAT AND ACT），幼儿园入院测试（KINDERGARTEN ENTRY INVENTORY）针对不同年级，有着不同测试目的。笔者所在小学最为核心的考试是宾州统考。这项测试是针对 3 年级到 8 年级学生的，其中 3 – 8 年级接受英语水平和数学测试，同时，4、8 年级还接受科学课程测试。测试内容与州级教学大纲保持一致。

考试作为当代社会一项常见的社会活动，早已经超出专业教育机构的围墙。这一活动有着诸多参与者，表面是学生在应考，考试的内容和标准由谁来定？考试结果所触及的范围，以及人们依赖何种资源游走于考试体系等等，这一系列问题映衬出一个社会关于知识标准、知识人、社会等一系列问题的文化理解与日常生活实践。

---

① 根据有关法案，虽然以下考试在公立学校中开展，但是学生家长可以提出不参加考试的要求，即并非所有学生必须强制参加这些考试。https：//webapps. philasd. org/ stor/ PSSA_ Info_ for_ parents_ Chinese. pdf。同时，非公立学校，也可以自愿参加 PSSA 考试

　　从考试形态上讲，升入大学的考试、选拔制度成为一些国家的标志性考试制度。比如美国以 SAT 成绩结合个人申请、学校个人双向选择为特点；中国则以激烈的高考竞争为特征；韩国体现为在高考竞争中，面对基本同质的中学教育，各个家庭在课外补习的投入与较量。可以说，升入高等教育的考试，对于个人生命而言，通常具有人生成长分水岭的意义；对于社会而言，一个国家接受高等教育的人数和比例，往往成为公民整体素养、教育提供能力的重要指标。然而，在这轰轰烈烈的高等教育入学考试之外，掩埋在教育活动中的，是更多日常考试的场景，比如特定范围的统考、日常考试测验等。正是在这些日常考试活动的涌动中，人们走向或者离开接受高等教育入学考试的轨道；这些日常的考试实践，于每一个国家而言，均与其凸显的高等教育入学考试有着机制上、文化上、社会体系上的暗合。遗憾的是，现有研究对这些细碎而蕴涵着特定社会文化土壤的日常考试活动研究并不充分。

　　在参与考试活动的主体上，在中国，学生成为"考试机器"，老师成为"考试培训机器"，而有学者将家长在这一活动中与孩子的互动称为"温柔的肃杀"，与子女在考选世界中形成一种共谋，家长作为成人社会的代表，督促考生通过考试来适应社会的主流价值观。社会、学校、家长、学生，不同层面的参与者，高考中形成的气氛与互构中的强大压力，这常常为人们全盘否定中国高考体系提供口实。

　　而在美国，多元教育形态的格局下，学校、家长、学生对考试有着多元而分散的应对。在那里，亚裔，特别是华裔成为擅长考试的族裔代表。华裔家长以对孩子有着较高的教育期待著称，并普遍重视孩子的考试成绩。而中产阶级的白人家庭，则并不将考试成绩置于择校的首位。他们更倾向于通过旅行、参观博物馆等方式为孩子注入文化资本，相反，认为卷面的数学测试等，是技术（technique），而不是文化（culture）。而学校，作为承载考试活动的组织实体，又具有着诸多功能和诉求。学校既需要用考试成绩证明自己的教学水平，另一方面，在强调多元并存、培养个性与创造性的美国文化中，如何将标准化的考试纳入教学手段与氛围，始终是个摇摆的话题。

　　基于特定的考试形态与实践主体，从社会学视角的讨论，更关心的是特定的考试形式是否有助于培养、选拔人才，是否有助于实现社会平等。这样的讨论，更实则基于对"人才"、"知识"、"平等"的理解与定义。在中国，曾具有超强的稳定性和独特性的科举制度。它虽然并未撼动中国封建国家的根本制度，但作为中国"最精致和完善的"制度之一，之所以成为"全民族眼中神圣的唯一避难所"，上得到历朝历代帝王的认可和支持，下得到百姓的普遍认同和拥护。科举制度一方面它以严格的知识考核方式，维系儒家文化传承的制度体系，以统合社会主流与精英话语体系；另一方面，科举制度所展现的"游戏规则"的平等，作为人类社会生活依赖的重要要素之一，为人们托起追求平等的乌托邦。而在后现代西方社会学代表性人物看来，知识的陈述从来不是一成不变的，其中渗透着断裂、碎片与权力之争。福柯从人们对"精神病"的概念出发，指出"这个陈述的整体并非只同唯一的一成不变的对象有关，也并非只把它作为自己永不枯竭的理想范围永远保留着"①，从而表明没有摆脱特定体系的概念、陈述与历史，更没有亘古不变的凝固的知识。布迪厄则秉持社会资本理论的逻辑，直击教育与考试话题，认为考试的形式，比如法国、中国的写作体例，同时也是社会主流文字交流的范式。在用这套标准去筛选、衡量的时候，自然复制了带有阶层色彩的社会成员及其话语模式。在看似追求真理的学校体系内，社会结构便如此得以复制。只看学校，不考虑家庭系统对学校这套体系的应对能力，只能是一种掩盖和粉饰。

在宏观层面上对考试的功能进行讨论的同时，人类学研究给以同样关照的是在微观的个体层面，考试之于个体价值、意义之间的关系。在所有社会中，个人与社会、乃至个人与自然和宇宙之间的关系及其理解与应对，在相当程度上成为形塑特定社会形貌的奠基性因素。考试，作为一组文化实践与制度，势必反映出特定社会的"人观"。在中国，儿童不仅是儿童，而且是家庭乃至家族的希望。考试成为子辈在这一差序格局的社会系统中得到价值体现的重要途径。而在西方工业革命早期，儿童被当作劳动力看待，甚至在很多极度贫困的家庭，父母给孩子买保险，是为换得一口棺材。随着工业化进程的推进，富有人家将儿童渐渐视为继承财产的工具，而得到更好的教养。在标准化测试面前，个体的多样性是否应当以及以各种方式得到承认与表达，正是不同社会形貌在考试

---

① （法）米歇尔·福柯著、谢强、马月译：《知识考古学》，三联书店 2003 年版，第 33 页

领域的投射。

最后，回顾不同国家教育与考试的历史，定然有助于以动态发展的眼光透视当下的考试实践。中国源远流长的科举制度，与中国的封建制度、多元一体的文化格局、中央集权的政治体制相生相伴。而美国作为移民国家的历史与现状，对多元存在的承认与应对，实用主义的哲学理念、工业与科技的发展，学校教育与考试的历史沿革无疑会为理解当今鲜活的考试实践提供重要背景。

一、宾州统考：庄严中的宽松

在安卓学校的考试活动中，最为醒目和正式的，要算宾州统考。进一步梳理在凯文老师班里看到的其他形式的考试、测验活动，发现尽管这些考试没有州级统考那样正式，却和州级统考活动可以一起归纳出几个特点。那么，首先通过田野笔记和有关访谈对宾州统考和安卓学校其他的考试形式进行呈现与描述。

宾州统考，按照世界学术水平标准，测量学生在阅读、数学、科学和写作的水平。按照这些标准，教育者、家长和行政人员可以评估学生的优势与劣势，以提高学生成绩。这一测试是基于标准的考试，用以测量学生的学业水平，同时也用以衡量学校帮助学生达到学业标准的程度。

2013－2014 学年，以安卓学校 3 年级为例，只考数学和阅读，考试在 3 月 24 日－28 日连续进行。每天上午进行半天考试，当天下午的时间由学校和老师自行安排。考卷是将所有数学和阅读的试题，按照考试时间先后顺序，装订在一起的题册。每一套题册匹配相应一套答题册。每天考完，监考老师都会收回题册和答题册，统一交本校考场总负责人。第二天进行下一场考试之前，监考老师再去考场总负责人那里取出题册，带到考场发放。2013 学年安卓学校统考考场总负责人是康尼。她已经连续负责这项工作好几个年头。

从考试成绩发布看，学生个人成绩只提供给学校，用以帮助老师识别哪些学生可能需要额外的教育机会；而学校的分数为学校和学区提供信息用以规划课程和制定改善、提高的工作建议。宾州统考是从学校层面最为重视的一项考试。它主要体现在学校为此进行的细致准备与部署及严明的考场纪律。

（一）细致的考前准备

在考前准备环节，校长要求老师们提前一个月带领学生进行模拟考题练习。从物质准备上，为每个学生每场考试准备一粒薄荷糖、一块口香糖；校长还为学生准备了礼品券，由班主任在每场考试后分发给学生，几场考试下来，大多数顺利参加完考试的学生，都会有至少 4 张礼品券。考试结束后，可以用礼品券在校内小商品货摊上兑换学习用品，甚至是一次作业豁免机会等。班主任除了必须把本班墙面上有关学习内容用黑色塑料布覆盖之外，还要在考试前一天对学生进行更细致的交代。

图 11　为迎接考试，教室里所有出现文字、数字的地方被黑塑料布遮盖上

放学前，凯文老师拿出一张纸，对着上面的条目和大家交代：

这是我第三次和大家讲考试注意事项了。请大家一定注意：

不要带任何电子设备，包括手机。

尽全力回答每一个问题。

在正确的位置涂黑，否则不得分。

仔细检查你的答题册，一旦你合上题册，就意味着你做完了，不再有机会检查和修改。

端正态度，要求自己必须通过这个考试！

这一周都没有作业。如果你喜欢读书，那就读你喜欢读的。做一点数学练习，但不要太多。睡个好觉。明天早上你应当吃一顿顶劲儿的早餐。虽然学校也提供早饭，但最好在家吃好早点。

在学生们对考试的议论中，确实有学生说对考试感觉紧张，但是却没有谁为统考进行专门的复习。只有菲奥娜在家长会时问过老师怎样准备宾州统考。老师的回应是："不用担心，只要跟着班里进度就好。我们的标准比统考高，班里的做好，统考也没问题。从你的情况看，不用担心。"

（二）庄严的考试秩序

既然是州级统考，考试流程和监考标准也自然具有标准性。交叉监考、监考人员名单向州教育局备案外自然在意料之中。当我向校长要求参与统考工作时，得知每个参加监考的人，必须持有"宾州考试行政人员培训证书"。正在我抓耳挠腮之时，校长告诉我，"去考一个便是了"。原来，要获得这个证书，通过网络课堂的学习和测试即可。我如释重负而欣然前往那个网站，花了将近2个小时，在网上学习有关监考规则，并获得证书。然后，我被分到五年级的一个考场，和格林老师一起工作。这个考场只有5名考生。他们都是5年级特殊教育项目中的学生。

图12 通过网上培训获得的监考证书

我们被安排在304a教室。格林是安卓学校特殊教育项目中的老师，负责4-6年级特殊教育项目中的学生。她做这一行已经二十多年。她看上去50岁上下，清瘦的脸庞，尖尖的下颌，消瘦的身材，戴着一副眼镜，镜片后面是一双有着浓密睫毛的大眼睛。黑色的头发扎成马尾辫。她上身一件蓝灰横条针织衫，下身一条黑色西裤，裤子兜周边有着花边和亮晶晶扣子装饰，脚踩一双平底黑皮鞋。她小时候就在安卓学校这片社区长大。

304a，是一个咨询室，而不是常规的教室。正对面左前方屋角有一张老师的办公桌，而正左手边的屋角地上，铺着一块彩色小地毯，上面放着几个抱枕。不太像老师休息的地方，倒像是一个便于倾诉的小角落。而右手靠墙的书架上，整齐地摆放着小鸭子、小玩偶之类的玩具盒子，像是做心理投射游戏的用品，而不是孩子们的日常玩具。还有一个小筐，筐里放着翻绳游戏用的绳子，一个小足球，在足球的拼接面上写着各种心理状态：thoughful（有思想的），energetic（充满活力的），sad（悲伤的），happy（高兴的），exhausted（精疲力竭的），defended（防御性的），believed（被相信的）……房间的三个角落各有一个单独的课桌，在房间中央，斜放着一个长条桌子，两头摆放椅子。这样，一共有5个考位。这，便是今天的考场。

我在8：50时进来，还没看到学生。格林老师告诉我，这个考场只有5个考生。真正考试开始了，我们也做不了什么，2个小时无聊得很。之所以让我来，是为了监督她，因为这里有她的学生，为了避嫌。我赶紧解释，我来这里，完全是因为想了解美国教育体系。她说，是的，这就是这个系统。她还说，这些特殊教育项目中的学生，之所以在这里考，是因为按照规定，她可以给他们读题。但只能读题，不能有更多解释

五个学生一起进入考场。一个白雪公主的模样，白里透红的面庞，长长的睫毛，大大的眼睛，应该是凯文老师班里娜亚丽的姐姐，这两个姑娘像一个模子里刻出来的美人儿；一个非裔男生，叫萨米尔；两个女生有着拉丁裔的大眼睛、浓黑睫毛；另外一个男生，后来得知他是美国土著人后裔。

9：00 没有尖利的考试铃声，只有校长在喇叭里宣布考试开始。

发下卷子，才发现有个学生的题册不对。原来，每个题册、答题册上都有学生的名字和条形码。格林老师赶紧打发我去找康尼换卷子。学校行政办公室的凯洛在楼道里接应我的请求。拿回正确的卷子，回到考场发给学生。

接下来，开始了美国式富有仪式感的考试程序。

首先，老师要求在印有条形码的试卷册首页核对姓名，并核查各自试题册、答卷册编码是否一致。然后，便开始字正腔圆地宣读统一的考试策略、法规等。大意如下：

考试策略包括：认真读题，先在草稿纸上进行演算，得出答案后，往答题册相应选项上涂黑。否则，不得分。对于开放性问题，也必须写到答题册上。如需更改，必须把原先的答案擦拭干净，重新填涂。

考卷法规：本考题版权属于宾州教育局。考试结束后，所有试题册、答案册一并收回。任何人不得私自保留、翻印、拍照。否则视为盗版和侵权。

如果你明白以上考试要求、政策，请在试题册首页右下角"我已明确考试要求和政策，并没有疑问"的圆圈处填涂实心圆，并在旁边签名。如果有任何问题，请这时举手提出。（停顿）

5 个学生低头小心地填涂并签名。

这套程序完毕，已经 9：07 分。

而格林老师继续不紧不慢地让学生打开第一页，并说明，今日数学考试分两部分，第一部分不可以用计算器，完成第一部分后，有红色纸帖，贴封第一部分后，后面的第二部分，可以使用计算器。

然后，这才开始答题。

到答题，老师又开始给学生读题。老师读一道，他们做一道。老师要照顾到所有考生都答完，才进行下一道。而娜亚丽的姐姐，用的是另外一个顺序不同的题。G 老师只能按照她的那套题的顺序再给她读一遍题目。整场考试下来，老师基本不能停歇，为特殊教育项目的学生一道道朗读不同版本的试卷题目。

这套程序，每天重复。3 月 28 日，304a 考场还迎来了学区考场督查员的抽查。

一位 50 来岁的白人女性，坐在空座上观察。考试开始，格林老师仍然走了一遍仪式性程序，完全按照考试行政手册进行宣读，只是读宣读时，音调更平稳，嗓音更洪亮，以示郑重严肃。今天考的是阅读，所以，也不用一道道读题。宣读完考试要求后，学生便开始答题。那个检查的老师让格林老师和我在一个考场巡视文件上签字。我看到我的角色是 protector（保护者）。然后，她便离开。

她一出门，我和格林老师互相看了眼，出了口长气儿。然后格林老师走过来，和我小声说，我刚才忘了说让他们交手机，或者关闭手机。他们会 lock me（铐住）说着，做了一个双手被铐上手铐的动作。我吃惊地看着她，不知道是否会这样严重。她又说：“我开玩笑呢！我已经太老了，跟他们玩这套！”说最后一句话的时候，她满不在乎地翻了下她的大眼睛。

过了 5 分钟，康妮进来，和格林老师小嘀咕了下。我问格林没问题吧？她说，“没问题。那个巡视员说一切都好，没说手机的事，只是说她没想到这个考场有我自己的学生。康妮给她拿出文件看了，说允许有自己的学生，但是必须有第三方在场。所以有你在这就没问题了。”

考完试和格林老师聊天。她说学区发现有学校作弊，至少涉及到 53 个学校。还有的学校，数学老师在监考时引导学生多认真看答案，并对正确答案进行提示。面对社会关于学校作弊的议论，校区雇了一大批人到处巡视。格林老师说，这些巡视员特别严格：“我听说一个老师在监考时候，学生念叨‘这题真够难的’，老师附和了一句‘是挺难的’。结果，就被记录在册成为最高级别的作弊。所以，在考试过程中，我不会说任何话，我可不能冒这个险，回头再把饭碗丢了。”

（三）轻松地应试与离去

再看学生应答的状况。考试第一天，学生们正常答题，一边答题，一边嚼着口香糖或者薄荷糖。偶尔需要纸巾，便向老师示意下，老师帮忙递过来。到了第三天，萨米尔考试期间经常趴在桌子上，几乎快睡着。格林老师不断拍着他的肩膀，提示他，"坐起来！"可是交完卷子，他立马精神了，坐在那个地毯小角落里有说有笑。格林老师说他"压根儿不投入。"

在第一部分不可以用计算机的题目中，有一道是运算 $10.3-5.47$①。有两个学生做对，其他三个，不知道小数点加减法首先需要对齐小数点。

萨米尔看来是最差的一个，在后面可以使用计算器的题目中，他只答对了一道：

"一家人去电影院，成人票6.75一张，小孩票4.75一张，需要买2张成人票，3张小孩票，一共需要多少钱？"

萨米尔拿着计算机，计算过程如下：$6.75+6.75+4.75+4.75+4.75=27.75$

算对了唯一的一道题。

10：20时候，他看到后面的题目，也不用算草纸，在那愣神，然后摊开左手五个指头，放在桌子上，右手拿着铅笔，在五个手指头之间戳桌子，弄出了声响。格林老师说不要出声音，他才停止。然后，也不再看题目，便往选择答案纸上选择涂黑，回答最后的问答题。

10：26分，他第一个合上答案册子，举手表示交卷。在接下来的10分钟里，其他四个学生陆续交卷。比考试结束时间11：00提前了20多分钟。

交卷以后，学生可以在这个教室里自由活动，但不能出太大声响。萨米尔第一个蜷缩在地毯上的小角落里，舒服地枕着抱枕躺着。康尼进来看见他，逗趣儿说："学习太努力啦？要睡一觉？"萨米尔微笑着回应："就是的，费劲啊！"康尼说："怎么着？再来个被子？可我这没有啊。"其他学生也坐在地毯上，小声说话，等待11点考试结束。在这段考试后的空闲时间里，没有任何一个学生和老师议论刚才考过的数学题。

格林老师这个考场结束后还有一项工作，即给不能在11点以前交卷的学生继续监考。全校只有个别同学申请延长考试时间。格林老师告诉我，学区对这些要求延长考试时间的情况没有明确的时间限制。但是监考老师会要求学生中

---

① 为遵守试题保密原则，本处所示题目，经过作者更改具体数字。

午前交卷，因为"如果你到那个时候还做不完，就是给你更多的时间，你也不能完成。"当我向康尼求证学生、老师考完都不再议论考试时，她给我的回答是："按照学区规定，不能议论。这些题是找咨询公司出的，花了很多钱，要反复用，所以，考完的人不允许议论考题。"果然，康妮的提法得到了州立文件的验证。在费城学区致家长关于 PSSA 的家长信说明中，这样写道："在目前手机、智能电话和其他电子设备轻易就能拍照并传递照片，这种情况下机密、安全的测试材料很容易出现泄密现象。针对所泄漏的题目重新出题代价非常昂贵，另外，宾州政府对 PSSA 及 Keystone 考试试题材料拥有版权。复制测试材料，包括拍照，是违反联邦版权法的行为："违反版权法者将面临的处罚包括支付重新出题的费用，或者为每一次违法行为支付 750 美元到 30000 美元的罚金。"①

（四）多元的各方反馈

学校对之所以对统考十分关注，因为它在很大程度上标志了学校教学水平。公众通过网络了解每一个学校的时候，每个学校在统考中数学、阅读科目达到熟练程度学生的比例都会呈现在公众面前。同时，从行政管理机制上，布什政府在 2002 年推出"不让一个儿童掉队"（No Child Left Behind）法案。这一法案规定，如果一个学校四年里没能获得"年度足够进展"（Adequate Yearly Progress），学校就会面临整改。如果第五年仍未见效，学校将被置于"整改第二阶段"。在费城学区，进入"整改第二阶段"的学校将被要求集中对考试进行准备。在费城，老师们就此抱怨这样的政策使他们的课堂变成"考前训练营"。艺术、音乐、社会学习的教育时间被挤占。正像凯文老师抱怨他不喜欢校长要求他们给学生进行太多统考练习："我讨厌这个！学习应当是用来实践的，不是在卷子上反复练习。"被关停的 Bok 学校的艺术教师 Steve Teare 也抱怨："这种卡脖子的标准化考试和它的强度，对教育的影响在于使有效率、有想法、有创造性的思想正在成为泡影。"面对这些，安卓学校的做法是，校长一方面要求老师对学生进行统考训练，另一方面，对学校能参与的课外活动，比如芭蕾俱乐部、课外参观等，也一概接纳，并不会因为统考的节奏而停止这些活动。

---

① 家长、监护人常见问题问答：宾州统考 PS SA, https：//webapps. philasd. org/stor/Code _ of_ Conduct_ for_ Test_ Takers_ Chinese. pdf, 获取于 2016 年 1 月 10 日

在家长方面，对统考的反应也是多元的。在访谈中，我问到很多家长：当初是怎样选择到安卓学校上学的。不少中产阶级的家长在叙述选择学校的理由时，往往会提到虽然学校的学业成绩不是最好的，但是他们并不以成绩为唯一考虑因素。

> "我在网上看到安卓学校介绍，这个学校学习成绩并不突出。但是它离我们家还算近。我更重视'社区'的概念。孩子应当从小生活在社区里，有她的小伙伴一起上学，一起玩。我们去参观安卓学校，一下子就喜欢上它。它就是一个学校的样子！我们选择这个学校，也是因为喜欢这个校长。她和这里的老师们个个看起来精神抖擞。校长好像叫得出所有孩子的名字，孩子们见了校长过来和她拥抱，打招呼……"

而在那里的中国家长，学业成绩则是为孩子选择学校、班级的重要指标。在中国家长中盛传着哪个老师好，孩子被分到那个班里便算"运气"。格瑞斯的妈妈因为看到安卓学校的效果不能满足孩子的学习要求，而毅然搬家转到另外的学区，转学到费城那所考试成绩最突出的学校。相反，还有些家长旗帜鲜明地反对各种考试。在2014年5月的全美教育研究论坛上，一些家长和教师代表形成非政府组织，旗帜鲜明地反对以州统考为代表的各类考试。他们的理由是："我们不需要有人靠考试产业赚钱！我们不需要用数字来衡量我们的学校和教育成果！我们反对用考试来评判我的孩子！"

在对安卓学校州统考的参与观察中，可以发现统考从程序上非常严密，每个学生对应附有条形码的试卷；每位监考员必须持有监考培训合格证；每天重复进行的考场规则宣读；严格的考场纪律巡查制度等等。学校也很重视这个统考，从老师前一天对学生的嘱咐中，从学校为学生精心准备的薄荷糖、兑换券里，从老师诚惶诚恐的态度中，可以得到验证。

但是，在面对这份庄严的同时，又有着明显的宽松气氛：作为这样一个大规模的州级统考，居然没有考试时间限制；五年的数学题可以用计算器；考试完毕没有任何人再去议论考题或者得分；允许家长、学生不参加统考，以及容纳更多元的态度。这份庄严中的宽松，和其他日常测验、考核活动所体现的"宽松的严密"，恰恰共同反射出美国社会生活形态的文化脉络。

二、日常考试：宽松中的严密

以凯文老师所负责的班级为观测点，观察州统考以外的日常考试活动，可以看到更灵活的考核方式，比如根据自然课所学内容，制作火山模型，标示出火山地质构造。在定期阶段性测验中，同样没有严格的考试时间限制。通常是在半天的时间里，先完成的学生先交卷，后完成的同学，依据他自己的进度答题，并交卷。那么，先完成的学生便可以自由阅读；而后完成的学生，很有可能根据课表安排，在答卷过程中，穿插着去上体育课、音乐课，然后再回到教师继续答卷；从考卷形式上，全班 29 个学生，通常有两个版本的试卷：一个版本是标准试卷；一个版本是调整版试卷，是在标准版试卷基础上精简问题和选项的试卷。调整版试卷主要发放给以西班牙语为第一语言，并且正在学习英语作为第二语言的几个拉丁裔学生，和有学习障碍，并在特殊教育项目中的学生；从考核内容上，除了州级统考统一命题，平时的每一次测验题型、内容、形式、进度，均由班级任课老师设计、负责。安卓学校既没有全校统一的期中、期末考试时间，也没有年级统一的考试试题。每个班级的教师，对于日常考试活动有着灵活的掌握。

与此同时，这些宽松的考试形式背后，却有着严密的监控。这严密的监控首先体现在每一次测验成绩，无论是卷面考试还是手工项目形式，都会进入学生平时成绩系统，而这些平时成绩最终按照一定权重，形成学生们一个学期、学年的成绩，而这个成绩将成为教育记录，一直伴随学生。在特定权限的数据系统中，可以按照学生档案检索到每个学生的成绩历史记录。严密监控的第二个表现方式，体现在名目繁多的考试贯穿在学年始终，而对每个学生的进展测量在相当程度上要依赖这些考试结果。比如在英语作为第二语言的项目（ESL）里的学生，每学年 9 - 10 月和 3 月份要进行语言能力测试，以测量学生在 ESL 英语语言学习项目中的学习成效，规划下一学年是否需要继续在 ESL 语言项目学习；对于特殊教育项目的学生，首先从是否需要介入特殊教育项目的评定环节，就有一系列语言、学业知识、心理状态的测试。这些测试决定着学生是否有必要卷入特殊教育项目。一旦进入特殊教育项目，每年要在 5 月份左右接受特殊教育项目的测试，以评估一年来的进展；另外，所有的学生都要在学年初和学年未接受阅读能力测试，以评定一年来阅读能力进展和阅读能力在同龄人中的相对水平。以娜亚丽这个来自墨西哥的移民孩子为例，她同时在英语语言学习项目和特殊教育项目里。那么她在 2013 – 2014 学年便有两次特殊教育水平考试、两次英语语言测试、一次州级统考，以及每 1 – 2 周进行的学习测验。这些考试成绩交叉定位了娜雅丽的学业、语言、阅读能力坐标。

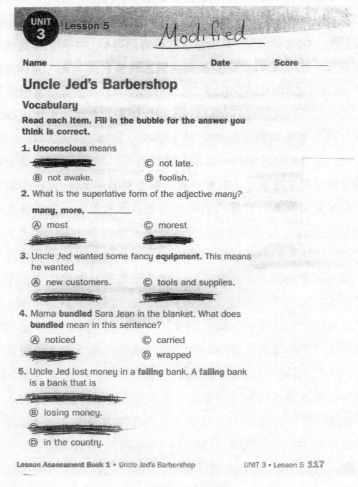

图13　被修正简化的课堂试卷

因此，在看上去宽松的日常考试活动中，似乎考试形式、内容、时间、试卷都很灵活，而实际上在这套系统里蕴涵着严密的监控机制，这套机制以电子信息基础和量化测量为手段，对每个学生的学业成绩进行精确定位、持续监测。故此，在看似宽松的日常考核活动中，实现了严密的监控。

三、对考试活动的文化分析

在安卓学校参与的州立统考及日常考试活动表明，那里有庄严的仪式感、相应纪律要求及相关核查，频繁的监测并录入学生终生档案系统，即庄严的一面，与此同时，又存在着宽松的一面，最明显的是考试没有时间限制，为了鼓励学生取得好成绩，考试中学校还免费提供薄荷糖，考完试作为奖励还有兑换券可以到学校领礼品。在平时的考试中，一个班级的卷子可以有难易两个版本。这兼具宽松与严密的考试系统恰恰反映了美国社会高科技的监控手段和人们对考试、知识的价值判断，以及掩埋在其间的社会阶层分化的可能性。

（一）严密中的现代气息

任何社会实践的具体形式，都有赖于特定社会所产生的条件与动因。它是物质条件与人的行动过程连续的一个过程。正如当年科举制的兴起与普及，纸张的发明和普及，以及后来印刷术的推广，为广大考生提供了统一的经典文本进行备考。它成为科举制度得以推广和持续的必要物质基础。回顾安卓学校的考试活动，可以非常明显地看到在考试过程中贯穿着 21 世纪科技特别是数字化技术：印有每个考生名字和条形码的试卷册、记录学生每次测验成绩的信息系统、在线学习获得的监考资格证书等，这套严密的监控系统无不有赖于前沿的技术和丰富的物质基础所提供的设备支持与人力资源。海默尔指出"日常现代性的日常状态就是建立在分分秒秒的基础之上的同步化……现代性之中的日常生活的基本特征是，它的整齐划一……也许与它特征相同而又最为常见的东西是流水线。"① 在看起来庄严、严密的考试系统中，现代科技的力量不可忽视。这是美国社会从工业文明迈向信息时代的力证，是美国当今国力在教育领域的体现，同时也体现了现代社会依赖技术手段实现对人进行监控的模式。

---

① ［英］本·海默尔著、王志宏译：《日常生活与文化理论导论》，商务印书馆 2008 年版，第 12 页

在这一系列技术手段的背后，蕴涵着美国科学主义思维范式在考试领域对标准化的追求。美国标准化考试的探索始于 20 世纪 20 年代。一战后，在杜威实用主义思想推动下，教育者强调关注确切的、可用的、教育方向脱胎于新的科学母体。杜威认识到一些教育者需要以应用现代科学作为最好的手段来评判所作所为，引领标准化考试的先锋梭戴克则更明确指出：

"在过去几百年时间里，文明的世界学会相信科学教会人们如何驾驭风能、水能，化学的能量，以及顺从人的意志和服务于人的以太。物理的力量被征服而服务从于人类。我们可以相信人类自身的智慧、个性、技能并非不可以理解、控制和引导；而且在接下来的百年时间里，世界将提高对人力的使用，就像提高对地球使用的能力"

在标准化操作的同时，资本主义代表性运作机制也悄然卷入美国考试实践。它首先以成本核算的方式，体现标准化考试的益处，以说服教育者。1920 年迈克考在推行标准化考试中，对每年全美 60 万名教师用于出试题、监考、判分的时间进行估算。他认为这一系列活动每年要花费 3600 万小时。因此他说乐观地迎接标准化考试，并认为这一转向"不是别的，只是改善了考试"。这样的投入产出核算一直持续到 90 年代，菲尔普斯针对 90 年代的考试成本核算提出，原先计算每次考试每个学生人均费用 5 美元是不准确的，需要核定另外的 10 美元的人力成本。因此，他核定与其让各个学校自己出题进行测试，耗费资源，不如承包给供应商或者教育机构统一订制更划算。在成本核算之外，相应的商业行为、设备便衍生而出。20 世纪 20 年代，"全国智力测试"组织进入市场。它由当时最著名的心理学家组建。这些心理学家发布试题可以获得不菲的收入。他们将这些收入应用于更多的研究。20 年后，这个组织被一个成功的教材出版商买下，因为他发现这是一个靠谱的赚钱方式。1940 年，IBM 公司发明用于判卷的读卡机①。1947 年，"教育考试服务中心"在三家心理咨询机构的基础上成立。该中心在第一年市场规模便达到 100 万美元，为了避免公众对其利润的质疑，该组织建立为非盈利私人机构。而这个机构在接下来的 30 年里每 6 – 7 年

---

① Gerard Giordano, *How Testing Come to Dominate American Schools* ［M］. New York：Peter Lang，2005：94

销售业绩就会翻一倍。

因此，在每一份条形码——对应的考生姓名和试卷册面前，在每一次网络系统细致地记录学生测验成绩过程中，美国的考试实践默默地体现了国家通过科技手段实现对个体的追踪，暗含着标准化操作背后所需要的技术与物质支撑，诉说着崇尚科学理性与实用主义精神应用在人类智力领域的信念，更不乏商业运作、市场规律的支撑。跟踪、技术、理性、市场，作为现代社会的表征，在安卓学校的考试活动中展现。

（二）宽松中的多元并存

即使面对这一系列严密的追踪与庄严的程序，考试活动的各个环节仍能体现出对个体差异、族群差异的承认与应对。其中，对个体的关照首先表现为注重个人体验、感受、认知规律。比如为考试提供纸巾、口香糖，它基于对人们特定生理需要的体察；对个体存在的重视，还体现在每次仪式性地宣读考场纪律之后，监考员总要停顿下来询问学生对以上规则是否有疑问，如果没有疑问，需要签署个人姓名，表达承诺与遵守。再如，对特殊教育项目的学生提供特殊考场，监考要求中也明确规定，老师可以为他们读题。这是基于对这群学生学业现状与常规学生存在差异的认识；在日常考试中，老师可以针对不同语言水平和理解能力的学生，提供修改版的试卷。这些使考试的标准化在个体、族群的差异面前让步。那里，更有机制让对考试有不同理解的家长、学生，有自己的表达渠道和选择路径，比如允许监护人授权学生拒绝参加州考。考试体系对多元存在的承认与应对，首先基于对个体之间、族群之间在语言能力、认知水平、态度预期等方面差异的承认；在此基础上，从资源配置到表达渠道、评判标准等，均为多元需求提供了必要的物质基础和对接体系。

和中国历史形成的多元一体文化格局和中央集权政治体制相比，美利坚合众国从诞生之日起，便不得不面对多元的历史、文化与权力声张。正像托克维尔所欢呼的，人们习惯于在社区层面形成组织，为保护各自的需要、权力去争取。在美国宪章制定之时，国家与各州便就能源、投票规则等问题不断进行磋商。至今各个州在财政、法律等重要社会运行规则上的差异，依然体现美国政治体系的多元中心与权力分散。对多元利益主体的承认与应对，在考试活动中，体现为依据主体差异特性，容纳多元规则的并行。这与中国科举制创建之初，为组建更直接更有效能的为至高皇权服务的官僚机构的考试初衷有着巨大的反差。

（三）书本知识权威质疑与公民培养之张力

事实上，从安卓学校考试活动中可以窥探到人们对书本知识的怀疑。教师超越书本形式的考核、对集中应试训练的抵触、学生对考试结果的漫不经心、5年级数学考试中允许使用计算器等，便是证据。这与中国历经千年科举实践，人们对书本传递知识的经典性与权威性认同相去甚远。回溯美国教育历史，19世纪三十年代美国出现按照年级规制的学校。此前在这片土地上，学校教育与宗教信仰传承有着密切关联，并在不同区域有着各自的建制。在某些区域，农业是男性的首要职业，男性教师被视为仆人。学校最初只对男孩开放，主要功能在于传承宗教。而在黑人社区，最初的教育是为提供更好的奴隶。这番独特的历史与教育实践，为美国教育积淀起实用主义的根基。于是，以书写为形式的考试，在州考、日常考核中，从内容到形式，远没有在中国这般严格并得到重视。在中国，通过科举改变个人命运的故事代代相传，尽管科举制度从未实现社会阶层结构的改变。历史学家研究表明，在福州 1207 年 18000 名考生中只有 54 个举人名额。1895 年官员中，捐纳入官的比例为 49.4%。① 但是，它不仅使读书成为改变个人命运的象征而催人奋发读书，从内容到考场规矩，直指儒家经典的形式与权威。于是，以书面形式出现的知识在中国人的观念中有着至高权威。按照福柯所理解广泛意义上的话语，在这样的历史中，中国文化心态中的"知识"往往以书本和经典的形式深入人心。至今通过高考，升入大学几乎对全民有着非凡的人生意义，即使是不占据文化资本优势的进城务工人员，对高考也有着不舍的愿望；而在美国，在教育愿望上却具有社会阶层的划分，中产阶级将上大学视为理所应当的期待，而生活在贫困中的人们，认为"上大学"对他们更多是奢望，取得高中毕业文凭才是最现实的考虑。难怪在这标准化的程序面前，教师、学生、家长并未呈现出更多学业上的紧张，反而以相对

---

① 郑也夫：《信任论》，中国广播电视出版社 2001 年版，第 193－196 页

轻松的状态应对各级各类考试①。

然而另一方面，以科技发达著称的美国社会，科技意味着专家体系、专业符号的主宰。因此"不让一个孩子掉队"法案的初衷，是为美国培养具有一定科学、文化素养的公民。而在专家体系面前，基本的技能：计算能力、写作能力、抽象思维能力是必须的。这也是驱动国家考核学校教育效果的主要动力。而出于国家利益的考核驱动，与民众文化心态中对书本知识的怀疑，构成了考试活动中的一对张力。

（四）标准化程序与阶层固化之张力

标准化的考试程序，每个学生对考试严肃性的承诺使考试主体似乎出于完全整齐划一的背景下。但是，掩埋在这套标准化之下却是更多的千差万别。比如作为贫困社区学校典型代表的安卓学校，在政府不断削减经费，社区税收有限，而招生人数不断上升的情况下，教职人员不断裁员、班额不断扩大。加之相当大比例的英语学习项目、特殊教育项目的学生，这样境遇下的学校很难期待它和富庶郊区的学校取得同一水准的考试成绩。于是，怎样评价特殊教育项目的效果，一直是一个有争议的问题：既然学生的情况是"特殊"的，为什么要用和普通学生一样的考试手段来测量他们？如果用特殊教育干预前后个体状况的变化作为证据，又怎样厘清所有的变化只归功于或指向特殊教育干预这一个因素？② 就个人层面，仍然以娜亚丽这个墨西哥移民子女为例，父母讲西班牙语和非常有限的英语，每天忙于体力工作，挣钱养家，既没有时间也没有能力陪伴孩子进行英文阅读和作业辅导。身在英语学习项目和特殊教育项目的娜亚丽，在统考面前的劣势几乎是必然。展望未来，象娜雅丽这样的学生，通过学校教育和考试，进入社会主流的希望是渺茫的。回想监考中5年级特殊项目的5个学生，其中一个娜雅丽的姐姐，而那个最让格林老师发愁的萨米尔，也是拉丁裔。正如布迪厄指出："考试无非是对知识进行官僚式的洗礼，将世俗的

① Annette Lareau, *Home Advantage*: *Social Class and Parental Intervention in Elementary Education*, Rowman & Littlefield Publishers, 2000, pp123 – 125

② John R. Slate and Craig H. Jones, Assessment Issues in Special Education, in Kas Mazurek and Margret A. Winzer edited, *Special education in the 21st century*: issues of inclusion and reform, Washington D. C.: Gallaudet University, 2000, pp. 68 – 72

知识转变为稀缺的知识，从而形成官方认可的神圣变体的知识。"①在这一过程中，阶层的制约通过孩子就读学校的艰难条件、家庭教育的有限回应，介入到学生的教育过程与效果中。再精确的追踪，再严密的考试制度，依然无力改变阶层固化的制约。

基于安卓学校考试活动的文化分析，将庄严与宽松作为那里考试活动的两个特征进行描述和提取。分析表明，这套考试机制直接体现了21世纪美国科技水平、物质基础和科学理性。而在标准化面前，即使是庄严的考试制度也为承认个人、族群层面，在认知水平、语言能力、社会态度等诸方面的多元存在提供对话渠道和机制保障。同时，那里的考试活动既需要满足为国家培养公民的统一，又承载着美国文化中书本知识权威性的质疑；而严密的跟踪和程序，并不能对抗坚硬的阶层固化。这一切贯穿着从美国历史中走来的对差异的承认与应对，反映着美国社会当下的社会特征。

---

① Pierre Bourdieu and Jean – Claude Passeron, *Reproduction*：*In Education*，*Society and Culture*，translated from the French by Richard Nice，New York：SAGE，1977，p. 141

第五章

特殊教育——具有个性化的帮助

在安卓学校，特殊教育（Special Education）项目是学校教学管理中的重要组成部分。尽管特殊教育最初源于公立教育为身有残疾或发育迟缓的孩子提供更平等的服务。如今，特殊教育已经发展成为更具普遍意义的一类教育支持项目。这类项目主要针对的是在身心发展方面明显偏离同龄学生主流状态的学生。这里，既包括明显低于主流学生水平的情况，也包括明显高于主流水平的情况，即天才学生；既包括学习能力不能跟上正常教学的情况，也包括心理状况、健康状况、行为状况偏离主流水平的学生。这些学生，由于和绝大多数学生相比，有着更特殊的情况，就此，美国教育体系中，通常设立专门机构、人力资源，为这些具有特殊需求的学生，提供各有针对性的教育支持。

在宾州政府教育局中，特设特殊教育小组。该委员会由州长官指定的 15 名专家组成。小组会就特殊学生是否达到有关特殊教育需要问题向教育局秘书长提出咨询建议。每位家长、监护人认为自己的孩子需要特殊教育服务时，都有权提出要求评估的程序。①

安卓学校里，在特殊教育项目中的孩子们，虽然人数不多，但却很醒目，因为他们和其他孩子往往有着不同的时间表和活动内容。特殊项目之所以引起笔者的关注，一方面是因为美国学校中针对学困生的教学实践，和中国通常的做法非常不同。这为我们带来了突出的文化震撼。另一方面，从学理上考虑，这一问题也有着深远的意义。即我们可以从美国特殊教育实践，来考察在那里

---

① Office of specialized service, http：//webgui. phila. k12. pa. us/offices/s/oss/faqs2，获取于 2016 年 1 月 15 日

人们怎样理解特殊与常规的分野及其划分标准；人们如何对待"特殊"的情况？在此之中所携带的资源分配、权利格局和价值系统是什么？这些又体现了美国教育中怎样的人才培养观念等等。以下，将首先对美国的特殊教育系统和有关政策进行概要介绍；然后回到安卓学校场景下，观察那里特殊教育项目中的孩子们；最后，对这一现象进行文化分析。

一、美国特殊教育项目发展及其概貌：特殊与平等

"特殊教育"是美国公立小学中普遍存在的针对各种特殊情况学生提供更具针对性措施的教育活动。实施特殊教育的理念在于：每个人都有权在教育中获得最大发展。这里蕴含了两层意思：承认个体差异和特殊性；基于这样的差异，人们依然拥有获得发展的平等权利。进入特殊教育项目的学生，既有天才儿童，也有学习困难的学生，还有因心理和情感创伤产生行为问题的学生等。从全国数据看，大约有480万在6–17岁的青年中符合特殊教育的标准。这一数字大约为上学年龄人口的10.6%。特殊教育项目在布什政府推行的"一个不掉队"法案背景下得到强化，意在期待学校将所有学生在下一个十年引领到州级考试的熟练水平。这一强制性要求从一开始便受到多方利益相关者的关注。比如，人们担心特殊教育师资力量是否可以应付这样的标准等。①

特殊教育植根于欧洲的历史，特别是启蒙运动和法国大革命时期。当时，平均主义、理性、科学成为主导社会的呼声。在美国第一个正式尝试提供特殊教育的时期是在19世纪，当时为耳聋或目瞎的学生或者智力发育迟缓的的学生设立学校。到了19世纪后半叶，大型城市学区中，比如纽约公立校面临着一些问题：很多移民的孩子几乎不说或干脆不说英文；有很多行为不端的年轻人、旷课的人，于是，都市里的学校开始组建特殊教育班级，开始提供英语作为第二语言项目培训（English as a Second Language，ESL）。20世纪20年代起，很多校区强制学校提供特殊教育服务。60年代美国教育部设立 BEH（ Bureau of

---

① Kossar, Kalie；Mitchem, Katherine；Ludlow, Barbara, *No Child Left Behind*：*A National Study of Its Impact on Special Education in Rural Schools*, Rural Special Education Quarterly, 2005, Vol. 24, No. 1, pp. 3 – 8

Education for the Hand – capped ），并培训大量特殊教育师资。70 年代的特殊教育领域，强调要为需要的学生提供单独的、特殊的服务；而进入 80 年代以来，人们发现单独的教育活动会带来一些消极影响，比如对参加特殊教育的学生形成标签化印象等，于是，从这个阶段起，特殊教育活动又强调和常规教育活动的融合。①

目前，美国特殊教育工作作为一项重要工作，在绝大多数公立学校开展。当前特殊教育工作的主要困难在以下几方面：第一是经费问题。特殊教育无疑需要耗费大量人力、物力，在最初国家推行特殊教育时，曾强调特殊教育所需经费由联邦政府、州政府和地方共同承担，其中，联邦政府负担40% 左右。但这一承诺从未兑现过，这导致学校在开展特殊教育时遇到资源方面的困境。第二是评估问题。专家认为，既然学生有特殊需要，那么，普通的评价标准便不适宜这一人群。最为合乎逻辑的评估策略是监测同一个学生，看他参与特殊教育后，各方面发展是否有进展。但是，这里的问题是，即使看到学生的进展，也无法排除其他因素而断定那是特殊教育的贡献。这一评估策略需要结合另外的数据，才能更加说明问题，即相同情况的学生，一组参加特殊教育取得进展，另一组没有参加特殊教育项目的学生则进展不大。但是这样的对照设计的评估方案，又不符合伦理原则。因此，对特殊教育项目的评估，始终是个有争议的问题。第三，特殊教育在多大程度上、以何种形式与常规教育融合问题。正如80 年代起对这一问题的争论，人们在这一问题上遇到理论和现实的两难处境。一方面，如果过分强调"特殊性"，那么如何培养出达到一定标准的公民；在现实层面，过分的区别对待，导致对特殊教育项目的学生的歧视；另一方面，如果过分强调特殊教育与常规教育的融合，那么，怎样面对学生的特殊需要？这是否与特殊教育项目提出的初衷相违背；在操作层面，特殊教育项目中的学生和常规教育活动中的学生在认知能力、学习能力、个性情感等方面存在较大差异，如何将他们放置于同一环境下进行教学和互动，也是难题。

---

① James M. Kauffman, Daniel P. Hallahan, *Special Education：What It is and Why We Need it*, Pearson Education, 2005, P5 – 25

二、特殊教育项目里的学生与老师：多元与标准

在安卓学校，有10.4%的学生存在某些不足，存在特殊教育的需要，并已经进行正式的特殊教育干预，另有0.4%的学生为天才①，当然，后者和前者在特殊教育内容、方法上十分不同。我们主要关注学校教育实践中，是怎样对待10.4%存在不足的学生的。具体包括：学校怎样识别哪些学生需要介入"特殊教育"项目；总体上讲，特殊教育的学生构成是怎样的？特殊，意味着特定形式的多元，人们以何种形式对每个学生的特殊性进行评估？为其提供特殊教育服务的目标是让他们趋同于主流学生吗？怎样对干预效果给以评估？

（一）"特殊教育"项目学生的识别与加入

当班主任或者家长发现孩子在学校活动中存在一些困难，而且这些困难长期、持续地困扰着孩子的时候，家长可以向学校提出申请，进行特殊需要测定。即使是班主任首先发现并建议学生进行特殊需要测定的情况下，提出特殊需要测试申请的人，也必须是学生家长。通常，学校有一个统一的申请模板，家长需要将相关信息填写完备，提交学校。提交学校后，由学校组织实施特殊需要测试。这套测试既包括以答卷为形式的学业水平测试，也包括学校咨询师和学生的面谈咨询，从而判断该生是否需要特殊教育干预，如果需要，学生目前的问题主要出在哪里？是学习能力不足？语言障碍？心理障碍？

> 阿什利的情况是，凯文老师发现在她在学校对老师的讲解和要求完全心不在焉，说话总是声音很小，考试情况很差，便利用家长见面会的机会向阿什利的妈妈提议，让她参加特殊教育需要评估。家长见面会时，有涌老师在场帮助翻译，然后，凯文老师发给家长这封信。家长需要在这封信上签字同意，才可以进入特殊教育正式评估程序。这个信是写给校长的，大意是：

> "我家孩子在学校不能很好完成学业，因此申请对孩子进行特殊教育评估来诊断问题，提出如何应对以及我的孩子是否需要特殊教育服务。请通知我评估时间和与评估团队见面的时间，以便我可以参加。我在此

---

① 源自费城学区官网

表示知情同意。我明白，这一评估必须在知情同意下进行，并于 60 天内形成书面报告。"

这封信是英文的，阿什利的爸爸大致知道这封信的意思，却要等帕翠莎和我到他家访谈的时候，向帕翠莎反复确认信件内容，并关心签过字后，需要做什么。这才签字。而这一环节距凯文老师向阿什利妈妈提出进入特殊教育评估程序已经将近一个月的时间。难怪凯文老师说，把一个学生正式送入特殊教育项目中，大约需要半年的时间。

在明确某个学生进入特殊教育项目的过程中，一方面可以看到费城学区标准化的测定程序，与之相关的学区对特殊教育项目从经费到流程，到评估上的常规支持体系。从学区到学校的预算中，可以看到专门为特殊教育留有预算、人力资源等。

另一方面，虽然学区和学校有着相对标准的流程，但是每个特定的学生及其家庭在面对这一体系时的状况和策略却大相径庭。比如，代理校长皮特先生说："不同文化背景下的移民，对于特殊教育项目的态度很不一样。比如我曾经工作过的学校，有大量俄罗斯移民。他们往往认为孩子进入特殊教育项目是一件丢脸的事情。但是，这里的人们似乎不这样认为，只认为孩子需要特殊支持，而不给这样的教育项目贴上歧视性标签。"在特殊教育项目里任教二十余年的格林老师说：

"我有那么多年特殊教育项目经验，很少有亚裔学生。这可能是因为亚裔家庭注重教育，他们对孩子的教育有高教育期待。于是学生在学校有更好的表现。我很少和亚裔家长打交道。在我的印象中，他们对学校的要求少。我认为这是好事。我在这长大，只会讲英语。他们不要求你会讲他们的语言，甚至有时抱歉不能讲英语。"

（2014 年 3 月 25 日笔记）

具体到阿什利的情况，且不讨论有哪些因素造成她目前在学校的表现不尽如人意，单从阿什利家长与进入特殊教育评估流程的互动看，可以看到在特殊教育评估这套专业术语和流程面前，家长遇到最直接的障碍是语言。尽管在学校有涌老师帮助翻译，但是在后续阅读文档、签字、跟进流程等方面，阿什利的家长显然处于被动。与季诺的妈妈相比，这种被动显得更明显。季诺的妈妈发现季诺学业有些吃力，便主动到学校来沟通，沟通的结果是，特殊教育的老师允许季诺在接受正式特殊教育项目评估前，先跟着特殊教学项目的孩子一起学习，这样试行一段后，再决定季诺是否需要进入特殊教育评估流程以及后续相应方案。季诺家就在离学校步行五分钟的街区里，她的妈妈和学校有着各种联系，比如她和学校里写作老师的丈夫认识很久，于是不少学校事务可以通过写作老师打听到。她作为祖籍意大利，而已经成为在费城土生土长的一代美国人，操着她的母语，和同样以英语为母语的老师们的交流融洽、自然。同时，作为在当地接受教育的家长，她了解特殊教育的程序、原则和实质，因此，她可以更自主地在官方教育政策内游走，为自己的孩子争取更大的空间。相反，像阿什利的家庭，只能缺乏预见性地跟随着官方体系进行。

PERMISO PARA EVALUAR - FORMA DE CONSENTIMIENTO
Nombre de niño:

organizaciones de abogacía estatal y local las cuales son disponibles para ayudarle a entender sus derechos y como el proceso de educación especial trabaja.

Guarde una copia de esta forma para sus expedientes.

Si usted tiene alguna pregunta o si usted necesita los servicios de un intérprete, favor de comunicarse con:

Nombre: Posición:

Teléfono: Correo Electrónico:

DIRECCIONES PARA PADRES/ENCARGADO/SUSTITUTO: Favor de marcar el 1 o 2. Seleccione el 3 si lo desea.

1. [ ] Doy consentimiento para comenzar una evaluación inicial como usted propone.

2. [ ] No doy consentimiento a la evaluación inicial propuesta.

3. [ ] Me gustaría una reunión informal con el personal de la escuela para discutir esta solicitud.

FIRME AQUÍ:

_____   1/9/14   _____
Firma del Padre/Encargado/Sustituto   Fecha (mm/dd/aa)   Teléfono del día

FAVOR DE DEVOLVER ESTA FORMA COMPLETA A:
Nombre: _____
Dirección: _____
_____
_____

Para ayuda en a entender esta forma, una copia descriptiva *Permission to Evaluate - Consent Form* está disponible en la página electrónica de PaTTAN al www.pattan.net. Digite "Annotated Forms" en la barra de Búsqueda. Si usted no tiene acceso al Internet, usted puede solicitar una forma llamando a PaTTAN al 800-441-3215.

图 14　一份给家长的向学校提出对孩子进行特殊教育评估申请的信（西班牙语）

The School District of Philadelphia
440 N. Broad Street
Philadelphia, PA 19130

Evaluation Report

Student Name:	**Current School Assignment:**
	School (251)
Student ID:	**Regional Office:** Learning Network - 1
PA SecureID:	**County of Residence:** Philadelphia
DOB: 11/25/2004	**Grade:** 3
School Address:	**School Phone:**

Date of Report: 03/06/2014
Date Report Provided to Parent/Guardian/Surrogate: 03/06/2014
Local Education Agency (LEA): The School District of Philadelphia
Current Educational Program: General Education

Complete Sections 1 through 6 for all students.
If determining eligibility for Specific Learning Disability (SLD), the SLD component near the end of this document must be completed and used to complete sections 5 and 6.

1. **REASON(S) FOR REFERRAL:**
    Yaquelin is demonstrating persistent academic difficulties despite classroom based interventions. Parents are requesting that Yaquelin be evaluated to determine her academic needs and to determine if additional support is needed.

2. **SOURCES OF EVALUATION DATA** - In interpreting evaluation data, the school must draw upon a variety of data sources, including those listed below, and carefully consider the information obtained. Document the information obtained from the sources below.

    A. **Evaluations and information provided by the parent of the student (or documentation of LEA's attempts to obtain parental input):**
        The following was reported.
        Parent input/parent interview: Yaquelin is respectful and she helps her mom at home. She likes drawing and she is responsible. Yaquelin cannot read and she has difficulty with comprehension. In math, she does slightly better. She has some difficulty with graphs and subtraction. She needs to improve her math skills. In writing, Yaquelin struggles. At home she attempts writing assignments but in school she seems to not put effort. When she writes sentences, her words are missing some letters. Given that Yaquelin doesn't know how to read, her writing is impacted. There were no reports of medical conditions or injuries. Occasionally, Yaquelin complains of heart pains but she has no medical condition.

图15　特殊教育评估报告①

（二）特殊教育项目中的孩子们——"特殊"

由于涉及到学生隐私，本研究无法得到全校进入特殊教育项目学生的名单，

---

① 这是评估报告的首页，完整的评估报告共14页，首先描述从被测学生的家长、教师、本人那里收集到的信息，以及被测学生的健康状况；然后给出基于WJIII认知测试的结果，以显示学生的记忆力、理解力、视觉获取能力等认知能力水平；接着是基于WJIII的阅读、写作、数学学业能力测试结果；最后是对以上信息和测试形成综合判断，以明确该学生是否存在某方面的障碍，是否需要特殊教育干预，以各种方式和策略提供特殊干预服务。

对特殊教育项目学生家庭状况、族群分布、问题类型状况也得不到更确切的信息。所幸的是，通过在凯文老师班级的观察，我能够比较明确地辨识出哪几个学生在特殊教育项目里，并通过和凯文老师、特殊教育老师的沟通得到确认。凯文老师班级里一共29名学生，其中有4名名学生在特殊教育项目里。他们的基本情况如下：

阿里：白人家庭，父亲为技术专业人士母亲为中学教师，身心发展相对迟缓需要特别关注该生在校是否认真吃午饭

家坤：非裔美国家庭，单亲妈妈，享受贫困救济福利，排行第二，哥哥在工读学校，弟弟同在安卓学校，情感发展存在缺陷需要特别关注该生的情绪管理和行为管理问题。

芙楠达：墨西哥移民家庭，学习困难，需要语言支持和英文、数学课程上特殊辅导。

亚奎琳：同上。

此外，还有阿什利和季诺正在以不同的方式开始介入特殊教育项目。如上所述，前者正在进行特殊教育需要评估，后者没有申请评估，但经常和特殊教育项目的学生一起接受特殊教育支持。为进一步聚焦特殊教育项目学生的具体状况，特对家坤和芙楠达在学校和家庭的表现进行呈现：

孤僻的家坤

家坤是一名非裔男生，有着黑人特有的大眼睛和卷头发，有时和我目光相遇的时候，他会主动冲我微笑，有时，又熟视无睹的样子。

今天早上阅读时间，他叫我帮助他在阅读表上签字，表示他读过书了。我们一起读了关于金星的一页书。家坤很聪明，告诉他的单词，下一次遇到，能很快地复述出来。他读到金星的温度很高时，饶有兴趣地微微摇晃着小脑袋说："amazing!"

下一个活动是做英文练习册，我要去看扎西姆和阿什利，刚一转身，忽然听到家坤在自己的座位上，把书狠狠扔到桌斗里的声音，皱着眉头，脚还在狠狠地踹地。我过去问他：are you OK? Anything I can help? 他又不理我。我也多少郁闷地走开。

到了写作课，他和赫斯乐老师说，他不要上写作课。结果，其他学生都跟随写作课老师进入另外一个教室，他被赫斯乐老师带到特殊教育项目办公室度过了一节课。

下午数学课分组，老师给他的分组号是2号。他也不去2组，自己坐在座位上，不参与。等到分组活动完毕，大家回到各自座位上，他又开始焦躁起来，然后就收拾书包，背起书包往教室门口走。赫斯乐老师今天临时代替凯文老师半天时间，正在讲台位置上，带领学生们订正数学作业。看到他这番样子，赫斯乐老师从教室中心的位置，对着正在门口的家坤说说："家坤，在教室里，没经过老师同意，你不可以擅自离开"。说完，马上用对讲机找到特殊教育的老师，请他到班里把家坤带走。这时，家坤停下了脚步，听到对讲机里，对方老师说马上到，便又开始继续往外走。老师主动和他说："家坤，再见"。家坤也没反应，就像没听见。老师又当着全班同学的面，再次大声说："家坤，祝你愉快啊！"家坤，这才微微点头，回眸看了一眼老师，算是一个响应。而全班，包括老师，看到他只有这样的反应，没有继续漠然下去，才似乎松了一口气。课堂气氛才回复正常。所谓正常的课堂气氛，大家不再屏住气息，安静地将目光集中家坤身上，而是以老师为聚焦中心，恢复了各自相对随意的坐姿，并像平常一样升起一些低低的窃窃私语的交谈声。

（2014年3月10日笔记）

家坤的学业不是很大问题，他有足够的智力、记忆力进行适合他年龄段的阅读、词汇学习等，而且从他对阅读中得到信息而产生的对知识的渴望中，可以看到一种求知的欲望。从学业成绩上看，家坤的阅读、数学等平时成绩在班里表现不突出，但是也不是最差的。他的主要问题，正如特殊教育评估所诊断出来的，在于情感表达、情绪控制的问题。最明显的是临走时，赫斯乐老师两次和他打招呼说再见，他到最后才有一个基本礼仪上的反馈。这样的社会化程度和情绪反馈水平处于相当幼稚的阶段。家坤也因此得到了特殊的关照，老师和学生对于他的特殊要求见怪不怪。比如，不想上写作课，就不去；不加入学生小组，便不加入；甚至可以比其他同学更早放学。

芙楠达在学校是个少言寡语的孩子。印象最深的是那次 Sam Said 的游戏，她在一边乐出了花，咯咯咯。其他时候，她总是安安静静，不引人注意。今天我坐在芙楠达旁边，观察她上课。发现她上课基本不听老师讲。数学课上，老师要学生们拿出自己的小白板做题。芙楠达说，自己没有，她拿的是一个白色的硬纸壳。没有粗的马克笔，到处借，借来后，怎么试，在自己的硬纸壳上都涂抹不掉，结果，老师的讲解全部从耳边划过，她只专注于哪种笔能在她的白纸板上留下痕迹。屡试屡败，屡试屡擦。把白纸板，和她手中的纸巾涂抹的一片混合颜色，直到下课。我多次提醒她听老师讲课，她都不吭声，继续鼓捣她的白纸板和借来的彩笔。

下午放学，见到芙楠达的妈妈来接她和弟弟妹妹下学。我便上前主动和芙楠达的妈妈攀谈。芙楠达的妈妈是个棕色头发的中年女人，身着豹纹图案的紧身衣，领着老大、老二、老三一路回家。听说我帮着辅导作业是免费的，才放心接纳我进入她家。芙楠达的爸爸、妈妈是从墨西哥来的非法移民。目前爸爸从事建筑工作，妈妈在家带孩子，做家务。芙楠达在纽约出生。妈妈的英文很有限，只会和我说 the day is nice. not cold, not hot. 其他交流很困难。他们在家基本说西班牙语。

帮助她完成数学作业的过程，让我十分震惊和痛苦。

最明显的是：今天学的是液体体积单位。

一道题是这样的：

Lan is going to water his plants. Is it reasonable to say he will fill the watering can with 3 liters of water? explain.

在这道题里，有几个词她不懂：reasonable, watering can, liter

首先，这个词不懂，意味着这道题目，做出来的可能性极小。

然后，我给她解释：reasonable, 就是 make sense. 的意思，她摇头，我又说 It is possible. Something might happen。她又摇头，最后，迟疑地说"might?" 总算稍微明白点。最后，她只满足于让我帮她写出答案，然后她认真整洁地誊抄在作业纸上。

更不用说给概念和解释联线的题目

capacity/liquid volume　　　　　a metric unit used for greater capacities

liter	a standard for measurement
milliliter	the amount of liquid a container can hold
unit	a metric unit used for smaller capacities
metric	a unit of measure in the metric system

可以想见，上课时，老师用正常的语速讲课，所有内容恐怕对她都是天书。难怪她专注地低头鼓捣她的白板，涂抹上面的笔迹，却不抬头听老师讲解。她的妹妹也在安卓学校，正在上幼儿园，拿回来作业，妈妈可以尽量帮着做数学，但是英语作业，比如在词尾加 e，变成另外一个新词：bit – bite; gat – gate. 妹妹只能来问我。家里也没有辞典。我问芙楠达，如果写作业需要帮助，找谁呢？她摇摇头。

（2014 年 4 月 21 日田野笔记）

在学校每次检查作业，因为不看正确率，所以她都能交差。阅读签字，我见到过她自己签字。这样下来，她的每日学校记录表上显示出一路"笑脸"①，看起来是个好学生的样子，却显示不出她课业上的困难和落后。

可以看到，芙楠达的特殊需要在学业支持方面而不象家坤在于情感控制、行为问题。按照她目前有限的词汇和语言能力来，学校老师地道的美语授课，对于她基本是天书。她在家得到学业支持的力度显然十分有限。而这样的状况也强化了她在学业上的弱势。当这样的势态进一步突出时，她通过特殊教育需要评估，进入了特殊需要项目。凯文老师说，刚开始芙楠达的妈妈不愿意承认自己孩子在学业方面的问题，现在，她看到这个事实，表现为无能为力。

（三）特殊教育项目的干预工作——"教育"

如果说，通过对家坤和芙楠达的描述，能帮助人们理解有着特殊需要的学生是一种怎样的状态，那么接下来展示的特殊教育项目对这些学生以怎样的方式进行干预，即在安卓学校特殊教育的具体方法。在以下田野观察描述中，首先从亚奎林和芙楠达的角度，展示他们在特殊教育项目上课的情形；然后，跟随提供语言支持的玛利亚老师，观察她一天的工作状况，因为在特殊教育项目中的学生，相当多学生存在语言障碍，因此，英文辅导成为特殊教育项目非常

---

① "笑脸"的标志表示在学校表现好

核心的内容之一。以此，从学生和教师的角度，对特殊教育中的干预活动形成初步概念。

早上：8：30－9：30，班里正在进行每天早上常规的写作和阅读，凯文老师点名艾美丽、阿什利、卡里、卡扎亚、芙楠达、荷西、卡利亚、伊洛伊、娜雅丽，跟随特殊支持的一位老师，进入图书馆。老师要求学生们安静地做电脑游戏。于是，每人手捧一台苹果手提电脑，做教育游戏。每个人的游戏不同。娜雅丽告诉我，是进入电脑系统后，每个人根据电脑测试的结果，自动显示应当做哪个游戏。亚奎林的游戏是简写练习：电脑上蹦出 that, is, thats, that's，同时发声"that's"，让游戏者选是哪两个相加 = 一个缩写。当然是 that + is = that's. 这样，一个个反复弹出：they're, we're, I'm 等等。我用手机计时器帮助亚奎林计时，给她时间压力，帮助她更快完成。9：30 结束时候，亚奎林小声说"我累了"。接下来按照课程表，是班级游戏时间。亚奎林快快活活地去玩游戏了。

（2014 年 5 月 8 日笔记）

下午特殊教育项目的凯瑟琳老师，到 203 教室，将芙楠达、季诺、亚奎林带到图书馆进行同步课程强化。主要内容是近日讲的容积问题。首先，老师给三个学生发了一个小测试，一共 8 道题。从 3 个学生的应答上可以看出，正确率基本在 1－3 道题目之间。然后凯瑟琳开始讲 1 毫升就是一小滴，比如滴入眼睛一滴眼药水；而 1 升，最常见的一大瓶可乐的容积（说着老师比画着大瓶可乐）或者 1 升的牛奶。说到牛奶，老师将生活中的容器场景延伸到厨房，问学生们："那么，你们家厨房的水槽，应当是以毫升还是升计量呢？"因为只有三个学生，老师目光与学生相遇之际，芙楠达问老师："什么？你说什么是升？"老师重复道："sink in your kitsch（你家厨房里的水槽），你家的水槽应当用升、还是毫升计量？"芙楠达还是摇头。老师又问："你在家洗碗不？"芙楠达说："不洗！"凯瑟琳老师似乎也不知道该怎样继续下去这个关于水槽容积的话题，只有抬起眼睛，望着我，和我，这个在场的第二个成年人，无奈地对视一下。然后，只好转移话题，低头回到刚才的测试卷子，继续订正讲解。

（2014 年 4 月 21 日笔记）

在亚奎林和芙楠达所经历的特殊教育项目中，她们几乎每天要有 2 个时间段被特殊教育项目的老师拉出（pull out）教室，进行辅导。在更小的规模里，他们有更多机会和老师交流。在这种特殊支持体系里，一方面学校有着良好的硬件设备支持，学生可以人手一个电脑，并且经过电脑测试，自动产生适合每个学生难度的教育游戏，以精准、自动化的技术手段，回应着每个学生的特殊需要，并以电脑游戏的方式，尽量在寓教于乐的活动中，实现对知识的强化。从亚奎林关于简写的游戏练习可以看到，她的英文水平的确低于三年级学生应有的水平。而芙楠达关于"sink（水槽）"这一常见词的空白，着实让凯瑟琳老师气馁。这些看似语言障碍的问题，如果没有更有效支持系统帮助这些学生更多适应英语环境，班主任老师和特殊教育项目老师的努力，恐怕很难在短期内奏效。相反，和同年级的主流学生水平相比，他们能够弥补目前差距的历程还相当遥远。难怪凯瑟琳老师在访谈中表示：

"没用。这些都没用！在学校的帮助总是有限的，回到家里，没有人带着他们阅读，没有人监督他们的家庭作业，只凭学校这点特殊教育服务，管什么用呢？阅读非常重要，我的宝宝才 3 个月，我每天都要给她读书. 这很重要，但是特殊项目里的学生，一般来说，家长不能提供这样的帮助。所以，我们的工作很令人气馁。是的，气馁！如果要用一个词来形容我们的工作的话。"

而从玛利亚老师一天紧张的行程中，可以看到特殊教育老师从师资配备上的紧张。安卓学校除了玛利亚老师，还有另外一位老师，共 2 名老师负责为全校 89 名学生提供语言辅导课程。

8：45 进入 103 教室，这是玛利亚老师对学生开展语言辅导课的地方。玛利亚，还有一个在玛利亚这里实习的宾大教育学院的研究生珍妮和我，一起整理教室。玛利亚说今天主要讲动词，拿出卡片盒，让我们帮着挑主语和动作。她那里有很多卡片，其中一盒卡片里面，有四个卡片槽，和两个可以插这些卡片的轨道。从这四个卡片盒里拿出主语、谓语、宾语和介词，就可以组成一句话，比如 dad like to run. 学生们可以可以很直观地，在各个词语在轨道上排列的顺序变化中理解句子的构成；教室里的幻灯片投影可以把课本投射到白板上，吸引学生的注意力，促进孩子们一起跟着老师一行一行地朗读；直接连着网络的电脑，可以随时播放适合学生年龄的各种教学片，或者练习文字和算数的游戏。对于习惯网络和电脑的孩子们来说，这无疑是一个很好的课堂调剂。

我们一起在单词卡里选了 4 个主语、4 个动词做游戏卡。每个主语、动词上面要配上图，让它看起来更生动。8 个小图的来历也更能体现现代办公设备对教学的支持。比如，我实在不会画狗狗和吃的动作、跳的动作，玛利亚可以直接上网下载这些简笔图，打印出来贴上。然后再复印 16 份给学生。

9：30 – 10：30 第一拨孩子，5 年级的 5 个学生，讲授的是他们英文课的课文。这 5 个孩子看上去都是拉美裔的孩子。

10：30 – 11：15：一年级的 8 个孩子被从各自班级带入 103 教室。他们的活动是把 4 个主语、4 个动作剪下来，然后自己随意组合，形成疯狂、可笑的句子。比如一个孩子造句：cat eats people. the dog dance ridiculously. 把句子现在横格纸上，然后，挑一个句子的内容，画画并涂上颜色。

接下来，是自由阅读时间。我所在小组的两个孩子，一个戴眼镜害羞的女孩，出生在墨西哥，一个肤色更黑些，顶着小豁牙的男生，出生在美国。他们在家都讲西班牙语。带着他们阅读的时候，玛利亚给我一盒小儿书，打开一看，里面是一套适合低年级小朋友的书，之所以适合低年级小朋友，是每一本很薄，不超过 20 页，每一页只有 1 – 2 句话，文字的上面则配着活泼简单的插图。比如其中的一本 oo – koo – boo，每页都重复一个句型：where is……和表达方位的回答：

oo – koo – boo, where is the fish? The fish is in the river.

oo – koo – boo, where is the bird? The bird is on the tree.

oo – koo – boo, where is the sun? The sun is in the sky

oo – koo – boo, where is the boy? The boy is behind the tree.

更为周到的是，在这套盒子里，每一本书都有一模一样的 5 本，这让老师可以很方便地带着 5 个学生围坐在一起，人手一本书进行小组同步阅读，而不用窘迫地老师、学生一起看一本书。

11：15－12：15

这个时段应当是凯文班学生的，在玛利亚的单子上，共有9个，除去芙楠达归另外一位语言辅导老师负责，其他8个都在玛利亚名下，此外还加一个季诺。季诺母语是英语，但是他的阅读水平很低，尽管他没在英语课程辅导项目里，但是也跟着玛利亚上课。玛利亚认为他虽然阅读水平比较低，但是，他总有很多想法，可以带动小组讨论。但是今天，我们去到凯文班的时候，他们正在做数学测验。同时，凯文要给学生们测语言发展测试（DRA, Developing Reading Assessment），建议何塞跟着玛利亚过来。两个任务：把数学卷子完成，给何塞再重复做一下DRA，凯文老师说他答得很不好，应当没反映出真实水平，请玛利亚给他再做一次。这一次，何塞表现好多了。

接下来，玛利亚去幼儿园找到需要她负责语言支持的学生，带进103教室上课，再接着，是到4年级一个班给缺勤的老师代课。直到2：30分玛利亚老师终于可以吃饭了。喘息之后，我和她一起梳理了一遍全校ESL学生的人数和分布级别，共89个学生。并在她的数据库里进行更新，她说这些应当在开学初就做到，可是一直到现在才做，太忙。玛利亚还谈道，有些学生出现问题，不仅仅是语言问题。比如去年有个学生，虽然他没在ESL体系里，但是，也让他跟着上课，结果到了1年级，还是出现问题。家长要求干预，其中的一项措施是ESL。我想，他已经跟着ESL课了，是否注册在ESL课程，对他没什么影响。出现问题恐怕不仅仅是语言问题。

玛利亚一天的工作节奏相当紧张，甚至没有时间吃午饭。40多名由她负责语言支持项目的学生，分布在各个年级。从与班级教学内容协调上看，语言支持项目老师通常和班主任教师基本依靠当日简短的面对面沟通来实现。因而语言支持项目课程的出勤也比较灵活，比如在凯文老师的班里，按照计划有8名学生需要语言支持。但是在这一天，可以通过与凯文老师的交流，确定只为何塞辅导进行阅读能力测试。这样的选择和交流体现了特殊教育项目灵活的一面。但同时，玛利亚也有必须依循的工作节奏，比如哪个时间段把哪个班需要语言支持的学生拉出来。而这样的课程安排，对于玛利亚来说是十分紧张的满负荷工作。尽管有着多种教学设备和手段的支持，在这紧张的节奏下，让老师为每个学生精心准备富有针对性的课程干预恐怕也是一件困难的事情。这也体现了对特殊教育投入资源的有限。格林作为特殊教育项目的老师反映：

　　　　"我负责12个特殊教育的学生，6个来自6年级，3个来自5年级，3个来自4年级。如果学生们都是一个年级的，备课会容易很多。但是学区没有这份预算，我只能带跨年级的学生，这就很困难。

（四）特殊教育项目的评估——对效果的检视

　　如前所述，对特殊教育项目的评估在理论上和现实中存在着种种困难。在安卓学校实践层面的观察显示，目前这一问题并没有找到很好的解决办法。我们从特殊教育过程、教学评估体系和教师对特殊教育效果的态度三个方面，进行初步梳理。

　　首先，从教学过程上看，特殊教育项目的干预很多时候是将学生拉出其所在常规班级进行干预。对于学习困难的学生，鉴于特殊教育项目老师、语言支持老师通常依赖当日和班主任对教学进度的简单交流，而决定本次特殊教育课程的具体内容。那么特殊教育内容和常规课堂教学衔接的系统性和长期性，很难得到评估。对于有情感、交往障碍的学生，比如家坤，学生以特殊教育的名义得到单独对待，比如提前下学，不去上写作课，离开常规学生的座位，坐在老师办公桌旁边，这些是否又减少了他们和主流学生接触、融合的机会？有研究表明，这样把特殊教育项目学生拉出常规教育课堂的方式，有可能加重特殊教育项目中学生的标签化意向，并不利于学生成长。

　　第二，从评估制度上讲，对于玛利亚这样的语言支持老师，作为特殊教育项目的重要一部分，并没有对其教学效果的具体评估指标。尽管有对学生阅读能力的测试，但是很难将学生阅读能力的状况直接指向语言支持项目的效果，因为学生毕竟在日常教学环境中，也在不断阅读、接触英语。对于其他特殊教育项目的老师，似乎形势在改变。在2014年5月一次教师工作会上，学区代表来到安卓学校讲解即将推行的新的教师考核制度时，讲到对于特殊教育项目中学生教育效果的评估，要依据对该学生特殊教育项目和在常规课堂的时间分配比例，相应将特定比例的责任分配在特殊教育学生和班主任头上。比如，阿里一周内有20%的课时由特殊教育项目老师负责，那么，特殊教育项目的老师就要承担阿里成绩改变效果中20%的责任。这样的责任分配方式，让老师们很不习惯，因为以前学区对老师的教学效果不进行个体层面上的评估。从对学校的整体评价上讲，特殊教育项目中的学生，被计入学校整体表现，实现和其他同类学校的比较。即在这样的比较中，并不显示不同学校有着怎样不同比例和情况的特殊教育项目学生。

第三，从特殊教育项目学生老师和家长的态度看，教师对特殊教育项目的效果并不乐观。而家长和班主任通常将特殊教育视为对这些学生唯一可以做的支持。

格林老师：期待这些特殊教育项目的学生和其他学生达到同样的水平是不公平的。这些考试在很大程度有赖于英文。英语是他们的第二语言。学校可能是他们唯一暴露于英文环境的机会。他们在家讲西班牙语，看电视也有很多西班牙语的频道。对于特殊教育项目中的孩子们，你们学区认定他们有特殊需要，现在你又要他们和其他学生取得同样水平的成绩。傻嘛！对于这些傻事，我已经太老了。

笔者：布什推行一个掉队政策，你怎么看？

格林老师：是的，但是我不认为那是成功的。它让老师为了考试而教学。傻！6月份，pssa考试成绩要在网页、报纸上公布。人们对成绩很紧张的。在学校整体pssa考试中，特殊教育项目学生的成绩是要计入的。这不公平。你（指学区）知道他们是特殊需要的学生，但是算整体成绩还要把他们算进去。一般说来，郊区的学校比城市里的学校表现好。但是他们不考虑学生的社会经济状况。特许学校可以不接收特殊教育需要的学生，而公立学校必须接受，所以特许学校的成绩看起来比公立校要好。

…………

笔者：你有哪些关于家长参与的经历吗？格林老师：有啊。家长认为教学是老师的事情。我和家长谈，讲有些事情表明学生不够努力，家长说是，但是他们也不愿为此做任何事情。一旦学生被识别为特殊教育项目的学生，家长就没责任了。学生也没责任了。没有人对此负有责任了。

学生就此有了不努力的借口。如果他不投入，他的能力就不会提升，迟早他会被鉴定为能力不足。人不是因为基因而天生能力不足的，他们是"被做成"能力不足的。

在格林老师的这段叙述中，可以看到如果以主流学生的水准评价特殊需要的学生，这样的期待和逻辑首先将置这些学生乃至学校整体评价于不利境地。然而从个体层面上讲，正是因为贴上了特殊教育需要的标签，家长、老师、学生本人又可以不再承担责任。在这样的态度和叙事中，人们实现对特殊教育项目中学生出现"特殊"现象的正名工作。它对于特殊教育项目学生的发展，至少尽自己最大努力改变现状并没有起到积极推动作用。

然而，在教学实践中，一群学生们永远不可能在任何方面都处于均值水平，总有特殊的个案。面对总会出现的特殊情况案例，负责整体班级的班主任通常将特殊教育项目的干预视作对该生所提供的支持。和格林老师对于特殊教育效果的质疑相比，也许班主任老师将特殊教育上的支持更多的可以被视为道义和责任上的。

凯文老师向芙楠达的妈妈展示了芙楠达阅读水平很低的测试结果。接着说：我也没有更多要说的了（一边说，一边摊开手，做了一个耸耸肩的动作）。好的事情是，孩子一直挺尝试着努力。下一学年，她将被植入更适合她的特殊教育项目。这个也没啥感觉不好的哈。请妈妈不要对此感觉不好。孩子嘛，总是处在不同水平。我们的工作就是帮助他们，对吗？

芙楠达妈妈微皱了下眉头，点点头，表示同意。

老师又问家长还有没有其他问题，家长说没有，便离开了。

（2014 年 5 月 2 日家长见面会记录）

三、对特殊教育项目的文化分析

（一）特殊学生与特殊对待

从以上安卓学校特殊教育的实践可以看到，以家坤、芙楠达为例，他们的心理、行为、学业状况显然是低于同龄学生常规基模的，亦即他们的"特殊"之处。这里需要注意，在美国教育话语体系中，将这样低于平均水平的情况并没有以"学困生"、"问题学生"来命名。以"特殊"来命名这一群体，突出了学生的特点，并不带评判色彩。也就是说，具有"特殊教育需要"的学生，作为个体并不"特殊"，特殊的是他们在教育方面的需要，和对应的干预措施。从另一方面讲，高于或低于主流学生状况平均水平的学生，在任何时段、世界任何的角落一定存在。这原本是世界存在的多元表现形式而已。因此，有相对特殊教育需要学生的存在本身，并不是什么特殊现象。面对世界普遍存在的教育现象，以安卓学校为代表的特殊教育实践表明了一种教育理念：即这样的一部分人值得得到个别对待，不需要把他们和主流人群进行齐头并进的比较。有必要把他们从一个集体中（比如班集体中）"拉出来"，按照其自身的成长规律给予关注、跟进和评估。于是，美国公立学校依法为这些特殊学生筹措专门的资源，比如专门的教师、教学计划和时间等。

因此，在美国教育体系中，具有特定教育需求的学生得到了单独的对待与提取，而不需要将其一成不变地置于某一固定群体中（比如班集体）中进行统一划一的标定。

（二）特殊教育与特殊命运

从阿什利、芙楠达等的案例分析中，可以看到在相当程度上，他们特定的家庭状况、社会经济状况推动使他们成为产生特定需要的人群。也就是说，进入特殊教育项目的学生，表面上是在学校表现出对教育的特殊需要，而事实上通常映射出他们在生活境遇上的特殊性。

同时，他们特定的生活境遇在与特殊教育项目互动中，也产生了相应的形态。比如阿什利家对于接受特殊教育项目评估过程的被动状态与季诺妈妈作为土生土长的费城人，自如在学校教育体系中穿梭，最大程度利用特殊教育系统为自己服务形成鲜明对比。

当特定的生活境遇与特殊教育项目相互作用时，那些占据弱势社会资本和文化资本的家庭，比如具有语言障碍的移民家庭，与学校教育产生良性互动的机会很难因为特殊教育的介入而得到根本改善。特殊教育项目中的教师，在有限的资源和时间限制下，对于学生在语言环境、家庭教育支持系统等问题上，并不能提供更多帮助。而这些因素又在相当程度上影响着教育干预效果。与此同时，在很大程度上反而因为特殊教育这个标签，而获得不再更多投入的理由。

因此，以格林老师为代表的教育者，虽然身处特殊教育项目中，却对特殊教育能否奏效持有深刻的怀疑。

（三）特殊教育与回归主流

说到特殊教育项目是否奏效，恐怕要从根本上追问特殊教育项目设立的根本目的。有证据表明，在特殊教育项目中的学生，80%的学生在其全程教育经历中将无法摆脱特殊项目的支持。既然从实际效果和多年特殊教育数据统计上看，进入特殊教育项目的学生绝大多数在未来的学校教育仍难以达到同龄人的主流水平。那么，只有从别的方面来寻找设立特殊教育项目的意义。按照特殊教育项目评估的初衷看，只有从对参与特殊教育项目个体的角度寻找这一做法的意义。而这却也是设立这一项目的初衷。在此，特殊教育的意义问题得到了相当的解答：即对每一个学生负责，让他们能够在各自能力基础上得到最大的改善。如果这里有一个参照系，那么，这个参照系不是同龄人的主流状况，恐怕要归结为对公民基本素质最大程度的负责。这既可以被理解为一种道义上的救助，也可以被视为一种社会伦理。实现这一社会伦理，一方面有赖于全社会对于特殊教育需要的尊重，它映射了对多元存在个体状况的尊重与接纳；另一方面，需要充分的资源保障这一伦理从理念到实践的操作。但是，同样不能忽视的是，相对特殊教育旺盛而多元的需求，以安卓学校特殊教育实践为例，有限的资源并不能完全理想地去回应。这也在相当程度上导致一旦置入特殊教育项目，学生很难回归主流体系。也就是说，特殊教育项目尽力在为每一个公民负责任，但是对于撼动社会分层状况并不提供承诺。

第六章

心性塑造——公民教育的贯穿

学校作为传道授业的专门机构，教化行为、塑造心性应当是题中应有之义。正如庄孔韶教授所言"用人类学的方式观察学校是教育人类学的重要组成部分。教育既是人的本质的转变，那么学校教育就不只是一般地求得知识，而是旨在求得学校与人的本质的更新。教育人类学以不同的视角发现教育的目的与实质，分析学校教育的功能与症结，尤其特色的是（学校）教育的探讨总是放在文化的底色上去看待。"① 因此，如何在安卓学校这些看似活泼的教学形式、对学生相对宽松的纪律规范实践中，去寻找学校对学生习惯的养成、品格的塑造，便更需要一番心思。况且，无论是从安卓学校的老师那里，还是学生那里，和家长一边，有一句话似乎很常见，那就是"I don't care.（我不在乎）"既然大家什么都不在乎，那又怎样以一种持续的机制进行习惯养成和心性塑造呢？"

"I don't care！"的六个场景

场景一：

那天凯文先生请假半天，他们班的文学课由 2 年级的哈里根老师代课。哈里根老师发给每个学生一张空白的王宫地图和一页描述王宫里每个房间特征的文字说明。她要求孩子们阅读文字说明，并依此给手上空白的王宫地图每个房间标注上名称。我走到卡扎亚那里，看到她把最小的房间位置标注错了，这相当于参照坐标标错，会引起周边几个房间的位置识别连续出错。我小声指着文字说明，提示她这个问题，她却说 I don't

① 庄孔韶、冯跃、生龙曲珍：《中国农村教育的人类学评估》，《贵州民族研究》，2014 年第 3 期，第 33 – 37 页

121

care！. 旁边的卡里说："干嘛不让自己变聪明点儿？明知自己错了，也不改。"卡扎亚又说一次：I don't care！

（2014 年 4 月 10 日田野笔记）

场景二：

　　我带着季诺坐在楼道里，帮助他订正数学练习和作业。今天作业的主题是分数问题。季诺基本不读题，看着题目下面的分数等式或者分成几等分的示意图，直接往上写。完全没有要把题目做正确的意识。每写完一道，便看我，意思是问我这样做对不对？我摇头。然后，他就在他长着翅膀的字迹上，用橡皮象征性地涂改，跟没擦差不多，在原先的笔迹上再添一个他乱猜的答案。可想而知，这样的作业纸看上去会多么杂乱。我说，你应当先读题。他微笑着说："你读"。我坚持让他读，他说"我不会"。我建议，我读一句，他读一句，如果不会，我帮着他。他这才张口读，自然有很多词不会，恐怕也不明白题目要求。我努力给他解释"1个比萨可以切成 3 块卖给你，另外一个售货员可能愿意切成 6 块卖给你。每份大小不同，但是合并起来，6 个组成的一个比萨和 3 块组成的一块比萨，都是 1 个比萨，对吗？"他点点头。然后，我指着数学练习纸上的 $1/6*6=1$；$1/3*3=3$，继续解释。他点了点头，又摇了摇头说，一边把我说这两个等式含义相同的答案在数学作业纸上打钩，一边说："I don't care！. 我很高兴我把数学作业做完了。这样，我放学后就可以找大卫老师说我完成作业了，可以玩了。"

（2014 年 4 月 10 日田野笔记）

场景三：

　　今天，中文俱乐部，教授的内容是"中国"两个字的写法。孩子们在自己的作业纸上"画"字。我强调笔顺在中国字里很重要。艾美丽等几个华裔学生在提醒下，笔顺、笔画写得越来越像样。而我试图教给另外一个学生季卡亚纠正"中国"的笔顺时，她说 I don't care！

（2014 年 1 月 15 日田野笔记）

场景四：

　　我和格林老师在304a教室负责监考。那天，我们一起迎来了学区统考督导员的现场抽查。一位50来岁的女性督导员，坐在空座上观察考场情况，大约呆了15分钟后离开。这也是从事特殊教育25年的格林老师第一次遇到督导员现场抽查。格林老师完全按照考试行政手册要求对考试规则进行宣读，只是读宣读时，音调更平稳，嗓音更洪亮，以示郑重严肃。督导员离开后，我们同时真的从胸腔里呼出一口长气儿。格林老师和我小声说："刚才忘了要求学生关闭电子设备，他们可能会把我扣起来。嘿嘿，开玩笑呢！不过，I don't care！跟他们玩这一套，我已经太老了"。

（2014年3月28日田野笔记，）

场景五：

　　那天，扎西姆的曾祖母坐在前台，帮助客人签到，和我聊起中医。她说在中国城那边有中医。他没有执照，但是治疗效果不错。他用的是中医方法，会看你的舌头、摸你的脉搏。真的管用呢！如果你信，就可以去找他。但他们没有执照。美国到处要执照，什么破事儿都得要个执照。I don't care！（说着，翻了下黑人特有的黑白分明的大眼睛）

（2014年3月6日田野笔记）

场景六：

　　那天最后一节课是艺术课，家坤不想上课，就和凯文老师说，他弟弟放学了，正在等他。凯文先说，不对，幼儿园也没放学呢。家坤又说：他真的在等我。凯文老师说：I don't care！你现在应当到艺术教室去上课。

（2014年4月24日田野笔记）

　　以上六个令人记忆犹新的场景中，有三个是学生并不关心自己正在从事的学业活动，无论是卡扎亚的课堂练习，还是季诺的数学作业，以及季卡亚课后俱乐部的汉字练习。在他们的日常教学过程中，老师真的允许学生这样不在意学习过程和学业成绩吗？而格林老师和扎西姆曾祖母的"不在乎"，好像体现在对规则和制度的漠然。然而，这份漠然的余音中有着对规则的强烈意识。否则，格林老师不会担心督导员指出自己没有要求学生关闭电子设备，尽管她以调侃的口吻说自己不在乎；扎西姆的曾祖母虽然自己去没有执照的中医那里看病，但是她明确知道在美国看病的医生是应当有执照的。凯文老师对家坤说"我不在乎"则体现了教师识破孩子的小诡计，对学生的一种管理和约束。看似"不在乎"，但实际上意在坚持让学生遵守学校的规矩。

　　一所学校不可能不为传递所在社会所需要的公民素养服务。而特定的行为习惯是一个社会公认的规制与价值观在行为规范上的体现，从而构成了每个社会不同的实践惯习。对安卓学校的观察显示，对学生行为的规范、心性的养成是明示，同时也是暗藏在安卓学校教学管理中的一组重要内容。那里的老师，以各种方式，通过与学生的互动，以及激发学生与学生之间的互动，帮助学生建立行为规则边界。这些行为不仅是作为学生的行为准则，也包括作为社会人应有的素养和意识。其中，课堂和日常教学活动，依然是进行行为训练的重要阵地，同时，更是直接传递美国历史、人文知识，从而塑造美国公民意识的重要渠道。此外，丰富的课外活动，更能帮助学生们摆脱学业成绩的单一视角，深入感受生活的多重触角，去感知世界、认识自身多面向的存在状态。而伴随着学生成长的静静岁月里，还有那些流淌在日常生活中的实践，看似无心，却被教育者进行了规制。那些被规制的学生，在习以为常中，已将其视为理所当然。以下，将从养成学生行为习惯和塑造心性的三类不同场域，对安卓学校促进学生社会化、强化美国公民意识的实践进行总结。

一、课堂教学：在知识中传递理念

　　课堂是学校实现传道授业功能最具特色的场景。通过课堂培养学生的行为习惯，在知识传递中塑造学生对国家的认同和基本价值观，无疑是重要而明显的。安卓学校三年级的教学安排中，有两门课直接涉及美国历史、制度安排等方面的知识：一门是社会学习课，一门写作课。这两门课每周各上一次。社会学习课配发的课本为《人与社区》、写作课配发的阅读材料是少儿版的泰晤士（TIMES）杂志。此外，无论在文学课、数学、科学课上，老师在讲课中都会涉及有关美国历史文化的问题，以聊天的方式告诉学生们。同时，教学活动秩序要求，也促使教育者将行为规范不断以各种方式向学生重申，并要求执行。下面，从知识传递和纪律塑造两方面描述列文老师班级如何在课堂阵地中强化学生的公民意识与行为规范。

图16　《社会学习课》课本封面　　图17　泰晤士杂志（少儿版）

（一）社会学习课程：专门传递国情知识

利用课堂阵地发挥育人功能是美国教育体系中不可或缺的环节。美国社会科学协会发表的《社会科学课程标准》中明确规定了教学内容在各个年级分配的重点：幼儿园，我和我周围的环境；一年级，家庭和学校；二年级，邻居；三年级，社区；四年级，本周的历史与地理；五年级，美国概况；六年级，世界文化和东西半球；七年级，世界地理和历史；八年级，美国的历史及其发展；九年级，公民和世界文化；十年级，世界文明史；十二年级，美国政府或者其他社会、人文知识和问题。①

翻开安卓学校三年级学生每周一个课时的"社会学习"课本，果然是社区的主题。这门课程，也是由班主任任课。从课本目录上，可以看出这门课的用

① 王定华：《美国基础教育》，人民教育出版社2016年版，第233－234页

意在于帮助学生了解美国社会的重要机构、组织、运行方式等问题。全书共分六个单元，每个单元围绕社区与人们生活的不同面向进行介绍。

第一单元：了解社区

第1章：社区即人

第2章：社区即地方

第二单元：公民和政府

第3章：人们与他们的地方政府

第4章：我们国家的政府

第三单元：社区无处不在

第5章：社区的地理

第6章：像地理学家一样思考

第四单元：各种各样的人

第7章：美国文化

第8章：社区中的许多人

第五单元：社区的沿革

第9章：了解过去

第10章：我们国家的历史

第六单元：在社区中工作的人们

第11章：制作和销售产品

第12章：做一个有思想的消费者

"社会学习"课程的封底是美国国旗，上面铺印着"效忠誓词（Pledge of Allegiance）：我宣誓效忠美国国旗及其所代表的共和国，在上帝庇祐下，此国家不可分割，全体人民均享有自由与正义。"从这门课课本形式到内容的设计看，非常鲜明地指向公民意识的培养。

以下是讲到"第4章"我们国家的政府"时，凯文老师和学生的对话。课本中扼要介绍了美国立法权、司法权、行政权分离，其各自最高权力代表分别为国会、最高法院和总统。三年级的小学生，经过老师认真的讲解和活跃的小组活动，看来对此形成了相当的认识，并通过小组作业，形成示意图。以下是凯文老师和学生之间的对话片段记录：

今天文学课课程内容和"社会学习"课内容有些重合，都涉及众议院和参议院参政机制问题。凯文老师将两门课的内容与课时合并。他讲授的方法是首先让同学挨着段落朗读课文，读上几段后，便对课文进行解释和讨论。

根据课文，学生不断提出很多问题：

卓思琳问：这个课本上的照片注释怎么说奥巴马是参议员？

凯文老师：这个问题问的很好。我们出版这个课本的时候，奥巴马还是参议员，现在他已经是总统了。

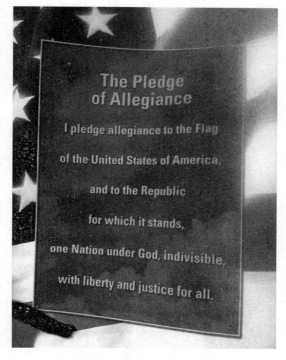

图18　"社会学习"课程课本封底

卓思琳又问：一个人可以同时既是参议员又是总统吗？

凯文老师：不行。参议员代表他所在州的利益，而总统代表国家。

季诺：如果总统老了怎么办？

凯文老师：无论年纪多大，美国每四年竞选一回。

罗拉问：如果总统还没到换届竞选就老死了怎么办？

凯文老师：副总统是第一接替人，比如肯尼迪遇刺后，副总统林登·约翰逊接替总统的职位。现在的副总统叫什么名字？

学生答不上来。

凯文老师说：副总统很重要，他也兼任美国参议院议长之职务。当美国参议院表决结果是平手的时候，参议院议长的投票成为最关键性的一票。而且，一旦总统有意外，副总统是法定继任者。现在美国副总统是乔·拜登，这个名字大家应当记住。

萨利问：还有没有以前是总统，现在还活着的？

老师：有啊，克林顿、布什都在，卡特应当是健在的最老的总统了。大家看美国国会这个图片。上面还有个雕塑。我还真想不起来，这个雕塑是谁的作品了。查尔斯（当时在教室里的另外一名志愿者），麻烦你在手机网页上迅速查一下？

查尔斯迅速回应，朗读在手机上搜索的信息：美国国会大楼楼顶上的铜像名为"自由"，是由托马斯·克劳福德设计的。

老师说：扎西姆，你还挺忙。你没听（课）。你看，雕塑家和你家有着同样的姓。他是你家亲戚吗？

扎西姆：我不这么想，没听说过啊。

凯文老师：有时人们的姓氏会重叠。

……

（2014 年 6 月 5 日笔记）

图 19　莫文小组画的关于国会、最高法院和总统的示意图

可以说，"社会学习"课是学校开辟出专门课时，对学生进行国情教育的活动。州级统考并不包含这门课的内容。但是，从凯文老师上课的情形看，师生对这门课的内容饶有兴趣。三年级的孩子，小小年纪对自己国家的政体已有粗

略的认识。在莫文小组的小组作业中，他们用黑色表示联邦最高法院 9 名终身法官的庄重与威严，并特意用黄色头发表示有一位女性大法官；在中间一组最高行政权代表中，总统坐中央，但不是唯一的行政长官；在右边的最高立法机构国会的示意图中，学生们明确写道"草拟法案"，并且用更多的颜色表示国会中的代表来自各州，具有广泛的代表性。孩子们的作品体现出对国情信息的掌握，更是超越孩童视野，对广阔的社会生活给以关注的努力。这也是培养爱国情怀的必要基础。如果一个民族的青少年，从小只被要求仅仅关注自己身边的日常生活，却缺乏机会和动力对更宏大的世界，包括宇宙奥秘、远古历史、社会秩序、国家状况，乃至世界信息去进行探索。那么，在狭隘的视线下，要求青少年有朝一日成长成为和祖国共命运的公民，去担当公民义务和历史责任，恐怕将会勉为其难。

（二）写作课：覆盖通晓世界的信息

另一门具有强烈社会知识色彩的课程是马兹老师的写作课。这每周一课时的写作课，意在提高学生的写作能力。对于三年级的学生，马兹老师通常是要求学生阅读一篇文章，然后对文章要点进行总结，以训练学生的阅读、总结、书写能力。这门课选取的阅读教材是泰晤士杂志（少儿版）。这是一本办了 20年的少儿期刊，内容涉及科学、历史、社会、文艺、体育等方方面面，并且按照年级还细分出高、中、低年级段版本，内容生动活泼，涉猎广泛。虽然写作课不像社会学习课程那样直奔主题地传授美国国情知识，但是它所蕴含的内容和话语模式，甚至是老师在授课中和学生的讨论，都浓烈地反映出美国文化观念和历史记忆。以下是写作课堂的一段记录：

本次课马兹老师带领学生选读文章的题目是：拯救白色巨兽（saving the great white monster），讲的是世界范围内鲨鱼的濒危与拯救情况。

第一部分介绍了鲨鱼的特征、对海洋生态平衡的意义及其稀有程度等背景知识。

第二部分（Killing for Soup）讲近年来人们对鲨鱼的滥杀。"人类有几千年猎杀鲨鱼的历史。印第安人曾经用虎鲨、公牛鲨鱼的牙齿做切割、雕刻工具。美国人以前依赖鲨鱼的油脂做防水涂料猎杀鲨鱼。……但是直到 90 年代，鲨鱼以如此巨大的规模被猎杀。为了它们的肉，它们被捕杀，但更主要的是为了鲨鱼鱼翅。鲨鱼鱼翅是做汤的主要原料。这种汤在中国很美味。在那里一碗鱼翅汤要卖300美元……这种汤不是因为味道好，而是在宴会或婚礼上为了表示对客人的重视而呈送。

几个世纪以来，只有很小一部分中国人有足够的钱可以买得起这种汤。但是自80年代以来，中国财富增长。如今成百万的人买得起奢侈品，比如豪华轿车、定制服装和鱼翅汤。由于对鱼翅需求的直线上升，一个大鲨鱼的背鳍、腹鳍可以卖几千美元。在任何一天里，几千只渔船出海……有的渔船一天能捕获100只鲨鱼。很多渔民甚至都懒得把鲨鱼带上岸。他们在海里就砍去鲨鱼的鱼翅，然后把它们扔到海里死去。"

第三部分：引起警示（Rising Alarm）讲人们为了拯救大白鲨所进行的努力。"进入二十一世纪以来，忧虑的科学家们警告中国对鱼翅汤增长的需求，正威胁着世界鲨鱼的规模……中国的顶级明星，姚明、成龙等对公众进行呼吁，展示给人们对鲨鱼的屠杀。2012年中国政府在官方宴请中禁食鱼翅……很多被鲨鱼伤害而幸存者，比如冲浪运动员贝瑟尼·汉密尔顿（Bethony Hamilton）为拯救鲨鱼而斗争……

在读到"一碗鱼翅汤要卖300美元"时，达利亚露出她招牌式的惊奇表情：小嘴做成o形，瞪着美丽的大眼睛，挑着眉毛，重复着："300美元一碗？"

马兹老师说："是呀。你能想象吗？"

达利亚说："他们吃的到底是什么？要300美元？"

马兹老师说："我也真的不明白，什么吃的居然要花300美元！"

在老师和学生的互动中，并没有更多特意提到中国，但这篇文章似乎把鲨鱼数量减少的主要原因归咎于中国人虚荣的饮食需求。是的，疯狂猎杀对于鲨鱼具毁灭性灾难。鲨鱼在自然界中居于食物链的顶端而很少有天敌，所以自然繁殖力低。加之其生长缓慢、成熟期晚及生命周期长等特性，都使得鲨鱼没有能力自己恢复由于过度捕猎而破坏种群规模。然而正像当代法国哲学家拉图尔所言："锤子不可以自行敲击钉帽"。① 中国人对鱼翅汤的嗜好这样自然而然地

---

① Latour B, *Reassembling the Social：An Introduction to Actor－Network－Theory*, 2005, Oxford：Oxford University Press, p71.

被推到为导致全球鲨鱼数量剧减的原因，缺少严密的论据与论证。实际上，禁翅与鲨鱼保护，目前仍然是饱受争议的话题。首先，对鱼翅的嗜好，不仅在中国有，而且在很多亚洲国家也有此传统；① 第二，对鲨鱼的需求，不仅存在于食用鱼翅，鲨鱼肉在欧美国家非常受欢迎。鲨鱼制品也只是普通的食物。比如，在德国，鲨鱼如熏肉般销售；在英国，狗鲨肉供应于炸鱼条的食品店；在冰岛，发酵鲨鱼肉被视为美味。第三，多数鲨鱼被猎杀并不是为了满足中国消费者的口欲。濒危野生动植物种国际贸易公约（CITES）委员会成员严祖富的研究表明，在每年7,300万被捕杀的鲨鱼中，有80%是意外被捕获的，而且绝大多数是在发展中国家。25%的鲨鱼捕获量来自印度和印度尼西亚。这些国家的渔民大都很贫穷，他们把鲨鱼的其他部位吃掉，然后将鱼翅卖给买主。大多数的鱼翅是从搁浅鲨鱼身上割下来的（霍正），2012)②。从世界范围看，近二十年来，大西洋西北区域的双髻鲨（锤头鲨）减少了89%，大白鲨减少了79%，虎鲨则减少了65%。而澳大利亚东海岸的沙锥齿鲨种群数量已经下降到极其濒危的状态，可能只剩三百个体存在。鱼翅的贸易量由1976年的2500吨（价值1300万美元）上升到4000吨（价值10.1亿美元)。③

　　在这一系列涉及鲨鱼物种特征、对鲨鱼的全方位需求、猎杀、贩卖、贸易的各个环节，中国人对鱼翅汤的嗜好被摆在极为突出的位置，出现在图册上那用砂锅熬制的鱼翅浓汤正与最后一部分突出呈现并辅以雄赳赳的美国冲浪运动员贝瑟尼·汉密尔顿的照片，形成了鲜明对比。似乎前者寓意着贪婪与欲望，成为应为目前惨状承担全部责任的罪魁祸首，而后者则是充满拯救世界的英雄主义情怀与气魄。

　　面对三年级的小学生，马兹老师没有对鱼翅之嗜与保护鲨鱼、寻求海域生态平衡进行更复杂的分析，当然更没有解释其中美国文化中所暗喻的救世主情结。马兹老师作为美国人，只是习以为常地将其视为一种环保意识的培养，其

① 中华人民共和国濒危物种研究委员会，鲨鱼濒危状况受到世界关注，http：//www. cites. org. cn/article/show. php? itemid＝565，获取于2016年2月12日
② 霍正：《"禁鱼翅＝保护鲨鱼?"》，《环境》，2012年第9期，第53－55页
③ 中华人民共和国濒危物种研究委员会，2012年2月23日，鲨鱼濒危状况受到世界关注，http：//www. cites. org. cn/article/show. php? itemid＝565，获取于2016年2月12日

间夹杂着为什么中国人肯花 300 美元买一碗汤的不解。但是，这种英雄主义救世主的叙事模式，不仅在写作课上、泰晤士杂志（少儿版）中不断出现，而且在《火星援救》、《钢铁侠》等美国大片中，乃至充满慈善关怀的非洲营销活动中萦绕于耳。在这里，马兹老师的写作课不过成为这一话语模式的载体，不断呈现给安卓学校的学生们，使之成为从小生活在美国的人们感到熟识和亲切的心性中的一部分。这与美国人处事中的"我不在乎"形成鲜明的对比。鲨鱼、海洋环境、非洲人的贫困离人们的日常生活很远，但是人们在乎它。在乎的同时，通常一方面伴随着英雄主义救世主情怀的抒发，一方面会促发相应的行动，即社区行动的力量。

（三）日常课堂：教学中的价值观传递

除了社会课程和写作课，不可忽视的是日常教学中，老师在布置、讨论教学要求时，那样自然流畅地流淌出成人世界的规则与世界观，而这套世界观就是在日常教学对话中慢慢浸入儿童的世界。比如凯文老师讲到几天后他需要去法庭做陪审员，那天的课程由赫斯乐老师来上。孩子们好奇地询问法庭的事情。凯文老师解释一番后，会说："那是随机选取的公民代表，既然我被选中，我是公民，我就有责任承担这样的工作"。再如，凯文老师总有很多生动的作文题目，在讨论作文题目时，也不时展现着教师对世界的看法。

凯文老师的板书：

（今天的作文题目）我希望有这样一个法律（你要陈述 3 个理由，并且这些理由必须是有道理的）

达利亚：什么是"法律"？

凯文老师：那就是所有人必须遵守的规则。每个国家的法律不同，每个州的法律也不一样。我们有联邦法和州立法。比如，在别的州，如果一个人闯入你家，即使他没带武器，你可以把他击毙。但是在宾州，如果这闯入者带着武器，你用枪把他射死，没问题。但是如果他没带武器，你就必须证明当时你和你的家人处在危险之中，所以你开枪，否则，你就会被判有罪。另外一个例子，在一些州，同样性别的人是允许结婚的。

罗拉：同样性别？他们可以生宝宝吗？

凯文老师：他们不能生宝宝，但是可以收养孩子。

罗拉：我可以和我妹妹结婚吗？

罗拉：不，你不能。婚姻是出于爱。人们之间相爱，并且愿意相伴一生。但是爱有很多种，你很爱你的爸爸、妈妈，可是你不能和他们结婚，对吗？

孩子们在座位上使劲摇头。

凯文老师：所以喽，和你妹妹也一样。你爱她，但是不能和她结婚。

达利亚：我可以和宠物结婚吗？

凯文老师：不，不行。对于人类来说，这是不能接受的。如果有法律允许，我愿意和我家的狗狗结婚，我太爱他了。但是，法律不允许。再说一遍，婚姻意味着你愿意和他或她相伴终生。但是宠物，比如猫、狗活的时间很短，十来年吧，你们怎能相伴终生呢？好了，开始写作文吧。

罗拉：我希望有一个法律，允许建立一个商场，穷人、富人都可以在那里买东西。

凯文老师：没有法律禁止人们建商场只要你有钱投资（然后又解释了商业大厦招租的一般流程）

季诺：如果任何东西都是免费的，人们就不需要钱了。

凯文老师：是啊，我同意你的说法

罗拉：对于那些公民和没有国籍只是在那住了很长时间的人来说，他们的法律一样吗？

凯文老师：一样。人们住同一个国家，就共同遵守那里的法律。

（2014 年 4 月 8 日，笔记）

这段围绕"我希望有这样一个法律"的随堂讨论，从"法律"的含义出发，老师就美国联邦制的法律体系特点进行了简洁明确的举例介绍。童言无忌，居然想出是否可以和宠物结婚的问题。没有人嘲笑这个看似异想天开的设想，反而讨论起各种类型的"爱"。从建立一个穷人、富人都可以买东西的商场，季诺设想到不需要货币的情况。这对于每天依赖货币的现代人来说，是一个多么具有超越性的想象和对货币本质的思考。罗拉最后关于是否有国籍对遵守法律有没有影响，则是将她家的真实状况直接糅合在法律的主题里：她的爸爸刚刚通过美国公民考试。这样的随堂讨论有赖于宽松的对话氛围和不那样匆忙的课时节奏。

无论是社会学习课上关于美国政体知识的传递，还是写作课上保护大鲨鱼的环保故事，抑或是课堂上的活跃讨论，其用意不仅在于让学生了解相关信息，更指向这些知识之于信息接收者的意义。比如作为公民，只有了解本国政体，才有可能明白如何在政体框架内更好地表达政治诉求；只有了解社区中人们的不同角色与互动方式，才有可能更好地把握自身作为社区成员的责任义务；而以保护鲨鱼为代表的环保故事，则不断向信息接收者输入环保意识和美国文化尤为突出的英雄主义情结。所谓心性的塑造，更多是培养学生对世界感知与回应的方式：是仅限于关注当下的日常生活，还是可以抬起头来环顾国家与全球，让个体命运与国家、与世界有着更深刻的关联。从安卓学校专门设立并认真执行的社会学习课、写作课来看，这里的教育者认为形塑学生对世界更深沉的关注是必要的，是一件值得花费时间和心思的事情。

二、课堂活动：在教学中养成意识

课堂活动，作为学校最富特色的互动空间，当然不仅仅为知识传递铺设了通道。课堂中师生互动、学生之间的交往、激发，共同塑造着人们在这一场域下的行动边界，久而久之便铸就起若干习惯。这些习惯既包括与人相处的基本礼节，也包括渐渐培养出来的共同价值观念与为人处事原则。作为课堂里的成人，教师往往成为规范行为、捏塑心性的主导者，同时，在凯文老师的班级观察中还可以看到，和传递知识一样，在规范行为习惯和树立价值认同过程中，教师十分重视依托具体场景，激发学生对这些规矩与习惯的融会与理解。在此之中，表扬学生对行为规范的遵守，质疑、讨论并引导学生理解这些规范的意义与内涵是常用的手段。

（一）默契的互动作为行为训练的必要铺设

在学校，教师对学生行为的规训通常以表扬、批评、多次强调的方式加以引导。要使这样的引导有效，双方需要对这一场域下的符号认知、意义锁定有着相当的默契和相互信任。否则，很可能形成尽管教师殚精竭虑地强调，但因学生的认知框架失之对话，从而并不能对学生行为产生影响。

午饭时间到了，凯文老师要带学生去餐厅吃饭。这常常是上午半天课程结束后，学生最为松懈的时刻。孩子们一边闲谈着，一边磨磨蹭蹭地到楼道里排队。凯文老师要求学生回到自己的座位重新排队，并说"我看谁还说话？如果你们这次不能迅速整齐地排好队，咱们就哪也甭去！"学生们立即安静下来，并从自己的座位上起身迅速排队。凯文老师看着陆续排队的学生一边点名表扬着："莫文很好！伊洛伊很好！迪尼斯很好……唐顿，谁让你跑来着？"唐顿的座位离门口比较远，他一路连跑带蹦地过来。可爱的唐顿立马停下，然后像回放慢镜头一样，一步步缓缓退回。凯文老师微笑地看着他，唐顿也冲老师笑着，并恢复了正常的走路姿势，迅速排好队。

（2014 年 4 月 8 日田野笔记）

这是凯文老师带队的一个常见情景，无论去吃饭，还是从本班教室到绘画教室、音乐教室等其他课程教室，总要排队前往。凯文老师多次强调学生们要安静地快速集合。这次，他通过要求学生重新排队等方式对这一要求进行强化。在表扬中，鼓励学生符合规范的行为；而对跑动行为的纠正，师生间的默契共同指向一种积极地调整与修正。一听到老师问"谁让你跑来着？"唐顿就意识到这个行为需要改正，而以慢动作回放的方式表示自己小小的后悔，看到老师的微笑，他知道老师已经明白了自己的诚意，并继续以双方认同的正确行为方式完成排队活动。虽然只是日常教学活动中的一瞬间，但是师与生对其中的行为及其行为意义的索引性存在着明确的共识，因此，即使没有更多指令性语言，行为也会在顺畅的互动中得以调整至双方共同认可的方式。天长日久，这便成为课堂活动中的纪律规范对学生行为进行塑造的重要机制。

（二）礼仪和尊重成为课堂管理的核心

凯文老师很少强调"纪律"这个词。当课堂上不够安静的时候，他也很少直接下指令："保持安静！"而是说："别人在讲话的时候，你不听，还同时讲话，是一种不尊重、不礼貌"。他这样说完，往往很奏效，尽管管不了多久，又会有小声说话的声音。这声音通常是没有认真听讲的三两个学生发出来的。对此，凯文老师采取容忍的态度。他很少因为学生不认真听课发脾气。最让他头疼的是，有些知识，主要是数学，讲了好几遍，大多数学生们还是不懂。在课堂中，提醒学生的礼貌和风度，经常贯穿在他和学生的互动中。

轮到黛安娜到前面给大家读她的日记。圆圆鼓鼓的小脸蛋上，今天多了一副黑框眼睛。她今天又把头发盘起来，老师带头说："看，黛安娜像不像个小小图书管理员？来，大家为她的新眼镜鼓掌！"同学们都微笑着给黛安娜鼓掌。然后黛安娜开始读她的日记，她不知不觉中，对着老师读，给全班一个侧脸。老师说："你应当面向大家，并且和观众有眼神的交流"黛安娜问了个很实际问题："我在读啊，怎么抬眼看别人呢？"老师也做了个很实际的回答："你读一段，暂停，然后看看同学们，再接着读。"黛安娜果然，不断练习着老师的建议，慢慢掌握朗读节奏和观众的目光交流。

下午上计算机课，老师坐在机房管理员的位子上，隔着一排电脑和两个过道，问阿什利能不能登陆上自己的账号。阿什利在自己的座位上，回头看着老师，却不说话。老师说："这样不礼貌。人家问你问题，你不吭声。这是一种不尊重。你应该说些什么。能？还是不能？"阿什利轻轻点下头，小声说"能"。老师说："好吧。不回应，是不能接受的"

（2014 年 3 月 24 日笔记）

无论是要求同学保持安静，还是提醒黛安娜面向同学朗读，还是指出阿什利对别人的问题表示沉默是不恰当的，凯文老师都非常注意讲明这些行为要求的原因——尊重。日久天长，这成为师生共同遵守的原则。即使在没有老师督促的情况下，安卓学校的学生们也基本可以做到这一点——即将尊重的心态化为一种由衷的礼貌。

下午的天才秀，是全校同学自愿报名展示才艺的机会。其中一个节目是两个幼儿园小朋友唱歌。两个小女生歌声很轻，即使拿着麦克，声音也很小，也不是节奏强烈的歌，有些像平淡的童谣。台下全校的学生，平时很活跃，这时却逐渐安静下来，安静地听两个女孩子唱完，并报以热烈的掌声。当时并没有老师特意在这个节目维持秩序。学生们自觉保持安静，体现了对演员的尊重和良好的公共素养。

（2014 年 2 月 27 日笔记）

（三）契约精神在游戏中得到强调

安卓学校里是充满游戏和娱乐活动的：每个月至少有一次全校范围的主题派对；在凯文老师的日常教学中，游戏经常成为调节气氛的间奏曲目。上文描述的大卫老师带领学生进行的游戏，只是以隔周一次的游戏课形式，将弥漫在安卓学校的游戏以浓缩和典型的方式体现在课堂上。千百年来，游戏构建出了一个个有别于日常生活、布迪厄意义上的"场域"或者戈夫曼意义上的"专注性聚焦"。它既来源于日常生活，又超越于常规之外，为人们提供一份放松、刺激、快乐。正如赫伊津哈所说，游戏绝不仅仅是纯粹的生理和心理现象，游戏具有的特定意义中本身就包含着它非物质的属性。在孩童的世界里，游戏是最受孩子们欢迎的活动了。凯文老师班级，隔周有一次游戏课，由年轻充满活力的大卫老师担任。大卫老师的游戏课，则以浓重的方式体现了那里师生在游戏中所贯彻的契约精神。①

　　10：00－10：45 是大卫老师的游戏课。因为后院操场上还有冰雪，只能在室内上。大卫老师是个 20 出头的年轻小伙，个头不高，金色头发，蓝色眼睛，敏捷的身影，总穿着灰色或红色的套头衫或 T 恤衫。他先带着学生们做了几个自我按摩的动作：用手指轻轻敲击自己的头顶，脸蛋儿和肩膀。然后保持安静坐好。这应当算是他课程的开场。孩子们果然服服帖帖，安静地坐在那里，期待他接下来的活动。他坐在教室前面的椅子上，两只手插在握手服的口袋里，一条腿叠放在另外一条腿上，叙述着游戏规则，音调不高，却清晰流畅。重点记录两个游戏

　　大卫老师：我这有个腕带，大家要趴在桌子上闭眼，谁也不许偷看。我会把它放在教室某个地方，等我宣布开始，同学们起身在教室找，找到了，不可以告诉别人在哪，自己马上回到自己的座位，最后剩下没有找到的同学，大家就帮助他一起找，但是不能直接告诉他腕带在哪里，而是用语言指示，帮助他。当他离目标更近的时候，大家一起说：warmer and warmer（越来越热），当他离目标越来越远的时候，大家就一起告

---

① ［荷］约翰·赫伊津哈著、何道宽译：《游戏的人：文化中游戏成分的研究》，花城出版社 2007 年版，第 3 页

诉他：cooler and cooler（越来越凉）．直到帮助他找到。听明白了吗？

学生们兴奋地点点头。然后，大卫老师宣布：趴下，闭眼，谁也不许偷看。二十多个个孩子居然安静地趴下，一点声音不出，教室里只听见大卫老师轻轻地走步声。他把腕带藏在凯文老师办公桌边的窗台上，然后又继续在教室里走了一圈，说：可以了，大家开始找吧。

孩子们像惊蛰的小动物，欢喜微笑着在教室各个角落里寻找。阿里，第一个找到，闪着眼睛指着腕带大声说：在这呢！

大卫老师：当你发现腕带的时候，你应当说出来吗？

阿里说：不应该。周围同学也说：不应该！

大卫老师要求同学回到座位，重来一遍，并说：阿里，你找到腕带很棒，但是你不应当把它指出来告诉别的同学。明白不？

阿里笑着点点头。

再做一次，很成功，没有人看到腕带后暴露目标，而剩下最后 3 个同学，大家不约而同地其声用 warmer 和 cooler 的方式告诉他们方位。最后这三个同学也找到了腕带，微笑着回到座位上。

大卫说：大家从这个游戏中总结出什么经验？

学生们纷纷说：

"要仔细观察，每个角落都看到"

"要用耳朵听脚步声"

"不可以暴露目标，游戏才可以玩下去。"

大卫老师说：对，要认真观察，听，遵守游戏规则！

……

接下来的游戏是：大家还是先趴下，我会悄悄地拍两个同学的肩膀，被拍一下的同学是"电报员"，被拍两下的是"小闹铃"。"电报员"怎么传递信号呢？全班同学互相握手，说"早上好"只有电讯员和你握手的时候，会秘密地用手指头在你手心里悄悄挠两下，这样，你就知道了"他（她）是电报员"（他和前面几个学生，示范了下用手指偷偷挠对方手心的动作，阿里和黛安娜，被挠得缩着脖子，捂着嘴巴地笑）。而每个被电讯员挠过的同学之后，马上就要睡去，说着，做了一个不知知觉躺在椅子上睡去的动作。"小闹铃"，负责观察谁是电讯员，一旦观察出来了，就要像闹铃一样，大声说：binglingling，向大家揭秘，谁是电讯员。（他一边讲，一边做了一个张开双臂，岔开双腿，嘴上发出 binglingling 声音的动作。）大家明白没？

学生们说"明白了"。然后，又象被催眠一般，突然安静地趴下去。大卫轻拍了费莉娜一下，又轻轻拍了艾美丽两下。绕学生走一圈后，让大家起身。

学生们互相握手，一边说着"good morning"，满怀期待，不知道自己会不会被电讯员挠手心，于是尽量多地，见人就握手。而那几个被费莉娜挠了手心的学生，果然像被电击了一般，倒在座位上。艾美丽站在教室的那一边，很快发现了这边的"骚乱"，不由自主地说："我知道啦"．大卫老师提醒她，应当大叫：binglingling 艾美丽才大声叫 binglingling，并进行揭秘。大卫老师让大家坐好，问艾美丽怎么找到的：艾美丽说先看到人倒下，再观察是谁导致他们倒下的。

大卫老师说：你太棒了！然后，又带着学生做了一遍头、脸蛋儿、肩膀自我敲击。最后总结：今天我们进行了 3 个游戏，这些游戏都说明：大家要遵守游戏规则；要仔细观察，要很快地分析，才能赢，对吗？

学生们说：对！

（2014 年 1 月 23 日田野笔记）

安卓学校里经常会听到老师和学生们说"我们说好了啊"，或者"这是大家都同意的呦"。这样一说，孩子们常常心服口服。在大卫老师的游戏课上，他非常清晰地反复解释游戏规则，确保所有人明确规则，并在帮助学生反省游戏取胜的经验中，总是画龙点睛地指向大家都要遵守游戏规则。对游戏规则的接纳与实施，可以理解为契约精神在孩童游戏中的体现。契约精神是西方文明社会的主流精神，"契约"一词源于拉丁文。在拉丁文中的原义为交易，其本质是一种契约自由的理念。所谓契约精神是指存在于商品经济社会，而由此派生的契约关系与内在的原则，是一种自由、平等、守信的精神。在课堂的场景和师生关系中，选择缔约者与决定缔约内容通常转换为教师对规则清晰的阐释和征得学生的知情同意。方式的自由更多地体现为师生共同以自愿的方式践行约定。

活泼生动的游戏，贯穿着对契约精神的主张。但这并不妨碍游戏的娱乐性，千百年来，人类社会离不开游戏，至少有三点理由：第一，游戏常常成为向下一代灌输与操练特定社会运行规则、价值观的模具；第二，游戏往往可以作为诉说一个社会文化隐喻的脚本；第三，游戏精神所蕴含的超越与追求，恰恰是人类自身精神世界的投射。

　　详以言之，首先，在功能主义者眼里，游戏作为常见的人类活动发挥着它不可或缺的作用。特别是游戏与儿童联系在一起时，通常成为对少年儿童实施教育与影响的重要途径。在游戏中，少年儿童的智能和体能都能够得到锻炼，成人世界的价值观得到再现与模仿。大卫老师在游戏课上不断强调游戏规则，实质上是成人世界契约精神中的知情同意、自由选择、诚信履约在孩童世界中的翻版与模塑。第二，游戏作为文化的象征与隐喻，成为揭示特定社会文化形态的路标。人类学之父爱德华·泰勒在其著作《原始文化》中，将游戏视为矇昧人世界观的残余。① 在他看来，因纽特儿童用雪盖房子、澳大利亚孩童玩标枪、苏格兰男孩大声对伙伴说道"你是我的人！"都与这些族群特有的古老文化相联系，是文化的涓涓细流流过人们身上的痕迹。解释主义人类学大师格尔茨则通过对巴厘岛人所痴迷的斗鸡游戏的关注，提出游戏同音乐、仪式、文学等其他文化现象一样，都是供人类学家解读文化的一种文本，未必定如功能主义者所认为的那样具有强化社会秩序的功能。在巴厘岛，雄鸡的拥有者将鸡视为自我人格的代理者，一旁的赌博者则将斗鸡视为地位的争斗，而女人、青年人等社区边缘人群则被排除在游戏之外。斗鸡根本上是一种地位关系的戏剧化过程，通过将巴厘社会地位关系戏剧性地（拍打的翅膀和震颤的腿、羽毛、血、人群和金钱都是这场戏剧的重要内容）展现出来，社会现实（或者被想象的现实）及其意义"更加强烈地表达和更加准确地被感知"，② 于是斗鸡游戏成为巴厘人"讲给他们自己听的关于他们自己的故事"。③ 安卓学校课堂场景中的游

---

① ［英］爱德华·泰勒著、连树声译：《原始文化》，广西师范大学出版社 2005 年版，第 62－64 页
② ［美］克利福德·格尔兹著、纳日碧力戈等译：《文化的解释》，上海人民出版社 1999 年版，第 502 页
③ 同上，第 506 页

戏，则以全体参与者对游戏规则的一直理解和共同遵守，成为美国社会人们默认准则在学校场景下的复述。第三，人类之所以离不开游戏，是因为在人类文明自身是游戏孕育的，诸如仪式、诗歌、音乐舞蹈、哲学、战争等基本的社会生活形式都是在游戏中诞生的，它渗透到一切生活领域。赫伊津哈在此谈论的游戏，与其说是具体的游戏行为或游戏活动，毋宁说指的一种抽象的游戏精神。抽象意义上的游戏精神指向一种超越与神圣的境界。美国哲学家卡斯将游戏分为有限的游戏与无限的游戏：有限游戏以取胜为目的，而无限游戏以延续游戏为目的。有限游戏嵌套在无限游戏的过程中。有限游戏通常有着具体的时空边界，这样的时空边界往往与人们沉浸其间的日常生活保持着距离。它为人们带来暂时超越世俗的宁静，而同时在决胜中却永远摆脱不了竞争。追求宁静与直面竞争，恐怕是人类永远无法逃避的宿命。于是，游戏精神成为人类作为宇宙一分子之精神追求的描摹。任何有限的游戏，包括大卫老师带领学生进行中的游戏，看似有输赢、有结果，有着有限游戏的边界，而通过这些有限游戏锤炼出来的游戏精神却是通向人生发展与参与无限游戏的必经之路。①

三、课外活动：在多维中认识自我

除了课堂教学，各种各样的课外活动贯穿了安卓学校的整个学年。其丰富的内容、活泼的形式，颇为符合人们对美国学校教育的想象。这些课外活动包括每周一至周五课后常规的西班牙语俱乐部、中文俱乐部、科学俱乐部，还有学校按照有关节日、风俗安排的庆祝活动或派对，也包括各种外出参观活动，以及临时穿插到学校日程中的社会宣传、艺术推广等活动。以下是安卓学校2014年2月份的校历，可以看出除了正常的课程安排之外的各种课外活动。

2014年2月校历

周日	周一	周二	周三	周四	周五	周六
2	3	4	5	6	7	8
	西班牙语俱乐部	科学俱乐部	学校关门	科学俱乐部	上午参观艺术博物馆	

① ［美］卡斯（CarseJ. P.）著、马小悟、余倩译：《有限与无限的游戏：一个哲学家眼中的竞技世界》，电子工业出版社2013年版

续表

周日	周一	周二	周三	周四	周五	周六
	2.3年级参观富兰克林博物馆		员工培训		下午4-6点 5-8年级情人节舞会（门票5元）	
					西班牙语俱乐部	
9	10	11	12	13	14	15
		西班牙语俱乐部	8:45-9:45 芭蕾舞课外教育		1年级情人节派对	
			中午12点提前放学	中午12点提前放学	2年级健康早餐宣传活动	
			下午家长会	下午家长会	中午12点提前放学	
					下午家长会	
16	17	18	19	20	21	22
	学校和教育局关门	科学俱乐部	西班牙语俱乐部	科学俱乐部	西班牙语俱乐部	
			中文俱乐部			
		国家芭蕾舞学院活动周	国家芭蕾舞学院活动周	国家芭蕾舞学院活动周	国家芭蕾舞学院活动周	
23	24	25	26	27	28	
		科学俱乐部	西班牙语俱乐部	科学俱乐部	PAWS俱乐部庆祝活动	
			中文俱乐部	流动牙医来校服务	2:00-3:00 芭蕾舞课外教育汇报演出	

凯文老师所在班为例，学生在2014年1月至6月经历的课外活动包括观摩费城交响乐团演出、参观陶艺馆、到史密斯儿童游乐园玩耍，以及学生按照各

自兴趣注册参加的各类免费课外俱乐部、学校定期举行的天才秀、接受非政府组织提供音乐鉴赏、健康早餐推广等活动，真是异彩纷呈。无论从全校范围看，还是从凯文老师班级活动看，都可以发现这些日常教学以外的活动占据了安卓学校日程中的相当时间。除了课外活动在时间分量上的突出地位，有两点尤为值得注意。第一是各类课外活动的开展，为学生形成自我认知的多维度视角提供了重要机会。第二是这类课外活动在学校运行中特有的弹性特征。

上午9：40－10：30安卓学校三年级学生迎来了一场小型音乐表演。表演在地下活动大厅进行。一共四位乐手：一位小伙子，演奏一部埃及弦乐，一位老绅士演奏小提琴，一位漂亮的中年女性负责击鼓和唱歌，一位留着络腮胡须的中年男性负责报幕和击鼓。

在将近1个小时的演出里，既有知识介绍，也有和学生的互动。比如通过不同乐器的演奏，介绍了希腊、埃及、以色列等不同国家的音乐。比如在介绍以色列音乐的时候，不仅介绍它的音乐特点，而且还介绍这个国家的地理位置、国土面积"只有新泽西州的一半"主持人介绍完毕后，再问孩子们"以色列在哪个洲"的时候，有孩子说"新泽西州！"，当然这样的回答得到了更正。接着，表演者邀请几个同学手拉手和着音乐的节奏，上台跳舞。在举手要求参加跳舞的学生里，阿里也微笑着举起手来，但主持人只是点了他身边的两个同学。他看没点自己，想了想，就自己走到台前，一起参加跳舞。看来，尽管他在教室里时常会因为忘带文具受到老师责备，数学乘法口算总是出错，但是这并不影响他参与其他课外活动的心情。而且，他还会用自己的小心思去打破一点点规制：没点他，他却可以不管这样的规定，自己去实现愿望。活动结束后，孩子们回教室的路上，还在念叨着"亚洲"、"非洲"、"欧洲"……罗拉说，"还有南美洲！"

（2014年1月21日田野笔记）

课外活动以更直观的方式帮助学生了解学校以外的世界的同时，给学生提供了与课堂不同的互动对象与互动模式。在这样的场域下，学业成绩和与之相应的抽象思维和记忆活动被搁置一边，孩子们轻松地沉浸在对音乐的体会中。如果说这样的课外活动不仅能够为学生提供课本以外的信息，那么与之同样重要的是，可以为学生提供另外一套抛开课业压力的参照系。杰奎娜虽然学业吃力，但是她舞跳得好，入选课外芭蕾舞俱乐部。每次看到她在芭蕾舞俱乐部课上，做出挺拔的身姿，面带笑容，还有汗流浃背的酣畅，和安静地坐在教室里接受特殊项目支持的杰奎娜似乎判若两人。只有具有相当数量和频率的课外活动刺激，才能对学生打开多维自我认知的可能性提供足够的空间。在这一点上，安卓学校丰富的课外活动无疑起到了应有的作用。它防止了学生们仅以学业成绩评判他人和自己的单薄、呆板的评价体系，帮助学生更多维地去认识自己与他人，从而形成更为全面的人格。

另一方面，依据安卓学校的资源状况，很多课外活动不得不依靠志愿者和非政府组织的力量来推动实施。比如这场小型音乐会，比如芭蕾舞课外俱乐部，都是由民间组织支持下的活动。这就意味着这些活动的引入有着相当的弹性。比如学校能否吸引志愿者、非政府组织的资源，和学校在社区的影响力、校长与社区关键人物之间的互动有着密切联系。同时，很多课外活动志愿者、非政府组织以非官方的身份出现，无论在实施过程、实施标准方面都缺乏统一要求。它相当倚重自愿参与者的个体状态。比如在2月份校历体现的西班牙俱乐部的活动时间并非精准固定，其主要原因是提供西班牙语俱乐部教学的主体是宾夕法尼亚大学的几位大学生志愿者。他们来到安卓学校开展俱乐部的活动必须与其在大学里的互动相协调，这样大学活动的时间表便通过志愿者活动延伸到对安卓学校西班牙语俱乐部的影响。且不说教学标准与质量的评估问题。这诸多因素，使得看上去纷繁热闹的俱乐部从实施时间到实施内容上，都有着相当的弹性。

杰森、钟静文、莫文几个男孩子在中文俱乐部总是捣乱，大声说话，扰乱课堂纪律。杰森的班主任杰克森老师听我在办公室讲这个情况，主动和我说，"我去找杰森谈谈"。早上，杰克森老师把杰森带到我面前说："你在中文俱乐部里的表现可不怎样。今天是个警告。如果你不想学，我就给你家长打电话，他们就再也不会让你上了。"

杰森蔫头耷脑地点了点头。老师便让他回教室座位上，转身回来对我说："这些孩子，有的是家长放学时没时间来接，想让他们在学校多待一个小时。家长和他们自己都不指望在俱乐部学习的"。说着，杰克森老师摇了摇头。

　　下午的中文俱乐部，课堂秩序果然比平时好些。杰森像往常一样，不到二十个孩子，杰森、莫文等几个淘气包儿又凑到一张桌子上。这样的组合，只有卡普顿校长来，才可以被打破。今天这几个淘气包虽然稍微安静些，但也总骚动不断。我要求大家在自己的练习纸上练习"马年快乐"汉字书写时，女孩子片区在安静地练习。男生这桌却在议论西班牙语的事情。看我来了，问我会不会讲西班牙语。我认真地发出了这样的声音："KOXIBA LABOSO LABISUOSITA"并以升调结束。几个小子，一下子愣了，说："你还会说西班牙语？再说一遍？"我心想，刚才临时篡出来的发音，让我一模一样的重复一遍，还真难。但是，我稍做镇静，想着我听不懂，他们反正也听不懂，就装作熟练漫不经心地糊弄着又说一遍。结果他们一副恍然大悟的样子说："她会讲西班牙语！"我略带小得意地以为自己混过了关，可以要求他们将注意力放在"马年快乐"练习上，但是，他们又转而以互相借铅笔、橡皮的名义打闹起来。一堂课下来，杰森勉强写了（与其说是"写"，不如说是"画"）两遍"马年快乐"。

（2014 年 2 月 19 日，田野笔记）

　　这是安卓学校汉语俱乐部的典型场景。参与了安卓学校将近一年的中文俱乐部志愿者活动，作为支撑这个俱乐部运行下去的骨干力量，笔者深深感到其间的艰难和混乱。汉语俱乐部一共正式注册了 19 名学生，年龄从学前班到四年级学生都有，有一半的孩子是华裔，华裔孩子听说简单的汉语没有问题，有的孩子可以认识、书写简单会话。而其他非裔、拉丁裔学生，汉语水平完全零起点。首先，面对这样多元化、多层次的学生，课堂计划、组织就有相当的难度。同时，中文俱乐部的志愿者全部是来自宾大的中国留学生或家属，我们操着非母语主持这样的课堂更是难上加难。按照经验，至少有两位志愿者合作管理课堂、辅导游戏和小组活动比较合适，但是，因为是志愿工作，其他志愿者未必能够长期规律地参加这项活动。当只剩下我一个人的时候，我只好约身边的朋友临时支持一次或两次，确保课堂运行。我总在安慰自己中文俱乐部目的不在于教孩子们读写几个汉字，而是以生动活泼的方式向孩子们打开一扇了解中国的窗口，比如中国的属相、节庆、中国的小学什么样子，还有功夫熊猫……课堂活跃一些是应当的，但是，看到那几个淘气包有时游离于课堂秩序之外，我行我素，作为俱乐部志愿者，真的怀疑这项活动的价值与质量，并深感挫败。卡普顿校长和卡洛倒是对中文俱乐部给以充分肯定，尽管偶尔她们在办公室听到中文俱乐部这边的躁动会来帮助维持秩序。她们的反应是："教书是件很难的事，慢慢来。你们已经很棒了。西班牙语俱乐部那边，居然带着孩子们跑到院子里去了，发生安全事故算谁的责任呢?!"卡普顿校长和代理的约翰校长都在不同场合向来安卓学校参观的准备进入学前班学习的学生家长，特意介绍这里的中文俱乐部"由宾大的志愿者主持。现在的刘老师，是从北京来的"。

　　看来，表面上以开拓学生视野为目标的课外俱乐部，由于这种弹性、非强制性的机制，活动的质量、标准参差不齐。然而这并不妨碍它们出现在安卓学校的校历上，使得学校看上去被丰富的课外活动所充盈着；更不影响卡普顿校长继续大力引入各种课外活动资源的积极性。学校的老师，包括打扫卫生的杰克都说过"卡普顿校长认识很多社区合作伙伴，有很多资源"。但另一方面，也听到过有老师抱怨校长带来的课外活动太多，比如临时请来的演出、宣传、捐助活动，挤占上课时间，却还要向老师们不断强调州级统考成绩的重要性。可以说，占据了如此多时间资源的课外活动，一方面让学生有机会走出课堂、走出学校去探索、感知鲜活的世界，发觉和认识更多维的自我；另一方面，课外活动所依赖的弹性供给方式，会在干预的持续性、整体上形成多向拉抻。具体到每个学生在这样环境下的受益，恐怕很难一概而论，更需要结合每个学生及其家庭的具体情况，来观察这些课外活动对学生的滋养。

四、日常生活：在生活中形成规矩

　　日常生活是穿梭在社会时间中的涓涓细流，人们似乎感受不到它的存在却总被它消磨与塑造。也正是这默默地日常生活，成为承载、传递、展现特定文化规则的绝佳舞台。在学校里的孩子们，每天被要求遵守学校的各种规矩。这些规矩所规范的行为外化为纪律，而其蕴含的意义与价值观，也被行动者，特别是处于少年阶段的学生内化于心。①

---

① 刘谦：《"活"在田野———人类学表述与训练的典型场景》，《广西民族大学学报（哲学社会科学版）》，2013 年 5 月，第 28 – 35 页

（一）润物无声的学校规矩

小小的安卓学校，其实是有很多规矩的。学校的运作，正是编织在这些规矩中展开的。"日常教学"章节中记录凯文老师班级的一些规矩，学校里还有一些规矩是自学生入学以来，全校师生共同遵守的。这些规矩是那样固定而平常，固定到人们已经似乎已经习以为常，视为理所当然。

每天早上8∶30学生（教师8∶25）准时到校。如果迟到，5年级以下的家长必须把孩子送到学校接待前台。学生在迟到报告单上签字，并领取迟到入校条，进班后交给班主任。班主任以此记录学生的出勤情况，每天9点前上报到学校办公室，学校办公室进行电子录入汇总，形成学校整体的学年出勤率数据。

学校出勤表

学校代号：日期：

教室：班主任姓名：

学生姓名：

序号　出勤情况　原因　学生姓名　学籍号

1

2

3

4

……

29

A：Absent 缺勤　　L：Late 迟到　　H：Half Absent 缺勤半天

原因代码：1. 违法 2. 没有理由 3. 没有按规定注射免疫 4. 病假 5. 隔离 6. 从事故中恢复 7. 被要求出庭 8. 家人身故 9. 教育旅行 10. 其他紧急事项 11. 参加学校活动 12. 宗教节日

教师签名：

制表日期：

图注：每天凯文老师需要填写、上报的学生出勤表

●到校集合后，全校师生一起面向美国国旗，右手放在心脏部位，齐唱国歌。这个仪式风雨无阻，从未间断。

●午餐时，学生必须按照体育馆地上的篮球场地边界线，排队依次领取餐盒。领餐前需要向餐饮管理员报自己的姓名，以便餐饮管理员将学生姓名录入电脑系统。6~8个学生围坐在一张桌子上就餐，饭后各餐桌学生要一起打扫餐桌上的垃圾，然后一起离开到后院自由活动。

●下学时，低年级的学生要求有家长接送。如果家长没有按时出现，学生将被老师带到学校办公室等候。家长如果需要提前或延迟接孩子，则需要到学校办公室出示有关证件并签字。

●每次课后俱乐部活动，都需要学生签到。俱乐部活动结束后，家长接走学生时必须签字。

从这些规矩里，至少可以看到两方面含义。首先，由规矩规范人们在时间、空间的组合，使学校作为一个社会组织得以运行。比如由每个学生、教师遵守出勤记录的规矩，才能汇成学校整体出勤率数据；每次午饭报姓名，才能汇总安卓学校领取免费午餐的人数，从而向学区申请相应经费。在出勤记录中，师生需要尽量准时到校并规律地填报出勤表，同时这套表格上报后，便进入网络电子数据库，以电子化的技术手段实现信息的逐级沟通：从个人到学校，再到学区，最终将个人每日动态的出勤状况凝固为永久的电子记录。这些规矩像轨道一般，一方面，确保安卓学校作为一个社会组织与其他社会组织，比如学区委员会实现信息、规则上的接洽；另一方面，在安卓学校内部，这些规矩将众多的学生、教师个体有效集合在指定时间、空间范围内。所谓有序，是指可以对人的活动时空范围进行相当有效的预期，使每个人不再以单纯的个体方式被理解，而是将其作为人群一分子的行为规律了解与把握。学生在学校里作为学生群体的一分子，学习实践着行为边界。这种学习将成为一种模式伴随终生，即理解不同场景下人们对相应角色及其行为边界的期待。这便是社会化的过程。第二，这些规矩中蕴含着特定的价值观念。比如整理出勤迟到记录时所暗含的守时观念、齐唱国歌表达的为国家效力意愿、餐后打扫餐桌时培养的劳动与自立意识、要求家长提前或延迟接孩子时签字所规避的社会治安风险。其中，现代国家政府特别强调的通过仪式、节日、纪念碑等方式使公民产生对国家认同的方式①，在安卓学校学生每日经历的在特定时间齐唱国歌的仪式感活动中得到体现。与此同时，在出勤记录表的原因选项中，"9. 教育旅行"、"12. 宗教节日"也在细微之处吐露着美国的教育理念：课业学习并非全部，有教育意义的旅行也是对学生有益的影响；在美国，人们面对多元族群及其文化习俗，即使是规律的学校生活，也应当允许在一定程度为人们不同的信仰、节日、风俗留下一份求同存异的空间。这些贯穿在学校运行中的规矩，日久天长，成为学生们的行为习惯，而其背后所蕴含的价值观也在无形中得到理所当然的认可。

卡普顿校长在安卓学校网页的校长寄语中所言"在安卓学校，我们强调发展学生的个性作为我们行动规则流程的内在部分。我们相信学智与出色的人格同样重要。"② 这种种规矩，贯穿在学生平常的校园生活中，默默塑造着学生对国家的认同，以及属于此时此地的规则意识与价值观念。

作为一名费城公立校学生，我知道我能够并且愿意成功。我保证为确保有一个成功的学年我将尽力做到以下几点：

● 每天准时到校

● 心怀热情

● 做好准备

● 服从指挥

● 确保我明白并完成作业

● 如果我遇到问题，找到学校里的成年人解决

● 和父母讲学校的功课

● 为我的学校骄傲

（二）司空见惯的多元文化

安卓学校从学生构成上看，从族裔比例上看比例最大的是拉美裔学生，但是也只占到学生总数的 1/3 左右，其他 3/2 学生有非裔美国人、白人、亚裔等。

---

① 范可：《在野的全球化——流动、信任与认同》，知识产权出版社 2015 年版，第 209 - 210 页

② 费城学区官网

坐在教室里的孩子们，顶着不同肤色的面庞和同样天真的笑脸。总有一些"小冤家"们，见面就争吵或打闹，一会儿又和好。笔者刚进入凯文老师班级时，孩子们猜测我是班里奥斯卡的妈妈。

> 中午排队到餐厅的路上，卡扎亚和卡利亚问我是不是奥斯卡的妈妈。奥斯卡在后面像被惊吓到一般大叫"NO!"我问她们为啥这么想？是不是因为我也是亚洲人的脸？她两点点头，卡利亚还说因为你们的姓氏一样。我说：不一样，我的是 LIU；奥斯卡的是 LU"
>
> （2014 年 1 月 21 日田野笔记）

可以说，和与自己有着非常不同经历、族群文化的人打交道，是安卓学校学生日常生活的一部分。身边的同学，有的来自非洲，有的来自南美洲。他们会讲不同的语言；他们有着不同的节庆习俗；他们有着不同的家庭背景……他们有的来自北欧，有的是土生土长的美国人；有的只会讲英语，有的还会讲法语和英语，有的会讲英语和汉语、粤语，有的会讲英语和西班牙语。英语是母语的学生，自然英语口语流利；而像芙楠达那样的移民学生，虽然已经上到三年级，但是其阅读水平还停留在幼儿园阶段，英语口语词汇也非常有限。在习俗方面，每到中国农历新年，学校都要举办中国年派对，鼓励当天学生们穿中式服装庆祝中国春节。来自摩洛哥伊斯兰文化的罗拉偶尔带着头巾上学，把耳朵和头发都遮住，同时身着校服，也没有人感到奇怪。在不期而遇间，产生多元文化之间的碰撞，不评判，并努力理解它，成为孩子们校园生活的一部分。

> 中午吃饭的时候，非裔美国男孩家坤坐在我对面。我的午餐盒里是从家里带的几只油焖大虾和一点米饭。我问家坤喜不喜欢吃虾，他高兴地点点头。我打开饭盒，专门挑了一只大的虾，放他饭盒里。结果，他一下支棱起双手，瞪着眼睛，身子向后仰着，被吓着了。他一边说："头！你们吃虾头吗？从我饭盒里拿走！"我赶紧从他饭盒里拿回那只全须全尾儿的虾，并把我的饭盒挪开，一边问："那，你们怎样烹饪虾呢？"贾坤说："没有腿，没有头。"他又问："这是中国虾吗？"我说："是中国菜的做法。我们也不吃头，但是烹饪的时候，要把虾头留着，让它看上去是完整的。"他听了这些，便平静地点了点头，不再现出惊恐的样子。
>
> （2014 年 4 月 8 日田野笔记）

　　油焖大虾的小故事便是一个经历差异、产生沟通、形成再认识、调整和接纳的社会过程。在这一点上，安卓学校是一个很好的观测点。美国作为一个移民国家，势必面对来自不同地理区域、社会背景、语言习俗的人们。特别需要注意的是，在那里初级文化圈层面的差异是显现而渗透在日常生活层面的。戈登在 20 世纪 60 年代指出，社会融合应当更侧重在次级文化圈的交流与协调，而对初级文化圈层面的差异慎重地保留彼此的空间。初级文化贯穿在人们日常生活中，比如信仰、饮食、服饰等，而次级文化则是和社会主流对话、沟通中所秉持的规则。他认为，争取社会融合应当在次级文化，即公共领域的实践中达到规则和意识的共识，而在各族群初级的文化模式中，则可以保留不同族群各自原生的文化生态系统，从而实现文化多元主义下的社会融合。① 在安卓学校的场景下，学校里有条有款的规矩，是在次级文化层面上的人们取得协调一致的要求；同时，学校为来自多元文化背景的孩子们的共处提供了最直接的机会。在学校里，人们每天都要经历别人与自己在初级文化层面的差异，比如肤色不同、服饰不同、饮食不同、节日不同。这种渗入在日常生活的差异展现，从小提示那里的孩子们：人们之间的不同是司空见惯的事情，不必大惊小怪。只要这样的差异不威胁到公共规则，人们可以采取见怪不怪的不评判态度。是的，不评判态度已经在安卓学校小学生那里开始生根。

　　今天参观陶泥博物馆。其中一个环节是工作人员带领小朋友们用陶泥制作士兵模型。在工作人员指导下，我们每个人手上一块泥巴，先揪一小块做士兵的身子，再揪一块做胳臂、腿、脚……小朋友们稚嫩的双手，做出来的形状自然五花八门。这时，唐顿看到我手下还算有模样的活计问道："刘老师，你也是第一次做吗？"我说："是呀"，心想我是一个烙过大饼的中年妇女啊，当然比你们这些"小崩豆儿"们揉得好啦。唐顿用眼睛示意莫尼尔，并说："看，刘老师做的多好！她也是第一次做呢。"莫尼尔迅速瞟了一眼我的成果，小声嘟囔了一句"不要评判。为啥要评判？！"唐顿也就不吭声了。

（2014 年 5 月 9 日，田野笔记）

---

①　Milton M. Gordon, *Assimilation in American Life*: *the Role of Race*, *Religion*, *and National Origins*, 1964, Oxford University Press

　　"不评判"，从一个三年级小学生的孩子嘴里那样自然地说出来，看来已是发自思维深处的习惯使然了。"不评判"意味着对差异的承认与尊重。同时，从社会运行机制上，也必须为差异的存在提供呈现和实践的空间。也就是说，初级文化层面的差异，不再仅仅停留在私人生活的层面，在一定程度上也需要投射在次级文化生态上，比如有关制度社会、社会服务提供上。比如在安卓学校，绝大多数情况下学校的校历、通知等常规文件，都需要提供英文、西班牙文、汉语三个语言版本。这样的做法便是对应人们不同的语言需求。在学校的请假理由中有"宗教节日"中，也是对人们初级文化层面差异的承认与回应。将这样的价值观与社会运行机制延展到对美国社会的理解时，便对美国社会的所谓奇葩有了更了然的把握。下图是《都市报》的两篇报道。左边一篇讲监狱里的犯人做诗，右边一篇讲，不要以为街上的乞丐很穷，一心只想着讨钱。他们中有些人是真正的诗人呢。

图 20　2014 年 4 月 22 日 Metro 报："和无家可归者做朋友"

（三）发人深省的突发事件

日常生活看似周而复始、平平淡淡。其实贯穿其中的，还有一桩桩打破常规的事件，或是突如其来的争端，或是播种很久后真切的收获，或是有朋自远方来，或是亲友的离开……这些事件或令人愤怒，或令人欣慰，或充满惊喜或饱含伤感，在程度上或微弱，或强烈……总之，它们成为人们生活长河中必不可少的一部分。这便是日常生活超越性的一面。和掩埋在悠长日子里默默地文化实践一样，日常生活既有强制性的一面，又有超越性的一面：人们不得不以某种平庸的方式展开实践惯习，另一方面，又离不开打破惯常节奏的事件，使得日常生活总是充满未知与神奇。平衡与发展便在这平庸与神奇、强制与超越中得以推进。

对于安卓学校的学生来说，常规的校园生活平淡无奇，但是总有令人兴奋的外出参观、看起来严肃无比的州立考试、老师少有的大发雷霆穿插其间。它们成为平淡校园生活的必备"调味剂"。正如上文所述，丰富的课外活动、新鲜的信息和刺激能为孩子们从更多角度，而非单纯的学业角度，认识自我、认识社会提供机遇。而在这些"调味剂"中，"重口味"的要算是突发事件了。这类事件来得很突然，打乱人们惯常的节奏，影响往往并不令人愉快。但是，也往往为所有经历者提供一个反思与成长的机会。我在田野期间发生了三起事关人命的突发事件：

> ●2014年2月16日，一名八年级的非裔男生周末时在去公园的路上，被其所在社区一名同龄的非裔女生用刀刺死。据卡洛讲，那一刀直接刺心脏。救护车送往医院时，还有生命迹象。但是因失血过多，大脑缺氧时间太久，即使能保住性命，恐怕也会是重度残疾。这种情况下医生征求家长意见，家长同意停止抢救。这个14岁的生命便这样地逝去。接下来的一星期，学校为他做了纪念展板，师生们在他的展板前放了巧克力、篮球等他生前喜爱的东西，以示吊唁。

> ●2014年5月初的一天，[1] 凯文老师班里来自墨西哥的学生伊洛伊，

---

[1]　田野笔记中没有显示具体日期，事情发生当天笔者不在安卓安卓学校。此为事后凯文老师的叙述。

他的爸爸在家自杀身亡。伊洛伊一周多的时间没来上学，返校后，老师对他倍加关照。

●2014 年 5 月 21 日，学校一年级特殊教育项目中的一名男生在学校突发心脏病，送到医院后被宣布死亡。这个孩子今年 7 岁，拉丁族裔，还有一个哥哥在 7 年级。孩子的家庭境遇很糟，两个孩子和他们的父母都住在流浪者收容所里。

　这三起意外事件中，第一起和第二起的事件发生地点在校外，第三起发生在安卓学校里的学生身上，对学校惯常秩序的影响更为直接。它体现在事件发生第二天随之而来不同寻常的场景。

8：15 学校附近，周围布满了警察。走到学校门口，我说是志愿者，警察才拿着钥匙把大门打开，并要求我到办公室签到。而所有的老师在 109 教室集合，说是学校内部会议，有警察在把守，不让我进入。

8：25 有个看起来一、二年级的学生，在家长带领下走到学校正门，看到魁梧的黑人警察站在学校门口台阶上，连哭带喊说"我不认识他！"拒绝入校。

9：00，我正在凯文老师班里，接到 tina 的电话说，门口有家长抗议，要我帮着翻译。我去到门口，看到大约有 30－40 位家长。人手一份情况沟通信。玛丽莎作为家长代表，宣读声明，大意是：我们很悲痛地得知安卓学校逝去了一个稚嫩的生命。事情发生的时候，恰巧有具备急救资格的志愿者在场，指导协助学校用急救车把学生送到医院。在那里，医生宣布其死亡。紧急情况发生时，学校没有职业护士在场。由于费城学区公立校预算一减再减，学校只能每周四全天和隔周的周五上午聘用护士。就此，我们呼吁费城学区增加经费投入，确保学区每个公立校都有资源聘用全职护士。各媒体到场，拍照、采访。其他家长站在玛丽莎身后的台阶上表示支持。

9：30，刚刚做完髋关节手术本该在家休养的卡普顿校长，胳膊肘夹着拐杖，艰难蹒跚地到各个教室和学生们进行面对面沟通。进入凯文老师班级，除了向学生们交代这意外事件的概况外，校长还特意表扬了凯文老师班里的学生们："因为你们昨天出色的表现，凯文老师才可以安心地

去应对这个紧急事件。①"最后，校长问孩子们还有什么其他问题

季诺问：今天怎么楼道里这么多人，为什么？

阿里：他多大，几年级？

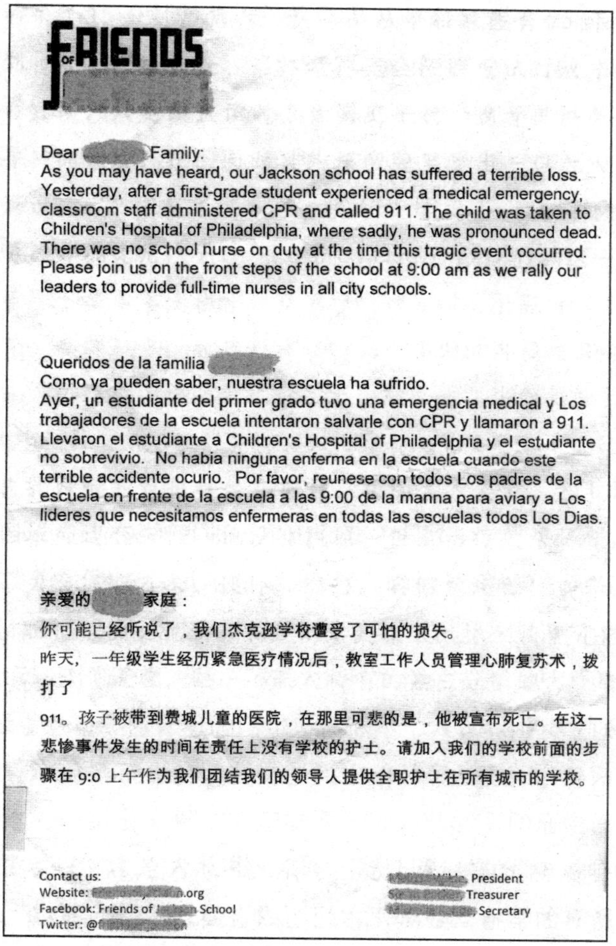

FRIENDS

Dear ▇▇▇ Family:
As you may have heard, our Jackson school has suffered a terrible loss.
Yesterday, after a first-grade student experienced a medical emergency,
classroom staff administered CPR and called 911. The child was taken to
Children's Hospital of Philadelphia, where sadly, he was pronounced dead.
There was no school nurse on duty at the time this tragic event occurred.
Please join us on the front steps of the school at 9:00 am as we rally our
leaders to provide full-time nurses in all city schools.

Queridos de la familia ▇▇▇
Como ya pueden saber, nuestra escuela ha sufrido.
Ayer, un estudiante del primer grado tuvo una emergencia medical y Los
trabajadores de la escuela intentaron salvarle con CPR y llamaron a 911.
Llevaron el estudiante a Children's Hospital of Philadelphia y el estudiante
no sobrevivio. No habia ninguna enferma en la escuela cuando este
terrible accidente ocurio. Por favor, reunese con todos Los padres de la
escuela en frente de la escuela a las 9:00 de la manna para aviary a Los
lideres que necesitamos enfermeras en todas las escuelas todos Los Dias.

亲爱的 ▇▇ 家庭：
你可能已经听说了，我们杰克逊学校遭受了可怕的损失。
昨天，一年级学生经历紧急医疗情况后，教室工作人员管理心肺复苏术，拨
打了
911。孩子被带到费城儿童的医院，在那里可悲的是，他被宣布死亡。在这一
悲惨事件发生的时间在责任上没有学校的护士。请加入我们的学校前面的步
骤在 9:0 上午作为我们团结我们的领导人提供全职护士在所有城市的学校。

Contact us:
Website: ▇▇▇.org
Facebook: Friends of ▇▇▇ School
Twitter: @▇▇▇

▇▇▇ Wikle, President
▇▇▇ Treasurer
▇▇▇ Secretary

图 21　针对突发事件，家长组织给家长们的沟通信②

校长说："今天学校里来了很多家长、媒体、警察。他们是来帮助我们

---

①　事件发生时，凯文老师、赫斯乐老师跟着救护车去了医院。

②　可以看到，因时间仓促，中文是用电脑自动翻译而成。

渡过难关的。逝去的孩子 7 岁，在读 1 年级。你们有谁以前认识他们吗?"（看到有个别学生在点头）校长继续说:"有哪个同学如果感到十分悲伤，可以到 110 房间找咨询师，咨询老师全天候在那里，可以帮助同学们疏解心理压力。"

校长离开后，列文森还建议同学们可以做一棵纪念树，上面挂上自制卡片。

11:00 阿里向凯文老师报告，自己觉得很悲伤，需要找咨询师。凯文老师送他去咨询室。

3:30 下午放学时，每个学生带回家一张关于这个紧急事件的说明（英文、中文、西班牙文）同时，后院空场里出现了帕翠莎端着捐助箱，为逝去孩子的家庭募捐。帕翠莎来自哥斯达黎加，是安卓学校家长委员会唯一讲西班牙语的代表，也是学校连接拉丁裔家长的重要桥梁。这次募捐，主要是为当事人家庭筹集葬礼费用。募集经费将直接支付给殡葬公司。

教育效果的评说，有一个最重要的困惑，即很难撇清哪些干预措施对应着怎样的影响。这源于人的整体性与教育影响的不可分割性。确实很难评估这类突发事件对学生的影响，但是，从学校对事件的应对和处理看，至少向学生们传递了三方面的信息。首先，对"死亡"这一话题没有遮掩避讳，而是以家长信、面对面沟通、募捐等方式，不断向学生们陈述着这一事件主题。在陈述中，无论是校长的信息沟通还是家长信上的通报，都没有宗教色彩。它体现了人们在次级文化层面沟通的平和与共识。要知道在初级文化层面，不同宗教、地方性文化对死亡有着各自的解读与特定习俗。作为学校，在次级文化层面上将这一信息呈现给所有的学生，是对死亡问题的直面，也是一种对生命存在的再觉醒。第二，事件卷入了很多力量，包括当天送学生上急救车的志愿者、学校老师、救护车，事后奔走相告、联合抗议的家长、维持秩序的警察、关注的媒体、在后院募捐的家长代表、全天候的咨询师，当然，还有安卓学校的师生。突然介入的人物、事件、节奏，以惊叹号的方式，让一个生命的终结突现到眼前。这份突然的震惊，提示着生命至上的庄严。第三，在校长和学生的沟通中，最为突出地反映出校长期待每个人在这个意外事件中依然能尊重自己的体验，做出贡献。校长首先表扬学生们的良好表现为凯文老师处理意外事件提供了支持；接下来和学生提问互动的环节则体现了尊重每个学生的具体问题与需求的态度。这意味一种鼓励，鼓励学生们在强大的突发事件面前，认真对待自己内心的问题，产生反省的力量；随后向学生交代咨询师的支持，则表明学校可以为学生提供持续和更具个体针对性的服务。这也体现了美国社会可以为应对诸多个体需求提供社会服务的能力与机制。

五、公民教育的文化分析

在本章的开始，笔者罗列了六个安卓学校非常常见的场景，在这个六个场景中人们漫不经心地口称"不在乎"。而在后面的叙述与描摹中，可以看到安卓学校有很多"在乎"的课程、条条框框以及暗含在其中的规矩。学校作为塑造公民的专业机构，对公民素养的塑造责无旁贷。具体到对学校教育的讨论，范伯格和索尔蒂斯在《学校与社会》中，将对学校教育研究的三重视角进行了精辟总结，即功能主义、冲突论和解释主义。其中，以功能主义者视角看来，学校作为社会公共机构，学校教育也是社会实践的一种样式。这意味着学校的生存离不开其社会功能的实现，即培养社会所需要的人。比如，少年儿童在学校学习了四种主要规范：自立、成绩、共性和特性。这些对于现代工业社会卓有成效的工作成员来说，是必要的规范。也正因这些对即将进入社会的公民给以规训功能的实现，学校而得以生存和运行。话题落在了"公民教育"问题。

（一）美国公民教育的缘起与沿革

可以说，美国公立学校诞生之日起，就担任着塑造美国公民的明确使命。这里需要指出，公民教育并非某一门课程或者专项领域要达到的目标。从美国建国初设立公立校的初衷起，经历不同历史时代对公民教育各有侧重的理解和诠释，可以看出，公民教育可以被视为美国教育的根本目标（有关美国公民教育的历史回顾，见附录三）。它不仅限于社会科课程的设置、学习、检测，也不仅限于对学生的道德培养，其他科目的学习，以及学校的一切规章制度都是围绕培养公民基本素养而践行的，因为从功能主义观点看，这是学校的立校之本。

在习惯养成与心性塑造章节里，分布着通过学生社会科学、写作课上信息的传递、游戏的贯穿、学校中规中矩的行为规范、课外活动活泼的形式与弹性的管理、以及突发事件促人的深思。这林林总总的活动，共同表达着一个学校对学生作为未来社会公民的期待与要求。尽管三年级的学生，还尚未处在国家教育进展监测范围之内，州立统考中也还不涉及社会科学，但是将这些活动放置在21世纪美国公民教育的体系中进行理解，可以发现无论从内容到形式还是到与之密切相连的社会文化土壤，这些对日常生活习惯的规训、对心性的塑造正是当代美国公民教育的立体缩影。

（二）安卓学校正中"靶心"的公民教育

从美国对公民教育的时代诉求出发，结合安卓学校在培养学生行为习惯和心性塑造方面的教育实践，可以看到，从内容到形式，安卓学校着意进行的公民素养恰恰体现了21世纪美国对公民素养的要求。首先安卓学校的课表里有专门的社会科课程，即有专门时间计划，用于传递公民、国家、政府的知识。这正是国家教育进展测试在学生进入4年级以后，要了解进展的事项。在知识传递方面，写作课、文学课也涉及到相应内容。特别是泰晤士报青少年版涉猎的内容更为广泛，在保护鲨鱼内容的讨论中，更体现了近年来美国公民教育课程中新增加的全球意识。这是全球化时代对包括美国在内的公民教育的要求。而环保主题通常能以其显著的全球关联性、生动直观的自然科学知识支撑起这个看似有些抽象和遥远的话题。①

在技能和素养方面，各种游戏、课外活动、学校的日常规矩、与同学的日常相处、突发事件的应对等不仅为学生行为提供了种种模具般的约束，而且始终和特定的价值观念密不可分。它至少包括以下三个方面：

第一，提供更多机会，帮助学生认识到个体差异和自我的多维存在。丰富的课外活动，让孩子们在伴随着音乐的舞蹈中，在饶有兴趣的参观中，在儿童乐园恣意的玩耍中，脱离了相对静止的教室和汲取抽象知识的工作，将学生带入更生动、更广阔的世界。在与这广阔世界互动交往中，孩子们不仅可以把需要艰苦智力投入的学习活动暂时抛在一边，而且有机会发觉自身除了学业学习之外的兴趣与能力。杰奎娜、阿里在教室里的学习有些吃力，但是他们可以在芭蕾舞俱乐部、

---

① 聂迎娉、傅安洲：《全球意识：美国公民教育课程探析》，《湖北社会科学》，2014年第5期，第176-181页

音乐会互动中找到乐趣和自信。这样的机会不断积累，频繁出现，引导孩子将每个人学业进展的差异，放置于更多维的框架下进行审视，看到更多面向的自我。

同时，谈到差异，安卓学校每个人日常生活中的种族、节庆、习俗服饰差异，也不容忽视。这些经历从小就告诉那里的孩子们：人和人非常不同，不要惊讶，不要去评判。以平常之心去理解人们之间的不同，就像小小年纪的家坤看到餐盒里躺着全须全尾的中餐大虾，却可以在瞬间平复文化震惊，而保持得体的礼貌；也正如莫尼尔提醒唐，"为什么要评判？"这为孩子们从小理解人们之间的差异奠定了无处不在的生活经验。这也正是美国作为一个移民国家的独特背景。

第二，在各种情境下，不断强调个体应当承担的责任。无论是在欢乐的游戏中，还是在学校沉默的规则中，以及突发事件面前，贯穿其中不可缺失的隐喻是个体应当承担的责任。在游戏中，每个人责无旁贷地遵守游戏规则；学校要求准时到校、形成考勤记录、清理午餐餐桌，则明确了学生有义务遵守组织时间、维护社区清洁与秩序；每天对着国旗致敬、唱国歌，更是对应当效忠国家的一次次提醒；即使在令人悲伤的突发事件面前，学生们仍然被期待提供尽可能的支持与帮助。

第三，通过以上活动培养与多元个体交往的能力和技巧，为公民参与做准备。当孩子们了解了其所生活的社会运行的基本知识，理解人与人之间的差异，逐渐发展出多维度的自我认知与实践能力的同时，又怀揣着坚守的责任与行为边界，他们便有望成为美国社会所需要的公民：具备爱国主义精神、法制观念、公民意识、品德修养、通过维护权利与义务，维护平等、独立和民主。①

  美国黄石公园最著名的景点之一是"老忠诚"喷泉。之所以得名为"老忠诚"，是因为这股喷泉的爆发每隔约 93 分钟便非常有规律地喷出。一百余年来，自从黄石公园被设立为美国第一个国家公园，"老忠诚"喷泉从未让游人失望过。今天，新的游客像以往的游客一样围拢在"老忠诚"喷泉周边的观摩地带，等待这神奇的时刻。果然在预告的下午 5：45分，"老忠诚"真的很忠诚地如期而至。先是几小股冒着热气的喷泉从地

---

① 袁利平：《美国学校公民教育：内容、途径与模式》，《集美大学学报（教育科学版）》，2008 年第 2 期，第 25 - 29 页

下细细地冒出，几秒钟后，这细细的地热喷泉迅速以极大的爆发力一浪一浪将水汽与热浪推向高处。白色的水雾，奔腾的声响，映衬在蔚蓝的天空和空旷的山野中，颇为壮观。游客们无不为之欢呼。而其中，六七个美国青年，忽然手放在心脏的位置，面对这自然神奇的自然魔力，高歌美国国歌。他们以此表达对自然的崇敬，对这份景象属于美国领土的骄傲，对身为美国公民的骄傲！

（2014 年 7 月 17 日笔记）

可以想象这些青年人可能也从小每天向美国国旗敬礼、唱国歌。面对祖国如此壮美江山，从小培养起来对国家的热爱、自豪与效忠，便以这样自然而充满激情的方式流露出来。

（三）安卓学校公民教育所依赖的社会文化土壤

安卓学校之所以能够以如此的方式展开公民素养的训练，并非无源之水。在相当程度上，它将美国国家角色的认同及社会运行方式投射在公民教育的过程中。换句话讲，这一套公民教育方式恰恰植根于美国社会文化土壤之中。当人们思考如何去汲取其有益成分时，它所依赖的原生文化与运行机制是必须考虑的因素。

图 22　用于向学校捐款的小费（《费城问询报》2014 年 6 月 11 日 C 版面）①

----

① 这则登载于 Philadelphia Inquirer, 2014 年 6 月 11 日，C 版的新闻，大意是企业家 Stephen Starr 发动他在费城的 21 个企业为公立学校捐款，其中一个举动是从餐馆就餐给小费的人中进行募捐。一共募捐了 10 万美元，用于学校建活动场地、科学实验室等。学生代表制作了闪亮的模型送他表示感谢。

　　首先，活跃的社会组织与学校之间的互动，构成了学校教育、社区教育、社会教育之间的联动平台。在安卓学校的生态系统中，有很多志愿者团体、社会公益活动，提供课外俱乐部、各种资助等，来弥补公共教育经费的不足。这使得学校教育可以伸出触角，与社区活动、社会教育接洽。活跃的社区组织、社团活动也正是美国社会赖以运行的重要方式。但同时，也正如安卓学校中文俱乐部的境遇，一方面这样的方式能够聚集更多民间、甚至个人的能量；另外一方面，这样的聚集存在着弥散性与弹性。如何形成更有规划、更系统的合力始终是一个问题。

　　第二，多元文化共处与互动的日常生活场景是美国社会特有的历史传统与现实特色。安卓学校里包含了超过 1/3 的拉丁裔学生，接近 1/3 的非裔美国人，加上白人、亚裔学生、土著人等等。来自不同族群、历史传统、家庭文化的孩子们朝夕相处，人与人在初级文化层面的差异跃然眼前。他们从小就感受到人们可以有不同的肤色、口音、生活习惯，同时能够和谐宽容地朝夕相处，并以契约精神寻求在次级社会规则上，比如学校纪律、游戏规则上的遵守。这样的自然而然的日常生活经历，为那里的学生形成多元文化互动能力提供了得天独厚的经验支持系统。

　　第三，美国式的话语体系在公民教育中得以反映。美国式的话语体系包括英雄主义的叙事方式、不评判的社交礼仪、宣称对游戏规则的遵守等等。比如美国向世界各地提供的针对边缘人群的国际救助项目中，"不评判"成为这类项目的原则；作为英雄主义叙事，在媒体、电影、外交中总是若隐若现。其中有两层暗含：一是，美国应当在全球政治、经济、军事领域起到举足轻重的领导者地位；二是，尽管团队合作很重要，但是个人的角色与贡献不容忽视。写作课上拯救鲨鱼的阅读活动，正是一例：美国成为这场运动的号召者，对受害者表达同情，对施害者给以声讨，并树立那些尽管被鲨鱼伤害却依然投身保护鲨鱼的英雄形象。浸泡在其中的个体，渐渐将这样的话语体系视为理所当然的原则，并以此形成美国人的身份认同。

第七章

安卓学校的时间与规则格局

安卓学校的学生在那里接受教育：有着活泼而富有参与感的课堂、丰富的课外活动、或明或暗的学校规矩，并且从学校延伸出去，从学区到学校有着一整套机制支持家长参与学校教育，共同支持学生的成长。和很多州一样，宾州也有特殊教育、英语作为第二语言的支持项目，为各种具有特殊需要的学生提供更有针对性的支持。这里，需要对林林总总的教育实践进行一个整体性的关照与总结，并且力求回应研究之初提出的研究问题。为呼应最初的理论讨论，最为明显的要从社会时间对安卓学校教育实践的贯穿谈起，之后讨论这番时间节奏之于模仿的关系，即安卓学校在这样时间节奏下展开的实践活动，是否和整个社会的时间节奏存在着暗合与一致？它为学生提供了怎样的模仿的模板？而这套模板的终极指向是什么？最后，在此基础上，由点及面，力图进一步理解美国社会的精神风貌，以安卓学校为例，复现教育的社会文化土壤这一主题。

一、或明或暗的时间节奏

时间作为承载人们社会实践的无声载体，一面默默无闻，似乎令人意识不到它的存在；一面又咄咄逼人，以钟表的刻度催促着人们的脚步。不同的社会有着不同的时间节奏和表达，不同的个体有着不同的时间处置方式。时间，作为社会存在的框架本身，在暗自吐露着一个社会、一个组织、一个人的真性情。

在安卓学校，看似常规的日常教育安排下，总结起来它的时间节奏至少有四个特点：第一，教师对课堂时间有着明显的主动权，甚至可以超越课表约束，按照本班学生需求和教学进度灵活掌握教学时间。明明课表显示是数学课时间，老师如果认为必要，可以上英文课；第二，在那里的课堂上，有大量的时间用于学生亲身参与和实践，比如通过亲手制作花的模型，理解根、茎、叶等概念，也包括为了调动学生情绪，活跃的游戏也经常占用课堂时间；第三，课堂时间通常被切分成不可预期的片段，而这些切分，有相当多来自学生个体的需求，比如达利亚长口疮、卡利亚要去洗手间、"小泪包儿"萨利报告老师有人让她不高兴；也有一些切分来自同事之间出于不同岗位的工作需求，比如校长的广播，特殊教育老师来领特殊教育项目中的学生、学校安排的临时活动等。第四，在看似具有很大灵活性的时间里，也存在着固定的边界和人们的时间压力。最明显的时间框架是凯文老师和其他课程老师，比如音乐课、写作课、体育课老师交接学生的时间，他务必准点；而时间资源的压力，则常常表现在凯文老师总说自己很忙，比照州统考教学要点需要完成教学进度上。

在考试场景下，最明显的时间特点是：面对州立统考这样严肃的考试，居然没有时间限制。在预期时间里完不成试卷的学生，不仅不会受到责怪，而且还会被老师表扬为"付出了额外的努力"。在特殊教育项目中的时间运行有两个最明显的特点：一是特殊教育项目中的学生，通常在其他学生接受常规教学的时间里被"拉出来"进行特殊支持；二是要进入特殊项目，需要经过相当长的一段时间和一套复杂的评估流程，既需要家长的知情同意，又需要有关专业机构的技术支持，还需要学区对资源筹措与确认。这套流程下来，需要至少半年的时间。更不容忽视的事实是，绝大多数特殊教育项目中的学生，随着时间流逝，并不能跳出特殊项目，而需要始终依赖这套系统。

在心性塑造方面，从安卓的教学安排上讲，既有专门的时间，比如社会课程用于专门传授公民知识，又有零散贯穿在常规教学中关于社会规范、政治理念的讨论与传承，比如写作课程对环保主题的讨论。同时，安卓学校对学生的行为规范，又是暗含在具体时间和空间框架下的，比如每天早上升国旗、唱国歌的仪式、每天午饭时间必须排队领饭、打扫自己的餐桌、每天老师必须上报本班学生出勤表、学前班家长接孩子回家时必须签字等。这些看似平淡的规矩，其实是蕴含在具有强制力的时间框架之中的。换句话讲，行为与时间节奏必须匹配，才能形成惯常的生活。反之，如果中午唱国歌、早上打扫餐桌都将被视为反常的举动。

这些贯穿在安卓学校日常活动方方面面的时间，在相当程度上规定了学校作为一个专门教育机构的运行节奏及其功能实现方式。它是一种机制，也表达了一种认同。比如，这些认同包括学生可以出于个人需要，打断课堂集体学习的时间节奏；学生的学业水平和考试答题时间无关；学生的认知体验和对美国社会知识的学习，是值得专门投入大量时间给以实施的；在明确的时间框架下要求学生遵守纪律，要求教师进行教学衔接是必须的等等。时间不再是一个抽象的存在，当它被视为规制，约定了人们与特定时间节奏相对应的行为时，成为明确的时间节奏，附着在明确的组织章程与纪律中；当它被视为资源，用于支持学生的学习、家长的参与时，则成为隐性的"配适器"，在相当程度上与不同族群文化、不同社会阶层人们的生活方式相互作用，从而强化了不同社会群体对资源占有的不同方式与格局位置，打破了现代社会在同时性时间框架下平等的想象。也就是说日常生活节奏、时间分配，既是社会阶层的反映，又成为复制社会阶层生活状态的动态要素。

二、若隐若现的模仿态势

教育可以被理解为模仿，而不是简单的复制。教育，正是引领人们去追寻心中图像的过程。它既有趋同的意向，又在求异中体现着人们的创造性；既有有意而为之的树立榜样和教导，又有潜移默化的濡染；既有个体层面的效仿行为，也有在组织、社区、社会层面暗含的一致性。回顾安卓学校教育实践中的模仿，可以首先从学校为学生在强制性时间节奏中设定的规矩谈起，看到安卓学校对学生的外驱型模仿要求；然后，从学校、社会的一致性角度，理解安卓学校作为专业教育机构本身对社会规则的复制；最后，去追寻这番模仿所追求的"人的图画"是怎样的？

学校作为外驱性模仿与内驱性模仿相互转换的空间。历史上，知识的传递曾经以家庭教养、私人教师为主的方式进行。学校，在历史演变中悄然诞生。和传统教养方式相比，从学校作为一个包含不同学科的老师、相似年龄段的学生、食宿等各种后勤事务支持系统在内的组织机构不断演变而来起，就蕴含了将各方因素协调搭配，共同对教育对象施以影响的合力原理。这种合力，也从一开始就表现为外驱性的强制模仿要求，和隐含的模仿模板及其动机之间的转换。在安卓学校场景下，前者通常以鲜明的纪律和强制性的时间节奏给以贯彻，比如学生都懂得在上课的时间段里如果需要在楼道里走动或上厕所，必须得到允许，而且手持通行证，来证明自己在原本不应当出现在楼道里的时间走出教室的合法性。而隐含的模仿模板，则更多表现为人们在这套规制下习以为常的行为模式和共同意识。学校的制度已经成为学生行为习惯的一部分，而不被感受和定义为约束，外驱性模仿转换为内驱性模仿。比如，日久天长，学前班家长、学生、老师将接孩子下学时的签字规定，视为日常活动而不假思索地习惯性遵守。在共同意识层面，马兹老师写作课上，保护鲨鱼案例中所携带的英雄主义情结、凯文考试在作文题目讨论中对美国联邦体制特征、婚姻、爱、货币、移民的讨论都在儿童的心灵里逐步渗透着那里的人们所理解的生活画卷和意义系统，即构建着内驱性模仿的摹本。

学校，作为一类专业的社会组织，与宏观社会系统之间有着一致性与超越性。进一步挖掘安卓学校这套时间系统和模仿实践存在的道理，可以看到它与所在社会宏观层面的社会时间节奏与意识形态保持着内在的一致，同时又作为专业教育机构有所修正与超越。即学校自身是对社会系统的模仿。在一致性方面，社会共识的意识形态和资源格局，在安卓学校得到投射。比如人们将人的个性和不同需求视为理所当然，并认为政府有义务为此提供更具个性化的服务和支持体系，而不是否认人与人的差异。提供特殊教育支持，被视为这一观念在教育领域的体现。安卓学校中亚奎琳、家坤等学生在常教学、州立活动中，被不时从正常教学时段中"拉出来"进行单独辅导和接受考试读题等额外支持，就是安卓学校教育实践对宏观层面意识形态和资源配置的模仿。同时，特殊教育项目中，格林老师抱怨让她负责跨越三个年级学生的工作量，以及语言支持项目中，玛利亚老师一天马不停蹄甚至顾不上吃午饭的时间节奏，又和费城日益削减的公立教育投入形成具有一致性的格局。此为学校对社会层面宏观格局与意识形态的模仿。而学校作为专门的教育机构，它的超越性与修正性则更多体现在有意而为之的对下一代的影响与干预中。比如每日的唱国歌仪式、经常特意安排的集体外出参观、课外活动，并非大多数成年人日常生活的一部分，但是学校正是通过刻意突出青少年成长特点，在不同于成人世界的时间资源分配格局中，突出自身作为专业教育机构的功能和意义。

第三，需要回到的一个终极问题是，安卓学校所追求的终极模仿目标是什么？这里的答案是"成为一名美国公民"。在这一过程中，英文、数学、科学、计算机等课程知识的传递，是为人们提供基本的书写、阅读、计算能力，来应对社会生活。除了专门的社会课程中，贯穿在其他日常教学活动也夹杂着成人世界的意识形态、认知方式对儿童的濡染。从文化的意义上讲，是特定社会中成年人文化对儿童文化的渗透。或显性或隐性的规矩，嫁接在或明或暗的时间节奏上，成为对学生礼仪行为的训练和契约精神的培养。因此，安卓学校所追求的终极模仿目标首先是具备一定生存技能的公民，同样重要的是以这个社会所需要的行为模式与思想意识塑造他们。这也是公立学校设立的初衷：一方面明确了政府在其中的责任，在更大范围上惠及不同阶层的孩子；另一方面，塑造特定社会所需要的具体的人。

三、教育的社会文化土壤——从安卓学校看美国

从时间和模仿的维度去理解安卓学校的日常教育活动，已然可以窥探到美国社会风貌在其中的体现。接下来，就这一问题可以进行更加明朗的梳理，再次体会伫立于美国费城贫困社区的安卓学校在那片土地上生存与运行的理由。这里，不得不提到以个人主义和实用主义为特色的精神气质。同时，首先不能否认的是那里相对丰富的物质资源。

美国作为发达资本主义国家，创造着举世瞩目的财富。同时，它具备着和中国差不多辽阔的国土面积、人口规模却只相当于中国的三分之一，加之丰富的自然资源。这一切为那里的人们提供着相对丰裕的物质条件。虽然费城学区教育经费逐年下降，学区教师不断被裁员，教师不断为此提出抗议，安卓学校的学生也大多数来自经济处于不利地位的家庭，但是，和中国这样的发展中国家相比，它的教育资源投入绝对数量仍然是遥遥领先的。以贫困学区的费城学区为例，2009 - 2010 年对每个学生的生均教育投入为约 1 万 3 千美元，虽然这个投入和其他相对富足的郊区学校相比，只有后者的大约 50%，但是和中国

2013 年全国普通小学生均投入 6901.77 元，全国普通初中生均投入 9258.37 元①
相比，仍然差别巨大。这种差距在安卓学校的校园生活中比比皆是：每个楼层
设有两个直饮水水管，供学生随时补充水分；每个教室都设有水龙头等盥洗、
排水系统；每个教室有足够的空间，安排学生走出自己的座位开展小组活动；
学校有相当的经费用于支持学生外出参观活动等等。问题的关键，并非是拥有
这些固定的物质设施，更重要的是这些物质条件成为人们去实践教育理念和表
达意识形态的必要手段。人类学对物的关注，总力图从中看到人的活动及其
关系。

　　恰恰在相对丰裕的物质条件基础上，安卓学校才可以去实施种种关注个体
需要、倡导契约精神、塑造公民素养的教育干预。而这些依附在特定时间节奏
和模仿框架下的活动，恰恰体现了那里人们的个人主义诉求和实用主义精神气
质。实用主义和个人主义其实有着天然的联系。实用主义者对世界的回应永远
是具体分析和埋头实干。他不追求纯粹的真理，而永远立足实践主体和世界的
互动，将世界吸纳到自身的认知框架和信用系统中，使之改善具体的生存现状。
它促使人们为改善现状激发创新而心潮澎湃；它引导人们认真审视作为认知世
界主体的个人的认知框架，在此基础上嫁接出新的智识。在这里，个人，作为
一切认知、革新的主体，永远作为出发点和主体得到首先的重视与检视。而这
种将个体放置于突出位置的视角，和个人主义有着异曲同工之处。尽管个人主
义在不同语境和历史传统下有着各异的叙述重点，但是对个体层面的凝视是不
同版本下个人主义的共识。美国的个人主义，正如孕育在《独立宣言》中所陈
述的"人生而平等"，成为美国争取独立、建立国家的立国之本，无论是争取黑
人解放，还是后来逐渐形成的工业巨享所享有的对个人冒险、创造性的回报，
以及当下全球关注环保问题上，美国的领导者角色和英雄主义情结，都指向对
个体天赋、勇气、能力、资源、影响力的追求。但是，这个建立在联邦制基础
上的国家，也从一开始就明白相互协商、制约、划定边界的意义。因此，在那

---

① 教育部 国家统计局 财政部，关于 2013 年全国教育经费执行情况统计公告 http://
www.moe.edu.cn/publicfiles/business/htmlfiles/moe/s3040/201411/xxgk _ 178035.html,
获取于 2016 年 4 月 8 日

里的个人主义，不是个人私欲的绝对膨胀，而是在承认个体差异、多元存在基础上的相互协调。

当个人主义意识形态和实用主义精神气质投射到教育领域中时，首先势必带来教育服务的个体化、个性化、多元化。携带着这样的共识，人们在很多时候会标榜"我不在乎"（别人的评论或规则或学习要求等）；孩子们上学来是为了"好玩儿"；人们不认为所有的学生必须参加统一的州立考试；每个个体学习能力不同，不应当在同样的考试时间框架和要求下被测评；教师有义务花费时间依循学生的认知框架设计各种调动所有感官一起参与的活动，以领会书本上的那些跨越时空的抽象知识；对于学生关于国情的教导和更为全面的自我认知，也需要在学生基于对学校规则的亲身感受下、对诸多课外活动的积极参与中，去传播和理解。那里，很少鲜明地推出具有强制性的模仿模板，有意而为之的教育行为，通常需要包裹上"参与"和"有趣"的活动外衣。这也正是虎妈那样强硬的教子方式为何在美国引起人们对教育中宽严分寸及其效果进行热议的缘由。在那里，人们不习惯被迫模仿什么。对课本知识的快速记忆，其实是一种强制性对知识体系在头脑中的复制。按照实用主义观点，这样将书本知识生硬搬进大脑记忆库的做法，是不合情理的，因为它剥夺了学习主体的个人认知意义的寻求和已有认知体系的价值。因此，在安卓学校观察到诸多生动而多元的教育形式。需要指出，美国丰裕的物质条件为实现这样的理念提供了不可或缺的必要基础。没有接入每个教室的水龙头，凯文老师不可能为学生现场用水和容器展示抽象的容积概念；没有足够的教学时间资源和教室空间资源，那些活跃的小组活动、手工制作便没有条件得以开展；没有更多的资源，学区不可能为不同情况的学生提供特殊教育支持、语言助理、课外参观活动等等。也正是在教育资源被安置在这套教育实践和体系的同时，在其中接受教育的学生们得以对这番意识形态进行再确认与强化：所有人认同因为个人需求占用集体课时是理所应当的诉求、学业困难是向学校提出特殊教育需要的理由，而非敦促自身更加努力的动力……正像人们欣赏钢琴曲，并非欣赏钢琴本身，而是欣赏它在演奏者指间流淌出来的音乐韵味。美国相对丰沛的教育资源并非可以比拟的条件，更重要的是思考这物质基础与其制度安排、日常活动之间所形成的解释性关系。

　　此外，还要注意到尽管从联邦，到州政府、到学区、到学校尽可能照顾到不同学生、不同家长的差异性需求，比如提供特殊教育支持、语言支持，但是，那里仍然有主流与边缘之分。大多数在特殊教育项目中的孩子，是学业能力低于主流学业水平的学生，历史统计表明，尽管他们已经接受着更多支持，但是他们中的绝大多数仍然无法摆脱学业困境。而且从凯文老师班级芙楠达、亚奎那、阿什利情况及格林老师的回忆看，恰恰是文化资本和社会资本相对薄弱的拉丁裔移民在这样的困境中难以自拔。这和美国低保救助工作的格局有些类似：政府花大量资源扶助低保人群，然而接受救助的人群在贫富日益加大的经济鸿沟面前，跨出救助项目的可能性并不乐观。看起来，尽管那里有着相对优越的物质条件，看似对包括非法移民在内的"全纳式"美国公立教育中，学生不可避免地置于社会阶层的分化结构中。学校作为复制社会阶层的隐性工具仍然发挥着作用。

　　最后，再让我们回到"教育"的含义上来。教育从来不仅仅是书本知识的传递，更担负着塑造这个国家所需要的公民的职责。然而，每一个国家对"公民"的理解及其塑造手段不同。这涉及到人性的修正与塑造，但是要将其放置在广阔的世界里来探究、甚至剥离出人的改变及导致其改变的因素，恐怕是一项极其艰巨的任务。但是，至少对教育过程中的时间结构及由此衍生的规则进行观察，理解其中的价值取向，以及阐释教育实践之于更宏观、更深层的制度安排、意识形态之间的趋同性与超越性，可以引领我们对具体场景下教育实践的社会文化土壤给以更深入的理解。

附录1

民族志中出现的人物索引

老师、教工（按照姓名拼音首字母排序）：

查妮老师：安卓学校 1 年级教师，一位白人女性。

大卫老师（男）：担任安卓学校的游戏课，但他不是和学区签订劳动合同的正式员工。据说他的薪酬有限。但这似乎并不妨碍他的工作热情和孩子们对他的喜爱。他爱穿一件红色带帽衫，活跃的身影总出现在教室及学校后院。

格林老师：安卓学校特殊教育项目中的老师，负责 4－6 年级特殊教育项目中的学生。她做这一行已经二十多年。她看上去 50 岁上下，清瘦的脸庞，尖尖的下颌，和消瘦的身材，戴着一副眼镜，镜片后面是一双有着浓密睫毛的大眼睛，她在安卓学校这片社区长大。

哈里根老师：二年级教师，是学校里为数不多的黑人教师，一位看上去 30 岁左右的女性。她也是艾美丽弟弟贾森的老师。

赫斯勒老师：安卓学校特殊教育项目中唯一的男性教师。他是一位看上去二十多岁的白人小伙。有时特殊教育项目中的学生情绪失控或动手打架时，通常看到赫斯勒老师以男性的力度去阻止和处理。

杰克：安卓学校清洁工，一位看起来 50 岁左右的非裔男性。

杰克森老师：安卓学校四年级班主任，是一位丰满的非裔美国女性。

卡洛：学校办公室的行政人员，一位中年白人女性。她在总是热情地和来学校的家长、客人打招呼，一定程度上成为校长会客的"看门人"。她也是从小在安卓学校社区长大。

凯文老师：安卓学校三年级某班班主任，也是真诚接纳我进入他的班级进行志愿者工作和田野工作的人。他六十年代生人，光亮的头顶，微微隆起的腹部，和学生游戏、运动时，却有着协调灵活的身段。

凯瑟琳老师：安卓学校特殊教育项目中的另外一位老师，白人女性，金色的头发，美丽的面庞。她负责安卓学校1－3年级特殊教育项目的学生。她在2014年5月辞职离开安卓学校。

康妮：学校行政人员，一位看上去50多岁的女性。她的日常工作是协助校长落实行政工作，比如保管州立统考试卷、安排监考等。

卡普顿校长：安卓学校校长，一位看上去四十多岁的女性。她通常是安卓学校里唯一身着职业装套裙的女性（其他女性教师通常是T恤、牛仔裤或带有学校标志的短袖衫）。卡普顿校长每天拿着对讲机保持和全校老师的随时联络。

拉芙缇老师：安卓学校三年级另一班的班主任。她是一位中年女性，校长曾经说她是位经验丰富的老师。

莱博老师：安卓学校非常有经验的幼儿园老师。在2014年学年结束前，大家为她举行了退休送别派对。

莱福缇老师：和凯文老师搭班，她是三年级另外一个班的班主任。一位被校长视为业务榜样的教师。她是中年白人女性。

马兹老师：安卓学校写作课老师，一位中年女性。她已在安卓学校片区生活了很多年。

玛利亚老师：安卓学校语言支持项目中老师，一位中年白人女性。

苏：学校办公室的另一位行政人员。她会讲西班牙语，因此来学校办事的那些只会讲西班牙语的拉美家长，经常需要她的帮助。

王老师：安卓学校的中文助理，一位挺拔清瘦的东方女性。她很多年前随丈夫一起从广东来到美国。她会讲汉语和粤语，和安卓学校那些需要翻译的华裔家长很熟络。

涌老师：安卓学校的西班牙语助理。她有着深色的肤色，因为工作关系，熟悉很多拉美裔家庭情况。

约翰森校长：卡普顿校长手术修养期间的代理校长。一位有着多年校长经验的绅士。根据学区安排，临时接替卡普顿校长工作。他六十多岁，头发有些稀少，每天穿衬衫、打领带上班。

学生和家长（按照姓名拼音首字母排序）：

阿里：凯文老师班里的最为瘦小的男生。他的妈妈是位中学教师，总是和凯文老师保持着积极的沟通。阿里也在特殊项目里。健康、饮食是阿里需要给以特殊干预的领域之一。

艾美丽一家：

艾美丽，女，华裔，凯文老师班里的女生。她被凯文老师划为班级里优秀的学生之一。她有着东方人特有的丹凤眼，白皙的皮肤，安静的风格，让她看起来像个可爱的瓷娃娃。

贾森，华裔，二年级，艾美丽的弟弟，有着男孩的调皮和好动。

艾美丽妈妈，以前从高中辍学，在福建务农，十来年前以旅游签证来到美国，便在这里"黑"来，结婚、生子。目前还在申请政治避难的程序中。她白天在附近的中餐打工。

艾美丽爸爸，在中餐馆打工，比较远，通常只有周末回家。一家人已经在学校附近买了一栋两层的楼房。

安妮：四年级的华裔女生，成绩优异

奥斯卡，凯文老师班里华裔男生。他总是很安静。

阿什利：和芙楠达家庭情况类似。只是她的体型很瘦小，而且从小接受语言辅导项目，至今却依然面临语言障碍。凯文老师也正在建议阿什利的家长对孩子进行特殊教育项目评估。

达利亚：凯文班里的女生，2011 年随着父母从阿尔及利亚移民到美国。她有着美丽的大眼睛和长长的卷发，活脱脱一个洋娃娃。她是罗拉的"铁粉"

戴安娜：凯文老师班里的女生。她家也是来自墨西哥的移民。她有个姐姐在安卓学校读 8 年级，成绩优异，正在为申请费城学区最好的公立高中而努力。她父母在餐馆工作，并已经在学区置办了一栋房子。

迪尼斯：凯文老师班里的女生。她家也是来自墨西哥的移民。她是班里少有的独生女。爸爸说愿意集中精力培养这一个孩子。

费莉娜：凯文班里的白人女生，她家是几年前从北欧移民来的。她成绩优异，是我唯一看到会为州级统考能够考出好成绩操心的学生。

芙楠达：凯文老师班里的女生。来自墨西哥非法移民家庭，有着拉美裔的浓眉大眼，鼓鼓的小脸，鼓鼓的小肚子。虽然出生在美国，但是在家只讲西班牙语。至今，因为语言障碍，她上课很吃力，在班里总是沉默寡语。她正在经历特殊教育项目评估，看是否需要特殊干预。

何塞：凯文班里的男生，他在语言支持项目里（ELS）

家坤：凯文老师班里的男生。他是非裔美国人，有着黑白分明的大眼睛，卷卷的头发。所有人都知道他在特殊教育项目中。他需要给以特殊干预的领域是情感与心理。

杰森：中文俱乐部学生，非裔美国人，在4年级杰克森老师班就读

杰奎那：凯文班里的一名安静的女生，来自墨西哥移民家庭。她当时因为学业困难，已正式接受特殊教育项目所提供的支持，不时在其他学生上课时，被特殊教育老师叫到特殊教育老师办公室单独辅导。

卡卡：安卓学校学前班华裔女生

卡利亚：凯文班里的非裔女生。她和卡扎亚很要好，几乎形影不离。

卡扎亚：凯文班里的非裔女生。她比同龄孩子要高大丰满很多。她经常在上课时间要求上厕所，小组练习是常对老师布置的任务发愁

卡里：凯文班里的文艺明星，非裔美国男生。他有着一副动听的童声歌喉。但他身患一种很严重的疾病，经常需要就医，而且医生对他的预期寿命很不乐观。

凯文老师：安卓学校三年级某班班主任，也是真诚接纳我进入他的班级进行志愿者工作和田野工作的人。他六十年代生人，光亮的头顶，微微隆起的腹部，和学生游戏、运动时，却有着协调灵活的身段。

李小：李维的弟弟，也是艾美丽的表弟，幼儿园，也在中文俱乐部学中文

李维：艾美丽的表弟，她姑姑的儿子，一年级，也在中文俱乐部学中文

罗拉：凯文老师班里的女生，2011年刚随父母从摩洛哥全家移民到美国。她在冬天里，偶尔会带着伊斯兰教女性的头巾上学。她成绩优异，在课堂上很活跃。很多时候凯文老师会用她的试卷作为判卷的模板，对照着阅卷。

玛丽莎：安卓学校家长，一位中年白人知识女性。她有两个孩子在安卓学校读书，一个2年级，一个5年级。她是宾大的教授，作为家长代表十分活跃，创办了"安卓之友"公益组织。

莫尼尔：凯文老师班里的男生，非裔美国人。他的理想是做一名工程师。

莫文：凯文老师班上一个安静的拉美裔男生。

帕翠莎：安卓学校家长，一位来自波多黎各的浓眉大眼的年轻女子。她也是安卓学校家长委员会唯一讲西班牙语的代表。她的儿子在 2 年级就读，参加中文俱乐部。他本人正在进行会计专业本科课程学习

帕克：凯文班里的男生。卷卷的头发，粉白的面庞，浓黑的睫毛，一开始我还以为他是女孩子。后来发现他可是一个会欺负人的淘气包儿。

瑞琪儿：四年级的华裔女生，成绩优异，是安妮的好朋友

萨利：凯文老师班里的女生，非裔美国人。凯文老师封她为班里的"泪包儿"——她大大的眼睛里经常噙着泪花儿，向老师报告她的委屈。

萨米尔：安卓学校特殊教育项目中 5 年级的男生。

唐顿：凯文老师班里的男生，白人，和外婆生活在一起。他乖巧聪明，成绩优秀，深得老师和同学的喜爱。

雪莉：安卓学校学前班华裔女生，她的妈妈是卡卡妈妈的舅妈。

伊洛伊：凯文老师班里沉默敦厚的男生。他家也是从墨西哥来的非法移民。田野期间，他的爸爸不幸自杀身亡。

钟静文：中文俱乐部学生，华裔，在 4 年级杰克森老师班就读.

扎西姆：凯文老师班里的非裔美国男孩。他的理想是将来卖柠檬水。他还有个弟弟，一年级，在查妮老师班里。他的曾祖母 70 多岁，但是身体健康，善谈活跃，经常到学校里来做志愿者

附录2

田野工作札记

田野札记（一）进入安卓学校

2013 年 10 月 4 日

昨晚和蔡德一起参加安卓学校的开放日活动，帮助那里的中国家长做翻译。

卡普兰校长是 2010 年到那个学校的，她来了之后，进行一番整顿。这个学校曾经有着危险和暴力的名声。她到这里立下规矩，并不断在学校巡视。校园安全的改善得到宾夕法尼日报的报道。她很欢迎我今天帮助做翻译

下午 5－7 点两个小时，被家长叫着帮忙翻译。

我刚在门口一站，就迎来了中国家长。其中一个家长听说我是翻译，就让我帮助她填写登记表。很简单：家长姓名、学生姓名、住址，电话。她是个 30 岁上下的少妇，领着女儿艾拉，在这里上幼儿园，ella 会讲英文，也会讲中文，还会和妈妈讲广西话。她穿着深蓝色运动裙，整齐干净的刘海短发，圆圆的面庞，甜甜而害羞的笑容挂在脸上，始终牵着妈妈的手。妈妈从广西来，到这边两年的时间，刚刚又生了个宝宝，也是女孩，说，还得再生一个。老公家就他一个男孩，想要个孙子。

楼道里面摆了一排摊位，有的是图书馆征集孩子作品的，有的是发放蜡笔的，有的是卖有学校标志校服的（学校标志是一个可爱的小熊爪子，校长设计的，代表 6 种品格，具体内容没记住，随后再问），校服不是必须的，但是家长买的话，相当于给学校捐款，上衣、裤子等，10－15 元一件。另外的募捐方式，是在摊位上卖吃的，5 块钱一份。艾拉的妈妈让我帮着确认图书馆作品展示不用交钱，便让我帮她登记。其他募捐活动，都没参加。ella 也从不有什么特别的要求。

　　然后，我们到楼下大厅听校长讲话。校长看到我进来，马上说，我们这里有中文翻译，需要的家长，可以和她坐在一起。我看到左前方有一片中国人，坐到那里，左右两边马上围坐了 4 个妈妈。我便把校长的大意翻译给她们。在这里参加活动的，有亚裔、黑人、白人。老师也是这样，但是老师似乎没有亚裔的。孩子们坐在自己的座位上，完全不老实，校长讲话，他们也说话，有时让我听不清校长说话。家长不时让他们小声点。在地下室开家长会的大厅，写着 gym。

　　印象最深的是，今天费城城中心校区的经费减少了 450 万美元，所以，要运转很困难，希望家长们多支持。多作一些志愿者工作，让我们的孩子少受预算减少的影响。pssa 是这里的相当于统考，孩子们在 3 年级以上都要参加。校长讲话还穿插着一个机构捐款，2000 美元的 check. 然后是一一介绍学校各班老师。可以看出，有的老师充满热情友善地和家长们挥手微笑，有的老师则礼节性地点点头。接下来，是 home 乐队演出的录像，他们到华盛顿演出，家长也被邀请。维持这个乐队每年至少要 26000 美元。还有个看起来是华裔的男孩，表演了摇滚歌曲"pssa"，他那风格的歌词，我是一句听不懂。

　　接下来，家长就可以进班和各个老师交流了。

　　我先跟着艾美丽的妈妈进了她儿子贾森的班级。艾美丽妈妈没有上班，在家照顾儿子和女儿。她能看懂一点英文，但是不会讲，不会和老师交流。她让我问问老师，儿子学习能不能跟上。儿子的老师，哈里根老师 是位年轻的黑人女性，首先在黑板上写了她自己的手机号和学校电话，并没有介绍太多，让家长看孩子的日记本。艾美丽妈妈把电话抄下来，说自己很少发短信，因为那个要收费。在和老师的交流中，老师说，贾森学习没问题。我们翻看了贾森的日记，有的没写完，有的是：open computer, my sister watch. . i played . . . . . mon let us close computer. 邓笑着说，"看不太懂，不知道他写的什么，好像有 computer. 他们就是喜欢这个，有时候一台电脑，两人还打架"

　　接着，我们到了艾美丽班里，凯文老师正在对所有的家长讲话。家长里有白人，黑人，亚裔，还有一个我认为是亚裔和白人的混血。老师讲话时，孩子们像在猴山，上蹿下跳。教室四周贴着孩子们的作业，班级规定"未经允许，不得在教室吃东西"，"不许欺负人"等等。还有一些信条：respectful, responsible...凯文老师娶了位日本太太，在日本生活6年，从不迟到，永远看表把握时间。他相信对孩子的要求高些，对他们有好处。而且要求家长给孩子准备5个文件袋，3个资料夹，要求孩子对学习资料归类整理，因为越是有序，一个人成功的可能性越大。为此，他把学校闲置的塑料筐"偷来"，给孩子们装他们的课本和folders等。他交了20年的书。他把自己的电话、办公电话留给家长，每天8：00以后随时电话联系。节假日除非紧急情况。

艾美丽妈妈让我翻译的问题是：艾美丽的学习情况怎样？她词汇量有限，家长有些着急，希望老师多提问她。是否还需要上语言支持课程。凯文老师的答复：艾美丽很聪明，数学很好，但是注意力上有问题，时常看到她自己在桌子那玩。词汇量，他给她们建立的单词本，自己也常讲，还把单词写在墙上。eol班她不用上了，因为通过测试了。

然后，蔡德还帮助一个家长，用西班牙语做翻译。那个家长关心孩子着急上厕所咋办。老师说，随时提出，我会批准

这是，艾拉的妈妈让我过去帮她给老师翻译下。艾拉妈妈的问题是：艾拉在班里表现怎么样？适应不适应"

艾拉的老师，是位年轻的白人女性，说：她挺好的，刚上幼儿园，有些不适应是正常的。

妈妈问：要是生病请假怎么请？

老师：把医生的诊断证明给学校办公室就好了。

妈妈问；如果半天的时间，是否可以再送回来

老师：可以，但是如果孩子发烧，就不建议送回来了。另外，可以听听医生的建议。

妈妈：要是孩子不听话，请您管教

老师：我会的，我会给他们立规矩。

帮忙做完这些翻译，看到了玛丽莎，她的儿子在这里上3年级，女儿在读幼儿园，还有个老三，在家几个月。校长对她说：谦在这是超级有帮助。你可以看到她的到来，点亮了华裔家长的眼睛！

玛丽莎和我使了个眼色，让我继续跟进。校长说，学校每周一－周五都有西班牙，而中文翻译，只有周三有，中文俱乐部也是周三下午。于是，我跟校

长说，我可以每周一来这里做翻译。她欣然接受。我想，这是一个好机会。学校需要我。我为什么不可以先做志愿者，等伦理审批过后，再正式访谈、观察。做志愿者，绝对是对学校和田野的初步了解，和不可分割的一部分。

田野札记（二）和小朋友的种种相处

薄荷糖做桥梁

11：10－11：40午饭。我跟着学生来到地下室。今天的午饭是意面或者汉堡包，学生可以任选。我和六个女生围坐在一个餐桌边，拿出自己带的三明治，想和小朋友们聊天，好像又不知道说些什么。一个女生拿出有些像江米纸一样的薄荷糖，我旁边的女生尝了下，吐着舌头说："好辣！我的舌头都快着火了！"我要求尝一个，女孩们好奇地看着我的反应。我说"不错！够味！"直到回到教室前，还有女生经过的时候问我："还辣不？"看来这个举动让我和她们有了一点共同的话题。

（2014年1月21日）

检查作业

我在教室里按照凯文老师给我的学生名单和作业清单记录表，走到学生座位跟前，一个一个找学生检查作业。核对完成一项，就在凯文老师给我的作业清单记录表上画"✓"，如果没有完成就画"—"。这也是我反复熟悉每个学生名字的好机会。他们的作业写在练习纸上，而不是作业本上。大多学生，有一个专门的文件夹，收纳每天的作业纸。走到帕克那里，他说昨天下学的时候找不到数学作业纸了，就没做。我说："那不是借口。你可以找老师要"；扎西姆直接说昨天没做阅读。轮到贾坤我问他要作业，他趴在桌子上，不理我。凯文老师说：家坤，这样很粗鲁！他这才抬起头来，跟我摇摇头，也不说话，算是对我检查作业的回应。到卡扎亚那里，她那个科学报告，歪歪扭扭写了7，8行，我给她的作业清单记录表栏目下画了"–"。她说："给我打钩吧。我昨天从6点做到12点呢！"我说："你不应当花这么多时间啊。"她说："真的！给我个✓吧"。我顺手拿了萨莉亚的科学作业让她看，又整齐，又有很多内容。她也不好再说什么。我顺势说："下次你做好一点，我给你✓"．她也就不说什么了。

（2014年2月27日）

帮助语言支持项目中的伊洛伊

玛利亚老师把凯文老师班里 7 个在语言支持项目的学生带到过道里的书桌前，围坐在一起，加强今天英文上学习的课文和单词学习。课文讲解完毕，玛利亚让学生们拿出今天发的单词表，自己说一个词的意思，让学生从单词表中指出相应的单词。如她说：official seal，学生就要指出 stamp. 但是，老师一个人无法同时关注到 7 个学生。我看到伊洛伊反应比较慢，便走过去试图帮他。恰巧，他有一个单词卡片抢答很快，我便顺势鼓励他：great!（真棒!）他似乎受到了鼓舞，在接下来几个单词里，伴随着鼓励，越来越熟练。他微笑着，和我有着眼神的交流。

（2014 年 1 月 23 日）

田野札记（三）和家长的相处

3 月 24 日，周一

遇到季诺的父母，得到他们的允许。

下午 1 点多，季诺的爸爸到班级门口。这个不太常见，一般家长早接孩子，都在学校办公室 签字，等着办公室给老师打电话。季诺的继父，是个高壮的白人，蓝色套头衫上面溅着很多水泥、石灰印记，好像刚从工地出来。我上次在学校办公室 看到他早接季诺就有一种直觉，不知为什么，我 好像不愿意和他说话，于是错过了征求他意见，给季诺辅导功课的机会，心里有些懊悔。今天，我鼓起勇气，要把这个事情推进一步。便走到教室门口和这个高壮男人打招呼。他说我们今天有 3 个医生的预约，他妈妈也不知道是不是今天生，家里没人，我得一直带着他。我问妈妈肚子里的是儿子还是女儿。他说是女儿。我说祝贺。他说，这是我第一个小孩。我说，我知道，上次家长会和季诺的妈妈聊天呢。他说，他妈在楼下办公室。我便跟着下去，又见到季诺的妈妈，果然，肚子比上次我们见面时候大了好几圈，是临产产妇的样子。我问她感觉怎么样? 会不会今天生? 季诺怎么办? 我可以帮着带季诺，每周帮他辅导功课。她很高兴我这个提议。oh, thank you! 我说我每周一、四到学校，你们倾向于我周一，还是周四去? 她妈妈想想，好像周四还有一个家教老师要来，便选了周四。这样，我觉得这个事情有了进展。心中暗喜，下午和老师也知会了一下和季诺家的进展。我认为这是推动田野的重要一步。

3月27日，今天是周四。

今天是周四，我想，上次和季诺的妈妈商量过周四的时间。今天应当可以有进一步进展。于是，下午我给季诺的妈妈发短信，说我下学和季诺一起回家，帮助他功课。直到下学，他妈妈也没回短信。下学后，我跟着季诺先去大卫那里，他们去那个小游乐园耍。大卫老师以年轻的身体，和他们追逐嬉戏。4点15分结束，我便和季诺往他家走，想着今天是考试日，没有作业，可以和他妈妈商量下，怎么帮他。原来季诺家就和学校隔壁的隔壁那个街上，走路只有5分钟都不到。到了门口季诺有露出可爱的酒窝说，我先进去，把大狗弄到后院去，还有个小狗，根本不咬人。我说，太好了，我就是怕狗。我在台阶下等着他，过了会儿，门开了，出来是季诺的继父。还是那身刚刷完油漆的衣服。跟我说："今天是个糟糕的日子，屋子在装修，很乱。我们不能让你进来。下次来之前先打声招呼？明天可以。"我委屈地想，不是上周和季诺妈妈约过了吗？今天给家长短信没得到回复。他这样说，好像我很无礼没有预约地闯入人家似的。更让我不舒服的是，他站在门口三节台阶上跟我说话，他在俯视，我在仰视。他为什么不走下台阶和我交流？这样高高在上地和别人讲话太不礼貌！

田野札记（四）和老师的相处

今天赶上了学区派人检查考场纪律。抽查到我们考场。格林老师工作这么多年，她说也是她第一次赶上。她今天不打算和学生说任何一句话，要是萨米尔再睡觉，就拍拍他。我也心里紧张一下，那种披着羊皮的狼的感觉又小小浮现。早上校门口签到的位子上，是幼儿园的老师。我认识她，她不认识我。她让我把visitor（访客）的不干胶胸牌贴在衣服上。我答应着，却没贴。我想，我戴着访客的胸贴，去监考，算怎么回事？这不，又赶上来巡视的人，好在没贴那个标志。要是贴了，人家再怀疑我是否有资格监考？我虽然有监考证书，却没有教师证书，更不是这个学校里的人啊。那个访客的胸贴，有些自绝于人民的意味。总之，是一种隔膜。

田野札记（五）

"一只混在羊群里的狼"

女子高中教书的屈老师，是我的好朋友，她告诉因为政府对公立教育投入锐减，教师、员工、家长，怨声载道。2013学年期末，学区解雇了将近4000名教学人员，相当于每5个教工中，就有1人被解雇。教师们忍无可忍，2014年3月19日晚上6：30，学区教师工会（Philadelphia Teachers' Federation，PFT）在女子高中礼堂集合，商议对策。

听到这个消息，我很想看看美国"阶级斗争现场"的心情。热心的屈老师很理解我的想法，并愿意设法帮我入场。我先到屈老师的办公室。在那里，见到她的好朋友，艾瑞克。他们经常一起合作教学项目。艾瑞克同时也是PFT在女子高中的工会代表，四十来岁，有一点秃顶的白人男性，身着红体恤，脖子上挂着相机，行色匆匆。屈老师直截了当地把我引荐给他，并介绍我作为一个外国人，访问学者，只想体验一下，能不能进去？艾瑞克直接拒绝了我们："不能！只有PFT会员才可以进。门口要查验身份证和工资条。工资条上面证明你是这个学区工会的会员。我可以把照片拍好，明天发给你。"

屈老师和我有些泄气。然后，我们决定先到会场看看什么阵势。到礼堂大厅一看，比音乐会验票还严格。音乐会也只要求一张票，而这里，要检查身份证和工资条，两样证件。一队老师正在排队，等待核验身份证等。同时，大厅里充满了人们相互问候、拥抱的嘈杂。我趁着人多，绕过验票的桌子，想直接溜进会场，却在门口被拦下。结果，我不得不回到注册的桌子那里，拿着自己的在美国的身份证，想蒙混过关。人家看我没有会员工资条，也不给我换票。这时屈老师赶来，亮出她的工作证和工资条，才换了张入场券。我俩一嘀咕便决定，把屈老师的入场券给我，而Q屈老师正乐得自己回办公室加班。

我们暗自庆幸：看来这个流程，还是有漏洞啊。

正在沾沾自喜，映入眼帘的是几乎座无虚席的千人礼堂，不同区域还飘扬着不同学校的校旗子，而那满眼的红色T恤衫又让我心里一惊！原来，红色是PFT的标志性颜色。今天，绝大多数教师都身着大红色T恤衫出席大会，或者红毛衣，或者红裙子，或者红围巾。我一面为这具有行动力的集体意识表达所震撼，一面寻思着我这一身没有一点红颜色的东方开襟衫和少见的亚洲面孔该怎么应对。我心虚地想，可能我真的是这里唯一一个非PFT成员吧。好在我瞄见最后几排也有个别没有穿红体恤的人，我便猫腰坐在那一小撮人里。坐下之后，赶紧低头扣手机，不敢理会周围人的搭讪，生怕一聊天就露馅儿，人家再把我检举出来。老实人出身的我，就是这样容易心虚！我小心翼翼地伪装着，按照咱中国人的话讲："一只混在羊群里的狼"。

人家不愿让我看，我偏要看。人家不愿让人知道的事情，人类学者却处心积虑非要搞清个来龙去脉。人类学者的田野工作，常常以窥见到不为常人所知的景象与信息作为成功的标志之一。哈佛大学赫兹菲尔德教授在一次演讲中，干脆说"人类学研究实际上就是对小道消息的研究"。小道消息从来不是公开的，恐怕说者也无心被研究。而人类学者，作为听者，却也是"混在羊群里的狼"。

羊和狼，属于不同的种群。人类学者参与得再深入，也永远不可能从内到外成为当地人，更何况总是怀揣着那份人类学的理论使命。把人类学者比做"狼"，是因为"狼"的伺机有心和"羊"的无知自然，使"羊"在浑然不觉中，有可能被伤害。好在人类学者不是真的"狼"，更多是在运用自己的知识为社区人民服务。但，"狼"的比喻，也足够提醒我们，不要滥用田野中这份"混在羊群里"的权力关系。否则学者将因此失去信任，学科将再次蒙上侵略与殖民的色彩。

附录3

美国大学入学考试 SAT 沿革与变迁

——社会历史与意识形态的视角①

刘谦，姚曼②

（中国人民大学，社会与人口学院，北京，100872）

[**摘要**] 美国 SAT 考试自 1926 年设立以来，从试题内容以及美国公众对 SAT 作为一项考试制度的关注热点两方面进行考察，可以划分为三个发展阶段．该项考试从设计之初 曾期待通过弱化高等教育入学考试和中学教学之间的关联，以天资测验的方式进行实现跨越社会阶层的人才选拔。而如今，经历了近百年的沿革，SAT 改革却再次要求更贴近中学教学，同时，人们批判如今的 SAT 呈现出与社会阶层、种族之间的强烈相关性。在这番历史的回归中，可以看到美国社会对科学理想主导下标准化测量的追求，以及当代美国社会多元利益主体的不同诉求对考试制度的直接影响。美国特定的社会历史为 SAT 的诞生与发展提供了直接的土壤，对平等的追求成为贯穿其中的社会意识形态。

[**关键词**] SAT；多元诉求；平等；考试与社会

考试作为当代社会的一项显现的社会活动，从来不是在真空环境中进行的。它承载了所在社会的历史风貌、文化根基和意识形态。各个国家升入大学的考试、选拔活动往往成为该国的标志性考试制度。比如美国当前以 SAT 成绩结合个人申请、学校个人双向选择为特点；中国则以激烈的高考竞争为特征；韩国

---

① 本文发表于《外国教育教育研究》，2015 年第 9 期

② ［作者简介］刘谦（1972 - ），女，北京人，中国人民大学人类学研究所、社会学理论与方法研究中心副教授；姚曼（1993 - ），女，湖北恩施人，中国人民大学人类学研究所硕士研究生。

体现为在高考竞争中，面对基本同质的中学教育，各个家庭在课外补习的投入与较量。[1]可以说，升入高等教育的考试，对于个人生命而言，通常具有人生成长分水岭意义；对于社会而言，一个国家接受高等教育的人数和比例，往往成为公民整体素养、教育提供能力的重要指标。目前美国大多数高校招生录取中作为重要参考的 SAT，因其在美国高等教育入学中举足轻重的地位，时常引发着美国公众热议以及多元的意见与批评。而当我们将 sat 考试镶嵌于美国教育发展与诉求的历史脉络中给以考察时，美国 sat 独特的设计及其发展轨迹，更被视为美国社会形态在教育、考试领域的投射。

SAT 考试曾是美国历史上使用得最为广泛、研究得最为深入的大学入学考试，[2]用于测试高中生对大学学业的准备程度。目前美国几乎所有四年制大学与学院在招生过程中都使用 SAT 考试成绩（包括将 SAT 作为选项而非必须项目成绩参考的形式）。每年有数百万来自超过 180 个国家的学生参加 SAT 考试。[3]不同于中国的高考之由政府组织，非营利组织美国大学理事会（College Board）拥有 SAT 的所有权和发行权。教育考试服务中心（Educational Test Service）负责它的具体执行。美国大学理事会旗下共有两类 SAT 考试，一为 SAT（或 SAT I），一为 SAT 学科测试（SAT Subject Test 或 SAT II），我们通常所说的 SAT 是第一类，也是本文主要探讨的对象。目前的 SAT 考试沿用 2005 年大学理事会推出的版本，在 3 小时 45 分钟内考生需要完成批判性阅读、写作及数学等三部分试题，每部分满分为 800 分，考试共计 2400 分。[4]2014 年 SAT 成绩报告指出，1550 分为及格线，即表明该考生有 65% 的可能性在四年制大学的第一年里获得 B 以上的学业成绩。[5]

自 1926 年第一次实施以来，SAT 考试的名称意义曾经历数次变化。从最初的学术天资测试（Scholastic Aptitude Test），到后来的学术评价测试（Scholastic Assessment Test），再到后来的 SAT 推理测试（SAT Reasoning Test），发展为今天不代表任何缩写或意义指涉、仅仅为一种大学入学考试代称的 SAT。[6]SAT 的沿革，除了名称上的变化，主要可以体现为两个方面：一是命题、考试内容的变化；二是 SAT 成绩在高校录取程序中角色和功能的变化。这番变迁无疑暗含着人们对教育目标、人才培养、社会公平等核心理念的理解，同时也折射出技术手段对考试活动不可或缺的支撑，从而使社会历史、意识形态、技术手段成为理解一项考试制度的综合维度。

一、回溯：SAT 的历史沿革

从 20 世纪 20 年代诞生至今，SAT 的历程将近百年。从试题内容本身以及美国公众对其作为一项考试制度的关注热点两方面进行考察，本研究将 SAT 的发展、演变划分为三个阶段：20 世纪 20 年代至 40 年代初期的初创摸索期、二战后至 80 年代末的平稳发展期以及 90 年代至今的尖锐质疑阶段。

（一）SAT 历史沿革的不同阶段

1. 20 世纪 20 年代至 40 年代初期：初创摸索与民主诉求

19 世纪前，美国大学入学考试基本上只有口试，几乎没有书面考试。这一时期高校依据自身的发展特点选拔学生，入学规定的执行情况普遍不严格。[7] 成立于 1900 年的大学入学考试委员会（College Entrance Examination Board），由 12 所领军大学的招生官组建而成。其目的是从行政上规范录取程序，并迫使新英格兰地区的寄宿学校接受统一的课程体系。1901 年，大学入学考试委员会第一次执行考试。考试以特定领域的作文为形式。[8]

1926 年，SAT 作为一项考试形式诞生了。它得益于 20 世纪初心理学测量技术的发展。卡尔·布莱汉姆（Carl Brigham）和罗伯特·耶基斯（Robert Yerkes）曾在一战中共事，对士兵进行智商测验。20 年代卡尔·布莱汉姆（Carl Brigham）将这套测验进行调整应用于普林斯顿新生和申请库珀工会技术学校奖学金的申请者。于是，大学入学考试委员会邀请布莱汉姆主持设计一套能适用于更多学校的测试题。1926 年史上第一次 SAT 用于对高中生进行测试。它采用了这位心理学家编制的学术天资测验（Scholastic Aptitude Test）。这套测试蕴涵一种科学理性的假设，即相信"每个人身上存在不同的天生的内在的智力，且此种智力可以使用智力测验测量出"。

除了从科学理性出发对测量的热衷外，推动 SAT 在更大范围内使用的另一个重要因素，则是追求平等的社会理想。这里，必须提到曾任哈佛大学校长的詹姆斯·柯南特（James Conant）。作为出身于普通中产阶级家庭的柯南特校长，是一个现代学术意义上的化学家。他看到当时包括哈佛大学在内的其他顶尖大学的校园中是这样一番景象：学生大部分来自东北部的显赫家族；他们从小在学费昂贵的私立寄宿制学校中成长；他们的大学生活整天忙于社交聚会与运动，而非学习；随叫随到的仆人让他们身上尽显贵族气息。这些富人的后代们似乎形成了一个新的上流阶层，正在侵蚀着托克维尔笔下美国社会的平等特质。他认为一个人的才能应当是与其家庭出身或接受教育的质量无关的。他决心利用教育创造一个更加公平的社会，维持美国社会的民主特质。柯南特校长相信智力测试的结果能够免受家庭背景和教育质量的影响，选拔出真正的精英。[9]1934年，哈佛大学在所有申请者中推行SAT。[10]30年代末，SAT则在所有常青藤学校中铺开。1943年，标准化的多选题应用于美国海军学校筛选考试，并在全美316000名高中生中开展。这使人们相信这样的标准化考试适用于更广泛的人群，于是，1947年柯南特和昌西推动成立了教育测试服务中心（Educational Testing Service，即ETS），承担统一入学考试的组织与测试。柯南特在1943年5月《太平洋月刊》中写道："美国式的激进：要求机会平等，而非结果平等。"[11]

从命题方式和考题内容上看，从1926年到二战之前，属于SAT命题的最初阶段。这一阶段又可以细分为两个子阶段：1926－1929年间，SAT命题还很不成熟；1930－1945年间，命题渐趋成熟，但变动仍然很大。比如在1926年，考生须在90分钟之内完成315道题目。1934年的测试版本中，在阅读部分，考生被要求在25分钟内完成100道六选项反义词题（Six－choice Antonym）。可见，SAT的早期版本对答题速度要求很高。从命题立意上看，SAT不在于检查学生对具体知识的识记情况，不以具体的学科知识为根据，具有不可复习准备的特征。同时，因为美国各州采用的教材、教学内容不尽相同，SAT的测验内容很难与各州所采用的课程内容标准相协调。这种脱节有助于超脱于不同学校、课程类型，选拔出来自中下阶层的优秀人才。[12]可以看出，初期的SAT有着强烈的心理测试倾向，并刻意避免以特定的知识体系为考察对象。它结束了美国大学入学考试杂乱无章的状态，并对其后来的命题产生了深远的影响。

2. 二战后－80年代末：平稳发展与平权运动

二战后美国综合国力超过英国等老牌资本主义国家，称霸世界。1947年至1991年之间，以美国、北约为主的资本主义集团与以苏联、华约为主的社会主义集团之间在政治、军事领域展开冷战。而与SAT有着直接联系的教育法案、形势变化主要体现在以下几方面：首先，1944年美国颁布《退伍军人重新适应法》。这给全国的校园，包括最顶尖的校园，带来了学生。1946年进入哈佛的学生中，四分之三的人在军队中服役过。[13]这让大学生活的风气发生了巨大的变化，也要求SAT能够更有效地面对更具多元背景的学生进行筛选。第二，美国高等教育从精英化转向大众化。到20世纪40年代末，美国高等教育毛入学率超过15%，从精英教育转向大众教育。至70年代初，大学毛入学率超过50%，高等教育更是进入普及化阶段。[16]第三，60年代民权运动汹涌澎湃，对大学录取活动产生了实质的影响。而这也正是该时期公众对SAT及其在高校录取中的角色最集中的关注所在。

1961年肯尼迪签署"平权法案"（Affirmative Action），推广无歧视的社会活动，意在主张少数族群获得和主流族群一样的平等机会。在民权运动的压力下，根据总统要求，几乎所有美国领军大学、专业学校都认为自己有责任为少数族裔学生提供教育。而民权法案关于"民权"的定义空泛、多义又复杂，于是不同学校采取不同措施，有的学校录取以比白人申请者更低的分数录取少数族裔学生；有的学校保证给少数族裔学生单独留出一定名额；有的学校对少数族裔干脆进行"开放录取"，只要申请，就获得录取。70年代初期，联邦政府还组织有关少数族裔学生录取工作的定期调查，这样做，不仅使具有种族意识导向的录取程序被允许，甚至成为一种强制。[17]在这一阶段，少数族裔凭借较低的SAT成绩能获得较以前更好的录取结果。人们对于SAT作为测量筛选工具的关注，远不如对录取机会，特别是少数族裔录取机会的关注。那时更令人兴奋的，似乎是少数族裔在民权法案实施中，得到更多接受高等教育机会的证据。比如1965年，全美法律专业学生中大约只有1%是黑人学生，而且他们中超过三分之一的人就读于全部是黑人学生的学校；大约2%的医学专业学生是黑人学生，其中四分之三也是就读于全部是黑人学生的学校——哈瓦德大学和墨哈里医科学院。[18]肯定性行动法案实施后，常青藤学校录取黑人学生的比例，从1967年的2.3%，上升到1976年的6.3%。同时，其他优势学校这一比例也从1.7%上升到4.8%。同时，医学院的黑人学生比例在1975年攀升到6.3%，法学院黑人学生比例则为4.5%。[19]

尽管在这一阶段，SAT考题也有突破，主要体现为相对于在上一阶段选择题为主的题型设计，改为以更丰富的题型进行测试。除反义词题外，这一时期的 SAT 命题构造与如今的 SAT 非常相似。语言部分变革的重心在于从注重推理转移到对语言的关注上[20]。但是，SAT 试题内容与形式的变化，仅仅局限在 SAT 考试机构 ETS 的历史记录范围里，并没有延伸成为公众讨论的热点。从学术界的讨论看，以收集过刊为特色 JSTOR 数据库显示有关美国 SAT 的论文最早出现于 70 年代。按照文章标题包含 "SAT"，以全文涉及 "AMERICA" 和 "TEST" 为检索条件进行精确搜索，20 世纪 70 年代的论文有 3 篇，主要讨论的是 SAT 分数下滑问题；80 年代的文章有 4 篇，除了讨论如何提升 SAT 分数之外，1986 年有一篇文献开始涉及 SAT 与社会分层的关系。

　　总体上讲，二战后－80 年代末 是 SAT 平稳发展阶段。它体现为参考人数稳步增长和公众对于 SAT 作为高等学府申请条件的认同。1961 年时参加 SAT 考试的人数超过了 80 万人（此时的全美高中毕业生数量大约为 190 万）。[21] 1968 年加州大学系统在招生中开始让学生提交 SAT 分数，成为 ETS 最大的客户。1989 年全美有超过 120 万考生参加了 SAT（此时的全美高中毕业生数量大约为 250 万）。尽管 1959 年诞生了另外一种申请大学资格考试——ACT②，但是在这一阶段，ACT 尚未对 SAT 地位产生动摇。①

　　3. 1990 年代至今：尖锐质疑与多元并存

　　SAT 发展至 90 年代，已跨越半个多世纪。进入 21 世纪以来，SAT 参加人数稳步上升，近年来每年的参考人数都超过 150 万。[22] 据美国大学招生咨询协会（NACAC）2010 年的一项调查显示，有 59% 的被调查院校认为大学入学考试分数在招生过程中 "相当重要"。[23] 恰恰在 SAT 的影响不断扩大的同时，人们也越来越看到它作为一项考试制度的缺憾。对 SAT 的批评，既有直接指向对其作为一项测试的科学性的质疑，又有对其作为一项制度安排的合理性、公正性的

---

①　ACT 即 American College Testing，与 SAT 同为美国全国性的大学标准化入学考试，由 ACT 公司负责发行举办。其考试内容主要包括英语、数学、社会研究及自然科学等，1959 年第一次举办以来，一直以重点考察考生对某一具体课程内容而非 SAT 标榜的能力为重要特征，与 SAT 处于竞争关系。在很长的时期内，ACT 在美国中西部使用更为广泛，而 SAT 在东北部更受欢迎。2011 年以来，ACT 考试人数每年都超过 SAT，并且被所有四年制的大学接受。SAT 与 ACT 的竞争关系也是 SAT 发展过程中需要考虑的重要因素。维基百科 ACT（test）词条 http：//en. wikipedia. org/wiki/ACT_（test），http：//en. wikipedia. org/wiki/College_ admissions.

批评。

（1）质疑 SAT 考试的有效性、公正性

一方面，人们认为由社会主流精英们创设并执行的 SAT 考试与白人文化具有先天的亲和性。比如词汇测试部分的 SAT 考题具有文化局限性，并偏向白人和富足的社会阶层。一个著名的例子是，oarsman（划桨手）与 regatta（赛舟会）类比的题目。这道题的本意是找到一对词，要求这对词的关系与"跑步者"和"马拉松"之间的关系类似。正确的答案应当是"oarsman"和"regatta"。这道题的假设是学生熟悉划船运动，而这是一项在富人范围内流行的运动。[24]另一份证据来自罗斯纳的《SAT 战争》。他指出，在 SAT 两年总计 156 个词汇题中，没有一道题目黑人得分高于白人。[25]这说明考试题目设置具有社会阶层和种族的偏倚。

还有一些专家学者指出 SAT 的考试形式，不能有效筛选出真正出色的学生。专家认为，标准化考试分数对大学成绩的预测度充其量只有大约 21%。[26]再如，2005 年，麻省理工学院写作教授莱斯·佩雷尔曼（Les Perelman）发现作文越长，得分越高。快速阅卷的评阅人，在很短的时间内，对写作内容的关注要远远少于对语法的关注。就此，人们说佩雷尔曼教授颠覆了 SAT 写作论文。①

（2）社会阶层、种族问题与 SAT 成绩具有强相关性

诸多研究表明，弱势族群的考试成绩长期低于主流族群。如表 1 所示，在 20 世纪 90 年代的两个学年中，白人和亚裔在 SAT 考试中占据绝对的领先地位，非裔人口考试成绩则明显低于其他族群。虽然少数族群在 1995 – 1996 学年的考试中成绩有所提高，如非裔由 736 分提高到 856 分，墨西哥裔由 804 分提高至 914 分，但其相对成绩仍然处于较低水平，在与白人、亚裔的竞争中处于劣势。

---

① Joanna Weiss The man who killed the SAT essay http：//www. bostonglobe. com/opinion/2014/03/13/the – man – who – killed – sat – essay/L9v3dbPXewKq8oAvOUqONM/story. html，获取于 2015 年 5 月 11 日

表1：全美参加 SAT 考试学生成绩比较[27]

学年	1990 – 1991 学年	1995 – 1996 学年
全体考生	896	1013
印第安人	830	960
亚裔	941	1054
非裔	736	856
墨西哥裔	804	914
其他西班牙语裔	813	921
白人	930	1049

在社会阶层与 SAT 成绩的关联上，也显示出强烈的正相关关系。长期以来的数据表明，来自富裕家庭的考生在 SAT 考试中倾向于得到更高的分数（见表2）。在今天的美国，如果你是一个年收入超过九万美元的家庭的孩子，你在 24岁时获得文学学士学位的机会差不多是二分之一；如果你的家庭年收入在六万到九万美元之间，你的机会大约是四分之一；如果你的父母年收入低于 3.5 万美元，你的机会是十七分之一。[28]

表2：社会经济地位对 2011 年 SAT 考试成绩的影响（N = 951694）[29]

家庭年收入（美元）	占应考者比重	批判阅读得分	数学得分	写作得分
超过 20 万	7%	568	586	567
14 万至 20 万	9%	541	555	533
8 万至 14 万	27%	521	535	511
2 万至 8 万	44%	483	496	472
2 万以下	13%	434	460	429
最高减去最低		134	126	138

（3）SAT 作为"指挥棒"对学生成长不利

此时的 SAT 已俨然成为一根"指挥棒"，它指挥着学生的学习，指挥着中学的教学。比如，SAT 语言部分的反义词题、类推题、句子完型题、阅读理解题全是选择题。学校的教学侧重点也以选择题为导向。为此，语法、写作遭受冷遇。表达能力差、写作能力差等成为大学新生的普遍问题。这严重影响了大学生的质量。

2001 年，加州大学校长理查德·阿特金森（Richard Atkinson）对 SAT 考试导致美国中学教育出现应试性教学的责难，真正迫使对 SAT 考试进行讨伐的呼声转化成了改革的实际行动。他批评 SAT 考试"从根本上背离了教育的实践性，分散了教育的关注点"[30]。

（二）SAT 内容与形式的变革

为应对人们对 SAT 日益尖锐的批评，大学理事会与 ETS 作为 SAT 考试的制定者与实施者，也通过修改考试内容、成绩寄送方式、完善备考服务甚至更换考试名称等途径，[32]积极回应社会各界针对 SAT 的质疑与批评，撇清自己与智力测验的关系，企图消除社会对 SAT 的顾虑。

比如 2005 年 SAT 试题调整中，针对人们认为大学生写作水平太低的抱怨，SAT 最大的调整是，新增了被认为是能够更好预测学生大学第一年学业成就的手写命题作文部分，而 1999 年以前，写作只占 60 分，主要用于学生进入大学后的分班，对 SAT 成绩不产生影响。同时，在语文考试中取消了考试类比等题型，而将阅读部分扩充更多人文和科学方面的内容，以突出和现有高中课程的接轨，特别是大学学习需要的阅读、写作和数学能力。[33]

2014 年 3 月，大学理事会又公布了最新的 SAT 改革计划，称 2016 年起的 SAT 考试中会更加注重考试内容与考生在高中课堂所学内容的相关性，并将通过为考生提供免费考前辅导服务"传递机会"。[34]机会传递的措施其一是为符合条件的学生减免四项大学申请中的费用，保证拥有成功通过 AP 课程③潜力的学生有机会参与 AP 课程；其二则是直接针对被视为大学入学考试中不平等的高昂考前辅导行业，大学理事会将联合教育性非营利组织可汗学院（Khan Academy）为考生提供免费的备考材料。同时，考题形式也发生一些变化，比如短文写作（Essay）将从 2005 年的必答部分改为选作部分。

（三）SAT 在美国大学申请机制中的角色变革

20 世纪末，美国开始进入了高等教育普及化阶段。高等教育普及化，加快了美国高等教育角色与功能的演变，美国当代高等院校的多层次、多类型设置也带来现行高等教育入学申请制度的多样性。[35]按照伯恩（Bowen William G.）

的理解，当前美国高校的选材，不是对好成绩和努力的回报，而是对社会福祉的分配。[36]目前全美已经有超过 800 所四年制的大学在招收本科生过程中无需学生提供 SAT 或 ACT 成绩。[37]如今的美国大学，大致分为两大类型：一类是两年制的社区学院和一些州立大学或学院；另一类是常青藤名校和其他一些名声显赫的公立、私立大学。前者以提升公民素养和技能为主要功能，通常实施开放招生制度，一般情况下不要求学生提供大学入学考试成绩，拥有所在地区的高中毕业证书或通过州中学低水平测验的年满 18 周岁的本地区居民都予以录取；后者是以培养精英为目标的研究型大学，比如哈佛大学、耶鲁大学、加州伯克利大学等，一般采用以综合选拔制为基础的择优型招生制度，只参考 SAT 成绩已经成为历史，如今其录取不仅要求学生提供标准化的大学入学考试成绩（如SAT 或 ACT），还需通过学生的高中学业成绩 GPA、班级排名、推荐信、课外活动、文体才能等情况判断学生综合素质，并择优录取[38]。可见，在大学录取考试中，SAT 也失去了曾经一统天下的局面，ACT 的发展势头明显超过 SAT。ACT的报考人数自 2011 年起，每年都超过 SAT。显然，SAT 这一典型的美国高等教育入学考试形式之一，在尖锐批评和多元诉求中，将面临永不停歇的改革。

二、SAT 变革中的回归与特性

2001 年，时任大学理事会主席的卡彭特在当时全美教育专家、大学招生人员对 SAT 进行反思讨论的集会上，做了一个比喻："是的，SAT 是从最初天资和智力测验基础上发展而来的，但是我们此时和彼时对学业和成就心理的理解如此不同，就好像 75 年前的切诺基汽车和今天的切诺基那样差距甚远。"[39]SAT自诞生之日起，意在颠覆 19 世纪末 20 世纪初高等学府里存在的被贵族占领的僵化格局，为美国人才库输入来自不同社会阶层的精英力量。为此，从考题设计上，非常强调与高中教学的脱节。

然而，SAT 运行将近一个世纪，当年柯南特所力图改变的社会现实，正在以另外的形式浮现出来。一方面，从考试内容上看，20 世纪末的 SAT 改革，逐步强调考试与高中课程的联系，不断脱离 SAT 在 20 世纪初期信奉的与高中教学脱钩、实现对天才和学术潜力进行探测的初衷，回到 SAT 发明前以哈佛等名校为代表的考核对高中阶段学习的强调；另一方面，越来越多的证据显示，SAT

成绩与种族变量、家庭收入水平呈现强相关性。这也似乎回归到 SAT 发明之前——有权势阶层在考试体系中占有明显优势的系统。对 SAT 颇有研究的雷曼（Nicholas Lemann）在接受采访时直言不讳地说："美国精英最具讽刺意味的是，当时柯南特设置的系统，如今人们会疯狂地为了自己和孩子的利益来操纵它。越有钱、有权、越强词夺理的人，越能操控得更成功。所以当初柯南特所欲改变系统中的悲剧，在今天看来，这种想法似乎成了笑话。"[40]

当然，历史从来不能原样重复，它总在以螺旋方式上升。如今在高等教育普及化的背景下，美国公民除了被精英学校录取选择之外，可以在社区、州立大学得到完全开放的学习机会；经历 60、70 年代的民权运动，种族问题在大学录取中得到密切关注，少数族裔在高等教育体系中的比例得到明显提高。但是，同样明显的是精英大学与普通大学之间在录取生源、教育质量、社会格局中的差异。柯南特当年希求倚重 SAT 选拔，建立一个摆脱社会阶层、具有自由民主精神的社会体系的理想尚未实现。至少，在这条道路上，SAT 作为一项手段是单薄的。这便是 SAT 近百年沿革中的一种回归。

如果说 SAT 的回归基于一系列的纵向历史考察，那么在和中国源远流长的科举传统以及如今白热化的高考竞争相比较，则可以在横向观测中窥见到 SAT 作为一组社会实践，从内容到形式，以及所依附的社会条件至少存在两个突出特点：一是追求标准化测量的科学理性和技术手段；二是多元诉求对考试制度的直接影响。

首先，在科学理性方面，SAT 从被酝酿那一刻，便试图以标准化心理测试方式对人群进行划分与重组。经历将近一个世纪至今，尽管越来越多的学者指出 SAT 不能更有效预测学生进入大学后的学习能力，但是其论证依据仍然建立在统计学意义上比较高中平时成绩等因素与 SAT 对大学学业状况预测的贡献系数大小等类似的观点上。[41]实质上，类似的话语体系同样寄希望于应用具有科学理性色彩的手段，进行人才的评估。科学理性的宗旨在于以所谓客观的标准，追求筛选的效率、跨越时空的准确性与有效性。与之相呼应，SAT 对于标准化技术手段的要求也随之产生、发展。1940 年 IBM 公司发明用于对标准化试题判卷的阅卷机器。[42] 1968 年美国军事部门发明互联网雏形，90 年代互联网迅速普及。这些技术手段服务于 SAT 出题、预测、考试、阅卷、全球报名等几乎所有环节，成为标准化测量所必需的外部支持条件。外显的技术手段与标准化主导的考试流程设计，共同塑造美国 SAT 的科学理性特征。它暗含的逻辑是将考试作为筛选人才的手段进行对象化的处理与评估。在这个版本中，人才作为客体，等待考试作为探测器去发现，发掘出来之后经过培养，服务于社会。亦即考试、人才、服务社会在科学理性的切分下具有相对独立、客观的存在与标准。

当如今的人们将标准化测试视为考试活动理所应当的特征之时，不应忘记在中国漫长的科举传统中，引经据典、充满韵律、展现个人修养的诗赋文章曾经是经典的试题形式。而中国科举传统，是在学优则仕的儒家文化土壤中产生的。它将读书与做官通过考试这一中介环节直接联结起来，从而实现将儒学作为维护统治秩序理论依据的功能。[43]在这一逻辑链条中，社会秩序的思想基础、考试制度的安排、人才标准的厘定、治国安邦的实践活动得到从形式到内容、从思想到实践的直接贯通。汉语对"考试"的辞源考证显示，"考试"有两个含义：①考核官吏；②考察学业。前者直接与为官相连；后者，则为"唐孔颖达疏：视学，谓考试学者经业，或君亲往，或使有司为之。后世通称试士为考试"。[44]在这一叙述中，儒家经典、君臣秩序、考核为官在"考试"的辞源解说中也得到了一体化的解释。与之相去甚远的是，英文 TEST（考试，名词）的辞源学考察，则与君王、治理、官吏没有任何关系，而是一个具有物理性质的容器：在 14 世纪晚期，用于测量珍贵金属的小容器，来自古老的法文，从拉丁文 testum 而来，为"陶制的罐"，与 testa 相关的"一块烧制的泥、陶器、壳"。[45]因此，无论从英文、汉语关于"考试"的辞源考察，还是从美国 SAT 历史所折射的科学理性讨论与中国科举传统所体现的儒家传统的比照中，均可将考试传统作为一个观测点，去理解和体会不同社会所依存的各异文化思维习惯与处世哲学。

SAT 沿革所折射的第二个特点，可以被归纳为多元利益主体和文化格局的诉求在考试活动中得到较为敏感和直接的反应。这一特征有赖于美国族群文化不断融合的历史背景和特定的社会运行模式。为保护弱势族群实施的考试录取优惠政策和由此引发的争论，在美国大学录取标准演进中，既带来了诸如促进录取标准多元化、改善以少数族裔为主体的学校教学质量等积极因素，同时也引发了不同的司法和道德困境。[46]以下以加州面临的少数族裔、多数族裔在录取标准、权益上的纷争为例，来描述多元文化主体在 SAT 沿革中的介入。坐落在美洲大陆西岸的加州，早年间经历过淘金热，不同族群的移民汇聚在这里，满怀激情与乐观。加州人把加州大学，这所有着诸多分校的州立公立大学，看作为不同阶层的有志青年提供平等受教育机会的大学。[47]1968 年加州大学终于开始使用 SAT，成为 ETS 的最大客户。1974 年加州大学积极响应《平权法案》，将学生的族裔、性别、家庭经济状况等个人因素纳入评定标准。这样，一些少数族裔的学生能以相对较低的 SAT 分数被录取。这引来多数族裔学生对这些录取政策带来反向歧视的投诉。1978 年，加州大学作为《平权法案》实施以来第一个被起诉的高校，被告上法庭。美国最高法院对此案的结论是：大学有权在招生中将种族作为一种评价因素来提高大学组成的多元化，但是以种族为标准划分招生比例违反了美国宪法中有关"人人享有平等保护"的条款。1996 年加州出台《209 法案》，从法律角度禁止大学在招生中考虑种族等个人因素。这一法案直接导致加州弱势学生入学率从 1994 年的 20%，下降到 1998 年的 15%。为关照弱势学生的录取机会，2001 年加州大学明确提出"综合评审"法，重新恢复地方合格性标准。这一政策的出台，相对降低了 SAT 在录取中的比重，而更重视考试学生在中学阶段的表现。2007 年录取结果显示，通过这一方式录取的学生，在家庭收入、少数族裔比例、就读公立校质量等方面，较其他途径录取来的学生更能体现弱势学生状况。[48]加州大学的案例反映出美国多元利益主体将维权行动诉诸法律，从最高法院到州级立法、到学校的具体招生政策依据，体现了法律对考试录取工作的推动。它将民众呼声转化为规则的调整，落实在 SAT 考题设计、成绩参考系数等考试制度的关键环节。可以说，这一过程较为典型地呈现出美国社会多元利益主体的不同诉求及其在考试制度安排中的折射。

三、回应：社会历史、意识形态、技术手段三维视角的考试研究反思

考试，意味着筛选和竞争。筛选无疑与特定的标准相联；而竞争，通常对应着资源的分配。人类社会的竞争形式，绝非仅仅停留在赤手空拳的肉搏阶段，却是智力、资源、制度的比拼。SAT 只是美国高等教育入学政策和招生政策中的一个环节。有学者将高等教育入学政策（Access policy）和招生政策（Admission policy）进行区分。前者指："什么样的人应该进入高等教育机构学习？多少人？

为了什么？进入哪一种类型的高等教育机构"；而招生政策指"为了实现入学政策的宏大目标而采用的技术性的程序和过程"。[49]那么，SAT 更是招生政策中所依据的诸多参考因素之一。前面对 SAT 沿革的阶段分期，和美国高等教育发展的分期并不完全一致，而是将 SAT 作为相对独立的制度安排，从试题形式到 SAT 成绩在招生录取中的功能变化，以及公众对 SAT 关注热点的变迁，对 SAT 进行了回溯。在这番对 SAT 相对独立的回顾中，它同时涉及到人们对人才、精英的理解、社会历史与高等教育资源配置格局、开展相应考试活动的技术手段以及人们对社会公平应然状态的追求。归结起来，可以从社会历史与意识形态两个角度，将 SAT 作为一项制度安排加以理解。

英国著名人类学家道格拉斯在《制度如何思考》中指出，特定的制度总是在人们具有社会功能的最初实践中沉淀酿就而成，同时，与人们的历史记忆形成互构，帮助人们形成制度性思考模式。[50]美国特定的社会历史为 SAT 的诞生与发展提供了直接的土壤。就高等教育人才培养而言，在殖民地时代，这片大陆上文理教育的目的是培养广博而非专门技能的人才；进入 19 世纪，随着工业革命的兴起，人们认为大学应该提供有职业导向的课程和普通教育选修课，以此培训公民，使之能够参与到国家的经济和商业生活中；进入经济大萧条时期，低迷的就业市场让人们认识到掌握广博的文理知识可以使他们在就业时具备一定的灵活性；20 世纪 40 年代至 70 年代，面对退伍军人法案、平权法案，美国高等教育大扩张，推崇要让更多公民受到职业导向的教育，并为学生提供就业和社会流动的可能[51]。在这一系列历史进程中，族群问题此起彼伏，影响到高校录取政策如何处理 SAT 成绩与族群属性、弱势群体关怀的关系。工业化进程成为塑造各个阶段高等教育需求的重要动力。国家财富的积累造就了如今美国多层面的高等教育选择。这为现阶段研究型学府、为全民提供开放性高等教育机会的社区大学，在参考 SAT 成绩的方式上提供了更多方案。可以说，正是美国特定的社会历史状况，使 SAT 应运而生并表现出不同的阶段性特征。

同时，不难发现一种社会意识形态始终贯穿在 SAT 的设计与实施中，即对"平等"的追求。从以柯南特为代表的 SAT 先锋，在构想这一体系时，怀抱着不受出身限制、追求自由与平等的社会理想，到如今人们诟病它越来越被社会主流阶层所操控，这番历史命运和公众关注反映出美国高校招生制度在平等与优秀、公平与效率之间的不断协调。[52]正如著名学者罗尔斯的正义论得到美国大众的推崇，但是至今美国社会运行仍然不能避免先天资源禀赋不平等的困扰。在科学理性的主导下，标准化的操作程序与量化的成绩呈现方式为 SAT 披上了一层客观中立、机会均等、毋庸置疑的外衣，然而如上文分析，SAT 并未在结果上保证公平。但是，不尽人意的结果，并不能掩埋美国社会追求平等的社会意识形态。

四、结语

美国 SAT 的历史变迁，也可以被视作一个社会的镜像，帮助我们更好地理解美国社会。种族问题一向直接反映出美国多元文化与利益主体的存在。SAT 的产生与变迁，意在不同时期回应多元存在的社会现实，追求获致性因素而非继承性因素在个人取得成功中的路径。在特定社会文化情境下，人们不断调整 SAT 试题设计，期望秉承科学理性的精神，进行人才的筛选。在社会财富不断积累、高等教育格局不断变迁的背景下，SAT 在高校录取中的参考权重不断变化。而不变的是人们对平等作为社会意识形态的追求以及这套考试制度至今无法解决的来自优势社会阶层考生所具备的非获致性优势。道格拉斯曾对理想制度的价值观导向进行追问："正义和平等"是否是所有制度的共性呢？事实上，人类学者能轻易发现关于平等与正义在不同社会的各异解释和标准。那么，正义与平等便只剩下一种朴素而直觉的情感了。[53]这种朴素的情感是可以沟通与共享的，但是其具体标准乃至现实中的制度安排却必须放置在特定的社会历史情境给以理解和考察。

[参考文献]

［1］Hyunjoon Park, Inequality of Educational Opportunity in Korea by Gender, Socio – Economic Background and Family Structure［J］. International Journal of Human Rights, 2007, Vol. 11 No. 1, 179 – 197.

［2］College Board. 2009 – 2010 The SAT Program Handbook［EB/OL］.［2014 – 12 – 11］. http：//www. collegeboard. com/prod_ downloads/sat/sat – program – handbook. pdf.

［3］［22］College Board. 2014 – 2016 Advising and Admission Handbook［EB/OL］.

[2014 - 12 - 11]. http：//media. collegeboard. com/digitalServices/pdf/sat/sat - advising - and - admission - handbook. pdf.

[4] College Board. About the SAT ［EB/OL］. ［2014 - 12 - 13］http：//sat. collegeboard. org/why - sat/topic/sat/what - the - sat - tests.

[5] College Board. 2014 College Board Program Results ［EB/OL］. ［2015 - 01 - 12］. https：//www. collegeboard. org/program - results/2014/sat.

[6]［32］Wikipedia. SAT ［EB/OL］. ［2014 - 12 - 15］. http：//en. wikipedia. org/wiki/SAT；吴向明. 美国高等院校招生制度研究 ［M］. 北京，中国社会科学出版社，2008：184.

[7] 郑若玲. 社会维权系统分担高校招生公平责任：美国的启示 ［J］. 教育发展研究，2010，(5)：38 -41.

[8]［10］［11］Frontline. History of SAT ［EB/OL］. ［2015 - 01 - 20］. http：//www. pbs. org/wgbh/pages/frontline/shows/sats/where/timeline. html.

[9] Nicholas Lemann. The Big Test：The Secret History of the American Meritocracy ［M］. New York：Farrar, Straus and Giroux, 2000：17 - 41.

[12] 王玉衡. 美国标准化测验的问题与质疑 ［J］. 比较教育研究，2002，(9)：18.

[13]［28］［美］德尔班科. 大学：过去，现在与未来 ［M］. 范伟译. 北京：中信出版社，2014：7, 30.

[14] 转引自：陈为峰. 美国名校本科招生综合评价制度研究 ［D］. 厦门大学硕士学位论文，2009：62.

[15] 刘卫萍，马美茹，美国高等教育大众化发展历程，河北师范大学学报2008 年，第10 卷，第9 期，50 -43 页

[16] 转引自：范小娟. 美国少数族裔与大学录取中肯定性行动 ［D］. 四川外语学院硕士学位论文，英语语言文学专业，2007：11

[18]［36］Bowen, William. G. , Kurzweil, Martin A. , Toby, Eugene M. Equity and Excellence in American Higher Education ［M］. Virginia：University of Virginia Press, 2005：144.

[19] Bowen, William G. and Derek, Bok. The Shape of the River：Long - Term Consequences of Considering Race in College and University Admissions ［M］. New Jersey：Princeton University Press, 1998：7.

[20] 转引自：连洁平. 美国SAT 改革研究——侧重命题的视角 ［D］东北师范大学硕士学位论文，2010：37.

[21] A (Mostly) Brief History Of The SAT And ACT Tests [EB/OL]. [2015 - 02 - 12] http：//www. erikthered. com/tutor/sat - act - history. html#y1994.

[23] 转引自 Wikipedia. College Admission [EB/OL]. [2015 - 02 - 01] http：// en. wikipedia. org/wiki/College_ admissions_ in_ the_ United_ States.

[24] Herrnstein, Richard J. and Murray, Charles. The Bell Curve：Intelligence and Class Structure in American Life [M]. New York：Free Press., 1994：281 - 282.

[25][26][41][美] 约瑟夫·索尔斯. 为了强预测力无偏见性的考试 [J]. 中国考试. 郑若玲译. 2014, (6)：3 - 10.

[27] 转引自吴向明, 美国高等院校招生制度研究 [M]. 北京：中国社会科学出版社, 2008：63.

[29] 转引自 Rebecca Zwick. The Role of Admissions Test Scores, Socioeconomic Status and High School Grades in Predicting College Achievement, Pensamiento Educativo [J]. 2012, (2)：23 - 30.

[30][33] 刘婉玉. 美国 SAT 模式研究及其对我国基础教育评价的启示 [M]. 桂林：广西师范大学出版社, 2005.

[34] College Board. Redesigned SAT [EB/OL]. [2015 - 01 - 28]

https：//www. collegeboard. org/delivering - opportunity/sat/redesign.

[35][38][52] 吴向明. 美国高等院校招生制度研究 [M]. 北京：中国社会科学出版社, 2008：42 - 44, 97, 112, 117.

[37] Fair Test. Colleges and Universities that Do not Use SAT/ACT Scores for Admitting Substantial Numbers of Students into Bachelor Degree Programs [EB/OL]. [2015 - 02 - 01]. http：//www. fairtest. org/university/optional.

[39] Gaston Caperton. Doing What is Important in Education in Rethinking the SAT：The Future of Standardized Testing in University Admissions [C]. Edited by Rebecca Zwick. London：Routledge Falmer, 2004：35.

[40] Frontline. Secrets of SAT [EB/OL]. [2015 - 01 - 30] http：//www. pbs. org/wgbh/pages/frontline/shows/sats/interviews/lemann. html.

[42] Gerard Giordano. How Testing Come to Dominate American Schools [M]. New York：Peter Lang, 2005：94.

[43] 刘海峰. 科举制长期存在原因析论 [J]. 厦门大学学报 (社科版). 1997, (4)：1 - 7.

[44] 辞源. 建国 60 周年纪念版. 北京: 商务印书馆, 2010: 2750 – 2751.

[45] Test [EB/OL]. [2015 – 02 – 13]. http://dictionary. reference. com/browse/test.

[46] 刘晓玲, 陈欣. 美国高等教育少数族裔优惠政策中的大学录取标准述评 [J]. 外国教育研究, 2014, (12): 42 – 55.

[47] 乔治·W·布瑞斯劳尔等. 加州大学伯克利分校何以久负盛名: 历史性动因的视角 [J]. 清华大学教育研究, 2011, 32 (6): 1 – 14.

[48] 常桐善. 如何提高高等教育入学机会的平等性——加州大学本科招生 "地方合格性标准" 的启示 [J]. 复旦教育论坛, 2009, 7 (6): 42 – 48.

[49] 魏姝. 政策中的制度逻辑 [M]. 南京: 南京大学出版社, 2007 年: 119 页.

[50] [53] [英] 玛丽·道格拉斯. 制度如何思考 [M]. 张曲晨译. 北京: 经济管理出版社, 2013: 96 – 98, 153.

[51] 王春春. 美国精英文理学院研究 [D]. 华中科技大学博士学位论文, 2009.

Evolution and Transition of College Entrance Exam SAT in United States of America
——Perspectives from Social History and Ideology

Abstract: As one of the most widely used and deepest researched college entrance exams, SAT has gone through three different development stages since 1926 in which its content and form and its role playing in college application system in the US have also experienced many reforms. Among these stages and reforms, two unique factors emerged: the pursuit for scientific rationality and technological means and different demands requested by multiple stakeholders in contemporary America society. Furthermore, as a social institute, SAT is blossomed by particular social history in the US society. The pursuit for equality, in addition, becomes the dominant ideology throughout the development of SAT. Therefore, dipping into a specific test system offers us a path to understand a specific society and culture. Besides instrumental view, perspectives of social history and ideology should be involved in the field of test study.

Key words: SAT; Multiple Demands; Equality; Test and Society

参考书目

中文著作

陈奔:《美国个人主义的历史变迁》,厦门大学出版社 2012 年

范国睿:《多元与融合:多维视野中的学校发展》,教育科学出版社 2002 年

范可:《在野的全球化——流动、信任与认同》,知识产权出版社 2015 年

费孝通:《生育制度》,商务印书馆 2009 年

李政涛:《教育人人类学引论》,上海教育出版社 2009 年

罗红光:《人类学》,中国社会科学出版社 2014 年

李荣荣: 《美国的社会与个人:加州悠然社会生活的民族志》,北京大学出版社
2012 年

王定华:《美国基础教育:观察与研究》,人民教育出版社 2016 年

汪天文:《时间理解论》,人民出版社 2008 年

王彦力:《走向"对话":杜威与中国教育》,教育科学出版社 2008 年

郑也夫:《信任论》,中国广播电视出版社 2001 年

中文期刊

陈学金:《美国文化人类学与教育的融合及其发展》,《贵州民族研究》2014 年第 2
期,第 161 – 166 页

陈列 、靳玉乐:《初中课堂时间管理的问题与改进》,《中国教育学刊》,2008 年第 4
期,第 45 – 48 页

D. 本纳;李其龙:《在模仿与建构矛盾中的道德教育》,《全球教育展望》,2011 年第
11 期,第 3 – 9 页

董云川、沈云都:《两种课堂时间:教育行为与知识发生的时间性反思》,《高等教育
研究》,2013 年第 6 期,第 17 – 22 页

樊秀丽：《美国人类学与教育学的相遇——教育人类学制度化与专业化发展轨迹》，《民族教育研究》2015 年第 6 期，第 24 - 30 页

侯怀银：《论"教育学"概念在中国的早期形成》，《教育研究》2013 年第 11 期刊

霍正：《"禁鱼翅＝保护鲨鱼？"》，《环境》，2012 年第 9 期，第 53 - 55 页

廖梦夏：《数字素养路径下青少年数字素养与赋权——基于美国"数字化青春"项目的发现与反思》，《科技与创新》，2015 年第 1 期（01），第 4、5 页

聂迎娉、傅安洲：《全球意识：美国公民教育课程探析》，《湖北社会科学》，2014 年第 5 期，第 176 - 181 页

刘谦：《"活"在田野———人类学表述与训练的典型场景》，《广西民族大学学报（哲学社会科学版）》，2013 年 5 月

鹿晓莹：《斯平德勒教育人类学 50 年对我国的启示》，《教育教学论坛》，2011 年第 21 期，第 226 - 227 页

彭亚华、滕星：《美国教育人类学研究主题的重心变化与发展》，民族教育研究，2014 年第 4 期，第 15 - 20 页

邱关军：《模仿的人学内涵以及教育意蕴》，《教育导刊》，2013 年第 6 期，第 8 - 10 页

滕星、王婧：《奥格布（Ogbu）对教育人类学的贡献及影响——教育人类学学者访谈录》，《湖南师范大学教育科学学报》，2008 年第 3 期，第 5 - 9 页

涂元玲：《试析美国人类学领域中的教育研究》，《教育学报》，2005 年第 5 期，第 52 - 58 页

佟德新：《新旧个人主义：美国时代的民主主体论》，《苏州科技学院学报（社会科学版）》，2004 年第 4 期，第 31 - 34 页

王丽华：《为升学和就业做准备？——美国《州共同核心标准》高中教育目标的澄清与反思》，《全球教育展望》，2014 年第 1 期，第 78 - 86 页

王伟宜：《美国不同族裔学生高等教育机会获得的实证分析（1970 - 2010 年）》，《教育与考试》，2014 年第 4 期，第 51 - 57 页

吴文刚、周光礼：《模仿与创新：中国学位与研究生教育百年回顾》，《高等教育研究》，2014 年第 10 期，第 46 - 51 页

叶田：《跨文化比较在教育人类学研究中的应用——读〈萨摩亚人的成年〉》，《亚太教育》，2015 年第 32 期，第 270 页

袁利平：《美国学校公民教育：内容、途径与模式》，《集美大学学报（教育科学

版)》，2008 年第 2 期，第 25 – 29 页

张爱玲：《美国马里兰州"家庭与社区参与政策"解读——以巴尔的摩市约翰·罗杰斯中小学为例》，《天津市教科院学报》，2015 年第 6 期，第 9 – 12 页

张志坤：《由身体回归引发的教育反思》，《湖南师范大学教育科学学报》，2011 年第 3 期，27 – 31 页

赵北扬：《教育人类学前沿——艾森哈特思想评述》，《湖南师范大学教育科学学报》，2009 年第 5 期，第 33 – 36 页

庄孔韶、冯跃：《〈我妻我女〉：一个教育和影视人类学研究的展示》，《社会科学》，2006 年第 1 期，第 106 – 118 页

译著

［英］爱德华·泰勒著、连树声译：《原始文化》，广西师范大学出版社 2005 年

［美］安妮特.拉鲁著、张旭译：《不平等的童年》，北京大学出版社 2010 年

［英］安迪.格林著、王春华等译：《教育与国家形成：英、法、美教育体系起源之比较》，教育科学出版社 2004 年

［法］爱弥尔.涂尔干著、李康译：《教育思想的演进》，上海人民出版社 2006 年

柏拉图著、郭斌和、张竹明译：《理想国》，商务印书馆 1986 年

［美］本尼迪克特著、王炜等译：《文化模式》，社会科学文献出版社 2009 年

［美］蔡美儿：《虎妈战歌》，中国盲文出版社 2014 版

［美］杜威著、王承绪、赵祥麟编译：《我的教育信条》，转自《西方现代教育论著选》，人民教育出版社 2001 年

［德］F. A. 冯.哈耶克著、邓正来译：《个人主义与经济秩序》，三联书店 2003 年版

［美］弗朗兹.博厄斯著、刘莎等译：《人类学与现代生活》，华夏出版社 1999 年

［奥地利］赫尔嘉·诺沃特尼著、金梦兰、张网成译：《时间：现代与后现代经验》，北京师范大学出版社 2011 年

［美］哈里·F·沃尔科特著、杨海燕译：《校长办公室的那个人》，重庆大学出版社 2008 年

［美］卡斯（Carse J. P.）著、马小悟、余倩译：《有限与无限的游戏：一个哲学家眼中的竞技世界》，电子工业出版社 2013 年

［美］克利福德·格尔兹著、纳日碧力戈等译：《文化的解释》，上海人民出版社 1999 年

［德］克里斯托夫．武尔夫著、张志坤译：《教育人类学》，教育科学出版社 2009 年

［法］古斯塔夫．勒庞著、冯克利翻译：《乌合之众》，中央编译局 2005 年

［德］路德维希．费尔巴哈著、荣震华、李金山译：《费尔巴哈哲学著作选集》，商务印书馆 1984 年

［法］卢梭著、李平沤译：《爱弥尔》，商务印书馆 1978 年

［德］马克思、恩格斯著、冀如译：《给美国人的信》，人民出版社 1958 年

［美］玛格丽特．米德著、周晓虹、李姚军、刘婧译：《萨摩亚人的成年：为西方所作的原始人类的青年心理研究》，商务印书馆 2008 年

［美］米德著、宋践等译：《三个原始部落的性别与气质》，浙江人民出版社 1988 年

［美］鲁思．本尼迪克特著、吕万和、熊达云、王智新译：《菊与刀——日本文化的类型》，商务印书馆 1996 年

［意］马西尼著、黄河清译：《现代汉语词汇的形成》，汉语大辞典出版社 1997 年

［美］内尔．诺丁斯著、龙宝新译：《幸福与教育》，教育科学出版社 2009 年

［美］劳伦斯·阿瑟·克雷明（Lawrence Arthur Cremin），单中惠著、马晓斌译：《学校的变革》，山东教育出版社 2009 年

［法］路易．迪蒙著、谷方译：《论个体主义——对现代意识形态的人类学观点》，世纪出版集团 2003 年

［德］齐美尔著、刘小枫选编、顾仁明译：《金钱、性别、现代风格》，华东师范大学出版社 2010 年

［英］史蒂文．卢克斯著、阎克文译：《个人主义》，江苏人民出版社 2001 年

［美］唐纳德·L－米勒编、宋俊岭、宋一然译：《刘易斯．芒福德著作精萃》，中国建筑工业出版社 2010 年

［美］威廉·詹姆斯著、燕晓冬编译：《实用主义》，重庆出版社 2006 年

［德］沃尔夫刚·布列钦卡著、胡劲松译：《教育科学的基本概念：分析、批判和建议》，华东师范大学出版社 2001 年

［美］沃尔特·范伯格、［美］乔纳斯 F. 索尔蒂斯著、李奇等译：《学校与社会》（第 4 版），教育科学出版社 2006 年

［英］约翰．哈萨德编、朱红文、李捷译：《时间社会学》，北京师范大学出版社 2009 年

［荷］约翰·赫伊津哈著、何道宽译：《游戏的人：文化中游戏成分的研究》，花城出版社 2007 年

外文著作

Barry Alan Shai, *Myth of American Individualism*, Princeton: Princeton University Press, 1994

Bradley A. U. Levinson and Mica Pollock, *A Companion to the Anthropology of Education*, West Sussex: Wiley – Blackwell, 2011

Banks , James . A, and Banks Cheery A. Magee edited, *Multicultural Education: Issues and Perspectives*, New York: John Wiley& Sons, 2003

Du Bois W. E. B, *The Philadelphia Negro: A Social Study*, New York: Oxford University, 2007

Gerard Giordano, *How Testing Come to Dominate American Schools*, New York: Peter Lang, 2005

Gordon Milton M. , *Assimilation in American Life: the Role of Race, Religion, and National Origins*, Oxford University Press, 1964

Kauffman James M. , Hallahan Daniel P. , *Special Education: What It is and Why We Need it*, Pearson Education, 2005

Lareau Annette, *Schools, Housing and the Reproduction of Inequality*, in Annette Lareau, Kimberly Goeyette edited, *Choosing Homes, Choosing school*, New York: Russell Sage Foundation, 2013

Lareau Annette, *Home Advantage: Social Class and Parental Intervention in Elementary Education*, Rowman & Littlefield Publishers, 2000

Latour B , *Reassembling the Social: An Introduction to Actor – Network – Theory*, 2005, Oxford: Oxford University Press.

Lynch James, 1989 , *Multicultural Education in A Global Society*, Bristol: Falmer Press, 1989

Pierre Bourdieu and Jean – Claude Passeron, *Reproduction: In Education, Society and Culture*, translated from the French by Richard Nice, New York: SAGE, 1977

Mazurek Kas and Winzer Margret A. , *Special Education in the 21st Century: Issues of Inclusion and Reform* , Washington D. C. : Gallaudet University, 2000

Slate John R. and Jones Craig H. , *Assessment Issues in Special Education*, in Kas Mazurek and Margret A. Winzer edited, *Special education in the 21st century : Issues of Inclusion and Reform*, Washington D. C. : Gallaudet University, 2000

Spindler, George Dearborn, *Education and culture: anthropological approaches*. New York: Rinehart and Winston, 1963

外文期刊/报纸

Anderson P. , *the Origins of the Present Crisis*, New Left Review, 1964, No. 23, pp. 26 – 53

Calarco Jessica, "*I Need Help*!" *Social Class and Children's Help – Seeking in Elementary School*, American Sociological Review, 2011, Vol. 76, No. 6, pp. 862 – 882

For Schools, Money Matters. The Philadelphia Inquirer, Sunday April 20, 2014. C4

More Schools in Line for Charter Shift. The Philadelphia Inquirer, Wednesday, March 12, 2014. B

Lukes Steven, *a counter – hegemonic Orientation to Literacy in Australia*, Journal of Education, 1989, Vol. 171, No. 2, p. 35

Kossar, Kalie; Mitchem, Katherine; Ludlow, Barbara, *No Child Left Behind: A National Study of Its Impact on Special Education in Rural Schools*, Rural Special Education Quarterly, 2005, Vol. 24, No. 1, pp. 3 – 8

Ogbu, John U. and Herbert D. Simons, *Voluntary and Involuntary Minorities: a Cultural – Ecological Theory of School Performance with some Implications for Education*, Anthropology &Education Quarterly, 1998, Vol. 29, No. 2, pp. 155 – 188

Ogbu John U. , *Black – American Students and the Academic Achievement Gap: What Else You Need To Know*, Journal of Thought, 2002, Vol. 37, No. 4, pp. 9 – 33

Pessen Edward, *the Egalitarian Myth and the American Social Reality: Wealth, Mobility and Equality in the "Era of the Common Man"*, American History Review, 1971, Vol. 76, No. 4, pp. 988 – 1034

网页信息

美国纪念林肯发表《葛底斯堡演说》150 周年，人民网，获取于 2016 年 2 月 3 日

中华人民共和国濒危物种研究委员会，鲨鱼濒危状况受到世界关注，http://www. cites. org. cn/article/show. php? itemid =565，获取于 2016 年 2 月 12 日

Charter schools, http://www. philasd. org/about/#charter – schools，获取于 2016 年 1 月 5 日

Daniel Stone , Is Philadelphia in Decline? New Report Shows a City With Marked Challenges，http：//www. thedailybeast. com/articles/2012/04/04/is – philadelphia – dying – pew – report – shows – a – city – with – marked – declines. html，获取于 2016 年 1 月 21 日

employees，http：//www. philasd. org/about/#employees，获取于 2016 年 1 月 5 日

Faces of the Layoffs：A project by Teacher Action Group Philadelphia，http：//facesofthelayoffs. org，获取于 2015 年 12 月 24 日

Jake Blumgart，on the PFT's community engagement efforts and the fight to save our neighborhood schools，http：//www. pft. org/Page. aspx？pgid = 51&article = 469&r = lay% 20off 获取于 2014 年 7 月 6 日

Philadelphia，PA，basic information，http：//www. usa. com/philadelphia – pa. htm，获取于 2016 年 2 月 3 日，获取于 2016 年 2 月 3 日

Philadelphia Population 2016，http：//worldpopulationreview. com/us – cities/philadelphia – population/，获取于 2016 年 5 月 9 日

Philadelphia，PA Crime and Crime Rate，http：//www. usa. com/philadelphia – pa – crime – and – crime – rate. htm，获取于 2016 年 2 月 13 日

Philadelphia，PA School District，http：//www. usa. com/philadelphia – pa – school – district. htm，获取于 2015 年 12 月 3 日

Philadelphia City School District，http：//www. usa. com/school – district – 4218990. htm# schools，获取于 2016 年 5 月 1 日

school enrollment，http：//www. usa. com/philadelphia – pa – population – and – races. htm# SchoolEnrollment，获取于 2016 年 2 月 7 日

School District of Philadelphia，https：//en. wikipedia. org/wiki/School _ District _ of _ Philadelphia#cite_ note – enrollment – 11，获取于 2016 年 3 月 3 日

best school principal in the neighborhood，http：//articles. philly. com/2015 – 10 – 28/news/ 67793292_ 1_ best – schools – principal – neighborhood，获取于 2016 年 4 月 5 日

家长、监护人常见问题问答：宾州统考 PS SA，https：//webapps. philasd. org/stor/Code _ of_ Conduct_ for_ Test_ Takers_ Chinese. pdf，获取于 2016 年 1 月 10 日

Office of specialized service，http：//webgui. phila. k12. pa. us/offices/s/oss/faqs2，获取于 2016 年 1 月 15 日

http：//worldpopulationreview. com/us – cities/philadelphia – population/，获取于 2015 年 12 月 14 日

https：//en. wikipedia. org/wiki/Philadelphia#Economy，获取于 2013 年 12 月 14 日

致 谢

本书凝结了很多人的心血和智慧。我在此致以最诚挚的感谢。

首先要感谢我的父母。我在父母严格而不失温情和幽默的教养中不知不觉长大。直到自己也做了母亲，方知曾经对父母情怀的理解是多么肤浅。身为儿女，同时又身为父母的生活经验，在教育人类学视角的关照下，显得更加意味深长。我把这部作品献给我的父母，以示我作为他们的作品，在传承着一种精神：认真地对待生活和职业。

本书的形成，也是一段学术经历的旅程，有太多人的需要感谢。首先感谢庄孔韶教授，庄师以儒雅的气质，引领我结识了人类学这门儒雅的学问。当这扇瑰丽的知识之门在我面前开启时，我化作一叶小舟徜徉其间。不能忘却，是庄师最初为它安上风帆，并在接下来的航行中一直鼓舞士气。还要感谢中央民族大学滕星教授。无疑，滕教授是当今中国教育人类学研究的开拓者和引领者。初入教育人类学领域，有幸得到许多次向滕老师当面请教的机会。每次滕老师在摆谈当年学术历程时，那既是一位优秀学者的生命史，也是一部中国教育人类学的学科史。这使我更理解教育人类学在中国的由来与境遇，那份职业归属也感油然而生。

还要感谢2013年-2014学年我在宾夕法尼亚大学社会学系访学期间，我的导师安妮特·拉鲁教授。和拉鲁教授的缘分，源于最初为她漂洋过海的作品《不平等的童年》所深深地打动。2013年至2014学年正是拉鲁教授兼任美国社会学学会会执行主席的一年，我见证了她作为知名学者的忙碌，并从内心感激她抽出宝贵时间对我各方面进行关照。特别是指导我对本研究的伦理审查申请书进行数次修改，并两次亲赴费城学区就伦理审查事项进行沟通，为本研究的开展提供了合法性保证。贯穿在研究中的多次讨论，更成为形成今天这部作品的重要基础。文如其人，拉鲁教授作品中的人文情愫和现实中对人的关切像泉水般涓涓流淌。对于我，更是一种示范和激励。

说到身边的榜样，那自然是赵旭东教授莫属。赵老师平日里海量的阅读、强大的写作、具有力度的思维和处事风格，总让我好奇这样的学者是怎样炼成的。在本书的草稿阶段，赵老师以敏锐的洞见提出很多具有宏大视角和理论取向的问题，推动我对田野素材思考的提升。说起本书创作的缘起，同样不能忘记的是高丙中教授的力促。记得 2012 年参加高老师及其他学术前辈主办的海外民族志研讨班，点燃了我去海外做研究的意识。带着这样的学科意识，使我在接下来的访学中有着和大多数访问学者不同的经历和收获。在随后的研究、撰写中，高老师也总在关键阶段给以推动和鼓励，才有今天的产出。还要真心感谢罗红光教授、范可教授、陈刚教授、袁同凯教授、樊秀丽教授。各位学界知名专家，能在百忙中阅读本书初稿，使我深受感动。感谢老师们从观点把握，到核心文献提示，甚至字句表达提出诸多中肯意见。还有海路、尚文鹏、李荣荣、陈学金等老师，他们或熟悉美国研究、或对教育人类学理论熟稔于胸，对本书的修改与最终呈现提出了很多富有针对性的意见。宾大的 Robin Ledeiner 教授、Melissa Wild 教授、Guobin Yang 教授，博士候选人 Chad Evans 及国内学术同仁张银锋、张慧、雷亮中、生龙曲珍等在本书撰写的不同阶段，所提供的宝贵建议与直接帮助，也是支撑这份研究走到今天不可或缺的力量。特别是生龙曲珍老师，在文稿处理阶段给予了我最及时的支援。人民大学的姚曼、郄艺同学，帮助我进行了一些文献收集、数据整理工作，在这里一并表示深深的感谢。尽管限于才疏学浅和时间资源的逼迫，自己对于本书充分吸纳各位老师、同仁意见的效果非常不满意，但是，这完全不能阻碍我以最真诚的谢意向各位致敬。

在这里，专门开启一个段落，对安卓学校的师生表示由衷感谢。感谢卡普顿校长、凯文老师对我的接纳，使得这份田野成为可能。感谢安卓学校卡洛等诸多同仁，是我在和他们的相处中，更理解安卓学校。感谢凯文老师班级里所有孩子们，他们天真的笑脸，是安卓学校的灵魂，也是我记忆中无法抹去的一道风景。还要感谢屈学玲、高学勤夫妇。有你们的关心和帮助，在费城的一年才如此温暖踏实。珍惜这份友情和信任，一生一世。最后，还要感谢人民大学社会与人口学院各位领导、同事们平日里的支持与关照。我经常陶然于各位同仁的睿智，并安然于这富有学术氛围的象牙塔。本书的出版亦得到中国人民大学社会学理论与方法研究中心支持，在此特以致谢。

最后的最后，感谢我的丈夫。我们相识于青春年少时，如今已携手步入中年。一步一景看人生，感谢他一路以来的理解、帮助和鼓励。这份支持充盈着我的生活，成为无可取代的一部分。感谢我的儿子。他已从灵动少年，长成翩翩青年。这部作品中隐隐可以看到我们一起生活的记录，以及他作为孩子、学生，和我作为母亲、教师关于教育问题的碰撞及讨论。感谢他给予我灵感。此书将凝结为一种纪念。

刘谦

2016 年 5 月 18 日

后　记

　　人类学者，往往是一名谦卑的叙事者。他了然于语言与言语的狡猾。他力图深入他者的生活，却明知"子非鱼而焉知鱼之乐"的道理。即使那里多彩甚至怪异的文化实践和研究者自身所熏染的文化基模之间的相遇，常常让人类学者首先因错愕而产生所谓"文化震撼感"，但在继而的环顾四周、密切观察、悉心聆听之后，即便提出一套所谓解释的理论，也仍然对任何事物"有其不得不然之处"的思维方式，有着不能摒弃的深刻怀疑。在一定程度上讲，人类学者常常在有限的游戏与无限的有限之间穿行。所谓有限的游戏，指学科规制下的观察、讨论、发表。这是一场实体的竞争，有规则、有选手、有胜负、有阶段性终结；所谓无限的游戏，却是一种没有特定边界的延绵状态，但却在对一系列具象的边界和限定的叩问中推进。看者，是一个进行机械物理运动的人。看见者，是一个意识到这番运动中受到限制的人。"海鸥顺着不可见的洋流飞翔……我看见一只海鸥，一只碰巧在那里的海鸥——我是在寻找一些东西。"①人类学者更多自认为是"看见者"，不断检视着研究中所遇到的限制：自身经历、学识、个性、性别、肤色、年龄等等。于是，在呈现给读者所见所闻时，常常以叙事而非解释的方式出现。"解释解决问题，告诉我们事物如此结束有其不得不然之处；叙事则是提出问题，告诉我们事物如此结束就是其本然，并非因为其不得不然。解释将进一步探询的需要束之高阁；叙事则邀请我们反思

---

　　①　［美］卡斯（CarseJ. P.）著、马小悟、余倩译：《有限与无限的游戏：一个哲学家眼中的竞技世界》，电子工业出版社 2013 年版，第 88 页

自己认为已知的事物。"① 现代社会的复杂性完全不需赘述，更何况在短短 200 多年历史中，作为一个国家，创造了诸多奇迹的美国。同时，在联邦制下，美国各州、各地方教育实践方式多元纷呈。这份微观的教育人类学民族志决然不能反映美国教育全貌。但是，它是一份诚实的叙事：一年的田野经历所"看见"的场景是生动而鲜活的，于是，只好借用迪蒙的话，来给自己一个松绑："人类学停留在低层次的抽象上，如果说是束缚，那这也是人类学无比尊贵的标志，因为它所研究的社会类型具有无限的，无法简约的复杂性，他们是兄弟而不是物品。"② 同时，力邀各位同仁、读者朋友们对这份来自一名中国学者现阶段对美国历史与文化的理解，以及对那一个个鲜活场景出现在美国、费城、安卓学校的"本然"之处的诠释给以评估。当然希望它能够接近人之情理，从而引起读者的共鸣和对更多已知的追问，邀约着一起进入无限的游戏之中。

　　世界如此广阔，文海如此浩瀚。我只能且行，且见，且思，且述……

刘谦

2016 年 5 月 20 日

---

① ［美］卡斯（CarseJ. P.）著、马小悟、余倩译：《有限与无限的游戏：一个哲学家眼中的竞技世界》，电子工业出版社 2013 年版，第 133 页

② ［法］路易．迪蒙著、谷方译：《论个体主义——对现代意识形态的人类学观点》，世纪出版集团 2003 年版，导言，第 5 页